# 동몽선습강설
# [童蒙先習講說]

동봉스님 우리말 번역및 해설

도서출판 도반

# 동몽선습을 내며

사람으로서 어린 시절을 거치지 않고 바로 어른이 된 사람은 아무도 없습니다. 그래설까 어릴 적에 배운 노래나 들은 이야기들은 오래도록 기억 속에 남아 있습니다.

지금도 어릴 때를 회상하며 함께 부를 수 있는 노래를 선정하라면 '고향의 봄'이 먼저 떠오릅니다. 2006년 가을 동아프리카 탄자니아에 머물 때 날 찾아온 고 이태석 신부님과 킬리만자로 기슭 마랑구에서 만나 함께 목놓아 부른 노래도 바로 '고향의 봄'입니다.

책을 낸다는 것처럼 조심스러운 게 없습니다. 특히 어린이를 위한 교과서라면 더욱 그렇습니다.

조선 중종 때 〈동몽선습〉을 처음 편찬한 박세무 선생님도 그런 쪽에서는 아마 많이 망설였을 것입니다. 어린이를 위한 책을 내려면 작가 스스로가 어린이가 되지 않으면 안 되었을 테니까 말입니다.

아이 동童, 어릴 몽蒙, 먼저 선先, 익힐 습習으로서 남자 아이童, 여자 아이蒙 할 것 없이 먼저先 익힐習 책이 다름 아닌 〈동몽선습〉이란 책입니다. 이 책이 어린이 교재로 채택된 데에는 오륜五倫과 함께 실린 중국과 한반도 조선 역사가 몫을 더했을 것입니다.

물론 조선의 역사와 척불숭유斥佛崇儒 사조에 관해서는 다시 조명할 곳이 많지만 말입니다.

1983년 3월 30일 체코슬로바키아에서 열린 세계 아동 교과서 전시회에서 〈동몽선습〉이 세계 최초 아동 교과서로 선정되어 세계적인 주목을 받았습니다.

그러나 정작 우리는 이토록 멋지고 아름다운 역사를 잘 모르고 있습니다.

오륜의 덕목은 결국 사람이 바탕입니다. 부모와 자녀에서 어른과 어린이, 벗에 이르기까지 사람이 중심이기에 동몽선습 첫머리 '하늘과 땅 사이 모든 생명 중에서 오직 사람이 가장 존귀하나니……'란 한 마디가 가슴에 와닿습니다. 그리고 이 한마디가 이 책의 가치를 높여 주고 있지요. 알고 보면 오늘날 우리 삶에 있어서도 가장 소중한 덕목입니다.

아동 교과서 〈동몽선습〉을 강설하면서 아쉬움으로 남는다면 나 자신이 어린이 마음으로 돌아가지 못한 채 쉬운 말도 되려 어렵게 표현함입니다. 이에 관한 평가는 독자들께 맡기겠습니다.

굳이 세이 법칙이 아니더라도 공급은 수요를 따른다고 했듯이 이 책이 나오기까지 기다려 준 독자들과 애쓰신 도서출판 도반 가족에게 깊이 감사드립니다.

2022년 10월

동봉

# 동봉東峰 스님

강원도 횡성에서 태어나 1975년 불문에 귀의하였다. 해인사승가대학, 중앙승가대, 동국대 불교대학원에서 공부했다.

법명은 정휴正休이며 자호는 일원一圓, 법호는 동봉東峰이고 아프리칸 이름은 기포kipoo起泡다.

1993~1997년 BBS 불교방송에서 〈살며 생각하며〉, 〈자비의 전화〉 등 26개월에 걸쳐 생방송을 진행하였다.

동아프리카 탄자니아에서 52개월간 머물며 펼친 말라리아 구제 활동은 지금도 계속해서 진행 중에 있다.

한국 불교인으로서는 최초로 아프리카에 '학교법인 보리가람스쿨'을 설립하였고 탄자니아 수도 다레살람에 매입한 학교 부지 35에이커와 킬리만자로 산기슭에 개척한 부처님 도량, 사찰 부지 3에이커를 조계종 산하 '아름다운 동행'에 기증하여 종단에서 '보리가람농업기술대학교'를 세워 2016년 9월 개교, 운영하고 있다.

곤지암 '우리절' 창건주이자 회주로서 책, 법문, 소셜미디어 등을 통해 부처님 법을 전하고 있으며, 특히 〈기포의 새벽 편지〉 연재는 2,807회를 돌파했다. 지금은 광주 우리절 주지로서 수행자로서의 삶을 이어가고 있다.

《사바세계로 온 부처님의 편지》, 《마음을 비우게 자네가 부처야》, 《아미타경을 읽는 즐거움》, 《불교 상식 백과》, 《밀린다왕문경》, 《평상심이 도라 이르지 말라》, 《반야심경 여행》, 《법성게》, 《내비 금강경》, 《음펨바 효과》, 《시간의 발자국이 저리 깊은데》, 외 60여 권의 저서와 역서가 있다.

# 목차

# 동몽선습 강설
## [童蒙先習講說]

# 동몽선습 강의를 시작하며

동몽선습童蒙先習 강의입니다.

두서너 살 아기를 위한 게 아니라 대여섯 살을 시작으로 하여 예닐곱 살 여남은 살 등 소년 소녀들을 위한 책입니다. 초등학교에 들어갈 나이면 소학小學을 읽으면 읽지 동몽선습을 읽을까요? 학교에 들어가기 전 미취학 아동未就學兒童입니다.

대여섯 살에 천자문을 읽었다면 예닐곱 살짜리가 읽을 글이 아무래도 동몽선습이 아니었을까요? 초등학교에 입학할 만한 나이가 우리나라 나이로 여덟 살이라면 이 나이 또래 교과서는 소학입니다. 예서 이어진 이름이 소학이고 소학이 요즘 초등학교 교재입니다. 사서四書 가운데 하나로서 대학大學의 상대적 개념입니다.

일제강점기로 거슬러 오를라치면 초등학교가 본디 소학교였고, 소학교에서 보통학교로 보통학교에서 다시 소학교로 바뀌게 됩니다. 나중에 황국 신민皇國臣民에서 한 자씩을 따 국민학교로 바뀝니다. 그렇게 내려오기를 여러 해 뒤 26년 전인 1996년 3월 1일 마침내 초등학교로 바뀌었습니다.

중국이나 타이완에서는 쓰지 않고 우리나라에서만 쓰는 용어로서 사서삼경四書三經이 있지요. 중용中庸을 비롯하여 대학大學과 함께 논어論語와 맹자孟子를 한데 묶어 사서四書라 합니다.

이 대학大學 Great Learning에서 바로 대학大學 university이 나왔습니다. 이는 내가 갖다 붙인 말이 아니라 역사가 그렇다는 얘기입니다. 인류사에 있어서 위대한 교사였던 공자님은 열댓 살이 되어서야 배움에 뜻을 두었다 하지요. 이를 원문대로 표현하면 '오십유오이지우학吾十有五而志于學'입니다. 열다섯 살이면 사춘기 청소년입니다. 요즈음 같으면 중학생 무렵이지요.

공자는 야무진 분이었습니다.

그로부터 15년 동안 공부한 뒤 서른 살 때쯤에 세상에 우뚝 섰습니다. 서른 살에 입신立身하였으니 예수님이나 부처님보다도 일찍 일어선 편입니다. 예수님은 서른세 살이 되어 하나님의 사랑과 복음을 전했고 부처님은 서른다섯 살에 올라 깨달음을 얻고 세상이 나왔으니까요. 그렇게 볼 때 동몽선습을 읽을 나이가 예닐곱 살이면 빠르지 않을까요? 생각보다 이른 편입니다.

동몽선습童蒙先習이라 하니까 어떤 분이 내게 말했습니다. "동몽이면 스님 법호가 아닌가요? 스님이 동몽 스님이잖아요." 그래서 내가 또박또박 답했습니다.

"동몽이 아니라 동봉입니다" 그러자 그가 다시 말을 받으며

"네, 스님. 동몽 스님"이오. 강원도 횡성이 나의 고향인데 발음이 정확하지 않은 듯싶습니다. 로드맵에 음성으로 갈 곳을 부르면 '잘 알아듣지 못했습니다'로 되돌아오기 일쑤입니다. 내 발음이 동몽으로 들리는 게 어쩌면 당연한 일인지도 모르지요.

동몽童蒙은 한자로 새길訓 때 '아이 동童'자에 '어두울 몽蒙'자입니다. 이는 한두 살짜리가 아닙니다. 자라면서 마을里 골목길을 마음껏 뛰어다니는 아이지요. 예나 이제나 아무래도 마을里이라면 고을洞보다는 작은 개념입니다. 고을이 면面과 비슷하다면 리里는 통이나 반보다는 크지요. 마을을 마음껏 다니는 아이가 아이 동童 자에 담긴 뜻입니다.

화엄경 입법계품에 따르면 복성장자의 아들이었던 저 유명한 선재동자善財童子가 쉰세 분의 선지식善知識을 찾아가 불도佛道를 구하는 장면이 나옵니다. 한두 사람도 아니고 쉰세 분이며 거리가 가까운 것도 아닙니다. 정말로 나이가 어려서 동자라면 진리를 찾는 일이 가능하겠습니까? 아니, 진리가 뭔지나 알겠습니까?

누가 스승이고 선지식일지 제대로 알아보기는 하겠습니까? 가네코 다이에이金子大榮 선생은 그의 〈사십팔원강의四十八願講義〉에서 '선재는 어린 동자가 아니라 마음이 어린이처럼 순수하다'합니다.

동몽의 몽蒙은 '어두울 몽'이고 사리에 어둡다, 어리석다,

무릅쓰다, 어리다 등으로 새깁니다. 어둡고 어림은 맞는 말이지만 어린이라 하여 정말 어리석던가요? 그렇지 않습니다. 어린이는 현명합니다. 세상에서 가장 어리석은 자는 남을 속이고 자신을 속이며 끊임없이 거짓을 말하는 자입니다.

어린이는 거짓을 말하지 않습니다. 순수純粹 바로 그 자체입니다. 이처럼 순수童한 어린이蒙가 먼저先 익혀習야 할 게 이 책입니다. 어떤 책보다 먼저 익힐까요? 소학小學이란 책보다 먼저입니다.

소학은 내용이 좀 단순하지만 여러 번 반복을 거듭하는 까닭에 분량이 제법 두꺼운 책이지요. 요즘 어린이집 이야기가 아니고 옛날 어린이집에서 읽던 책입니다.

논어 첫머리에 학습學習이 나오는데 학과 습은 떨어질 수 없습니다. 익힘習이 곧 배움學입니다. 배우고 때로 익히는 삶은 생명을 가진 것들의 필수입니다.

깃羽은 접혀 있을 때의 날개고 펼쳐진 날개飛는 비상飛翔입니다. 깃羽을 하늘日 위로 펼치고 높이 나는 법을 익힘이 습習입니다. 동몽선습에서 먼저 잘 익히면 소학에서는 마음껏 날지 않을까요?

'남녀칠세부동석男女七歲不同席' 이 말은 조선시대 관용구가 아닙니다. 예기禮記 내칙內則의 한 구절로 이 관용구에 성차별은 없으나 꼭 좋은 말은 아닙니다. 예기는 사서삼경이 아니라 사서오경四書五經에 들어 있지요. 오경은 시경詩經

동몽선습 강의를 시작하며

을 비롯하여 서경書經, 주역周易이란 삼경에 예기와 춘추春秋를 묶은 말입니다.

오경 내용은 두루 알다시피 시경은 민요를 모은 가사집이고 서경은 있었던 이야기를 담은 역사며 주역은 변화易의 이치를 실은 주나라 점서占書입니다. 그리고 예기는 글자 그대로 옛 예도禮에 관한 기록물입니다.

춘추 역시 춘추전국시대 기록물로서 다양한 인물들이 등장하는데 여기에는 두 가지가 전해집니다. 첫째는 춘추좌씨전春秋左氏傳이고 둘째는 춘추곡량전穀梁傳입니다. 이 둘 모두 춘추를 주석했는데 주석자 이름을 따서 붙인 이름입니다.

오늘 얘기하고자 하는 책은 이른바 예기禮記라는 책입니다. 모두 마흔아홉 편 글이 들어있는데 사서 가운데 중용과 대학도 이 예기에 들어 있는 편명이지요. 워낙 중요하다 여겨 따로 뽑았습니다.

동몽童蒙은 어린이의 옛말입니다. 여기에 남녀男女가 있을까요? 동몽은 남녀 공용어입니다. 지금은 남녀 차별이 없다지만 조선시대는 그렇지 않았습니다. 예기 내칙에 실린 남녀 칠세부동석에 으레 성차별이 있는 것은 아닙니다.

남자 어린이와 여자 어린이가 나이로 따져 일곱 살이 되면 함께 앉을 수 없다는 성구별이지요.

나는 청소년 시절 아버지로부터 '남녀칠세부동석' 얘기를 자주 들었습니다. 지금 생각하면 한창 사춘기였으니 아버지의 이 말씀을 들으면서 겉으로 차마 표현은 하지 못했으나 속으로는 반항심이 솟았습니다.

막걸리를 즐기셨던 아버지는 술에 좀 취하셨다 하면 아들딸을 무릎 꿇린 채로 꼬박 밤을 지새우게 하셨습니다. 아버지가 잘 쓰셨던 관용구는 일곱 가지를 벗어나지 않았습니다. 다섯 가지는 오륜五倫입니다.

첫째는 부자유친父子有親이고
둘째는 군신유의君臣有義며
셋째는 부부유별夫婦有別이고
넷째는 장유유서長幼有序며
다섯째 붕우유신朋友有信이지요.

여기에 삼강三綱을 덧붙여 오륜 삼강이 됩니다.

여섯째 남녀칠세부동석을 내세우셨고

일곱째 즐겨 쓰시는 말이 '경우境遇'였는데 사리나 도리에 해당하는 경우가 취중 말씀의 마지막 자락이셨습니다.

밤새 그리고 새벽까지 반복되는 아버지 취중 교육이 두려웠습니다. 한 번은 제대로 마음먹고 아버지께 여쭈었습니다. 여쭈었다기보다 대든 것이지요. 아마 사춘기 반항이었을 것입니다.

"아부지, 남녀칠세부동석이라시면?"

아버지가 되물으셨지요.

"그래, 남녀칠세부동석이다. 내 말에 뭐 문제 될 게 있느냐?"

아버지는 발음이 정확한 분이셨는데 평소와 달리 혀가 꼬이셨습니다. 나는 말문이 막혔습니다. 막힌 게 아니라 두려움이지요. 주먹을 휘두르거나 하진 않았으나 생각보다 주사酒邪가 심하셨습니다. 밤새 같은 언어 반복으로 술이 깨야 겨우 가족들을 쉬게 하셨지요.

나는 용기를 냈습니다.

"아부지, 남녀칠세 말입니다 여기서 남녀라면 어떻게 되지요?"

답할 기회를 드리지 않고 또 물었습니다.

"오빠와 동생은 남녀인가요?"

아버지가 내 물음에 답하시려 하자 내가 곧바로 이어 여쭈었습니다.

19

"어무이와 아들은 남녀가 아닌가요" 아버지는 할 말을 잃고 계셨습니다. 내친김에 나는 더 여쭈었지요.

"아부지, 남녀칠세라시면 아기 때부터 여섯 살까지와 여덟 살부터 그 뒤로는 괜찮지요?" 아버지는 어이가 없다는 표정이셨고 술이 확 깨신 게 틀림없었습니다.

나를 뚫어져라 바라보시더니 아주 차근차근하게 답하셨습니다.

"얘야, 억측이 심하구나..."

내가 다짜고짜 대들었지요.

"아부지 말씀은 이해합니다, 아부지. 그런데 술에 취하시면 꼭 반복하시니 저는 아부지의 그 점이 문제입니다. 멀쩡하실 때 말씀하심 좋겠어요, 아부지."

아이고, 이런 세상에나! 내 입으로 '멀쩡'을 말했습니다. 감히 아들이 아버지에게 말입니다. 그 뒤로 아버지는 주사가 확 줄었습니다. 나는 지금도 가끔씩 생각합니다. '그래, 그때 내가 좀 심했어.'

대여섯 살까지 천자문을 배우고 동몽선습을 배우는 일곱 살이 되면 으레 차별이 생기게 마련입니다. 동몽이 일곱 살을 뜻하니까요. 따라서 남자아이는 남자아이들끼리 여자 어린이는 여자 어린이들끼리 따로 모아 수업을 했을 것입니다. 그런데 여자와 남자 어린이를 분리한 서당이 있었나요? 모르긴 해도 없었을 것입니다.

한문 아이 동童 자를 앞에 놓은 채 눈이 빠질세라 들여다보지만 사람 사는 마을里 골목길에 남자아이들만 있지요 않습니다. 어디까지나 이는 요즈음 얘기지요. 조선시대를 살지는 않았으나 지체 높은 양반 가정이 아니라면 보통 사람들이 남자아이도 아니고 여자아이를 서원에 보냈습니까? 전국에 유명한 서원이 꽤 있는데 여자아이의 공부한 흔적이 있던가요?

동몽선습의 동몽은 이해가 가나 이 동몽에 여자아이가 없다는 것이 당시를 산 서글픈 역사입니다. 남녀 구별은 있을 수 있지요. 때로 구별이 필요합니다. 하나 차별이 있어서는 안 됩니다. 어른도 아니고 어린이에게 그것도 예닐곱 살 귀요미에게 남녀의 구별을 넘어 차별한다면 버릴 구절이 예기에는 많아지겠네요.

# 제0. 어제 동몽선습 서御_製童蒙先習序

[하나]

어린학동 교재로서 동몽선습은
우리나라 유학자가 저술한명작
앞에서는 다섯가지 인륜을놓고
총론으로 이를다시 해설하였네

다섯가지 인륜으로 부자유친과
군신유의 부부유별 중간에두고
장유유서 붕우유신 끝에놓으니
사람으로 지켜야할 도리이어라

夫此書는 卽東儒所撰也라 總冠以五倫하고 復以父
子君臣夫婦長幼朋友로 列之于次하고
부차서는 즉동유소찬야라 총관이오륜하고 부이부
자군신부부장유붕우로 열지우차하고

〈어제동몽선습서〉 첫머리에 '부차서夫此書 즉동유소찬야卽東儒所撰也'가 있습니다. 이는 내용 그대로 이렇게 풀이됩니다. '어린 학동 교재로서 동몽선습은 우리나라 유학자가 저술한 최초의 명작'이라고 우리나라가 동쪽에 있다는 말과 함께 조선의 학자를 '동유東儒'라 함은 우리보다 서쪽에 사는 이들이 우리에게 붙인 이름입니다. 동쪽은 젊고 밝고 또 신선합니다.

동몽선습 못지않게 잘 알려진 교재가 율곡 이이李珥 선생이 쓴 〈격몽요결〉입니다. 하나 이를 역사적으로 살펴보면 격몽요결은 동몽선습에 비해 34년이나 뒤진 책입니다.

격몽요결은 1577년 발간되고 동몽선습은 1543년 발간되었으니 1536년에 태어난 이이 선생이 겨우 8살 되던 소년기인지라 나중에 읽었을 수도 있었겠지요.

이 책에 서문을 쓴 영조대왕은 책이 나온 지 199년 만에 바야흐로 서문을 쓴 것입니다. 왜 200년 가까이 서문이 없었을까요? 오륜과 함께 실은 중국과 조선의 역사 때문일 것입니다.

〈동몽선습〉보다 34년 늦게 세상에 나온 아동 교과서 〈격몽요결〉에도 역사는 없습니다. 단행본 교과서로는 부족한 편이지요. 격몽요결의 구성은 아래와 같습니다.

제1장 입지立志

제2장 혁구습革舊習

제3장 지신持身

제4장 독서讀書

제5장 사친事親

제6장 상제喪制

제7장 제례祭禮

제8장 거가居家

제9장 접인接人

제10장 처세處世

조선시대에 나온 책이 있는데 이름하여 〈계몽편啓蒙篇〉입니다. 나의 사사오송 번역본 계몽편이 있는데 역시 사사오송 번역본 천자문과 함께 도서출판 도반에서 발행했습니다. 적어도 계몽편을 읽지 않고는 하늘, 땅, 별과 우주를 논하지 말고 인간, 인류와 생명의 세계와 시공간을 논하지 말라 할 정도로 소중한 책이 곧 계몽편입니다.

계몽편은 총 5편으로 되어 있는데 그 얼개를 보면 다음과 같습니다.

제1 수편首篇/기초 이야기

제2 천편天篇/하늘 이야기

계몽편을 읽으며 누구나 느끼는 것은 이렇게 재미있는 책도 있었구나! 하고 감탄이 절로 나오는 책입니다.

또한 〈사자소학〉도 마찬가지로 이들이 다 아동 교과서인데 어디에도 역사 기록은 없습니다. 그럼에도 불구하고 어제서 첫머리 '동유소찬야東儒所撰也'에는 눈이 번쩍 뜨이고 관심이 갑니다.

우리나라 조선의 유학자가 어린이를 위해 동몽선습을 쓰고 그 내용에 세계사는 아닐망정 중국과 조선의 역사를 담았다는데 나는 몇 번이고 방점을 찍습니다.

우리는 대승불교와 함께 선불교禪佛敎를 자랑합니다. 하여 지금도 많 은 큰스님들이 승당하면 으레 임제와 조주를 말하고 입만 열면 보리달마와 혜능입니다.

원효와 의상, 보조와 서산 등은 가물에 콩 나듯 올립니다. 중국의 선과 우리 조선의 선을 굳이 비교하려는 것이 아닙니다. 중국 선사들의 어록은 넘쳐나는데 정작 우리나라 고승은 뒷전이고 역사는 거들떠보지 않습니다.

가령 오륜五倫에 관한 글이라면 〈천자문〉에 '사대오상'이 있고, 〈소학〉은 물론 〈사자소학〉 〈명심보감〉 〈격몽요결〉에

25

도 있지요.

평점이 나름대로 깎이긴 하겠으나 옛 아동교과서 동몽선습은 그나마 역사를 다루고 있습니다. 우리가 역사를 무시한다면 36년간의 일제강점기 때 일본이 우리에게 저지른 짓을 어떻게 다 전할 수 있었겠습니까?

그런 의미에서 〈환단고기〉는 우리의 잃어버린 역사를 찾아가며 새롭게 조명할 수 있는 까닭에 매우 소중한 자료입니다. 하지만 우리 어린이들이 읽기에는 생각보다 어려운 점이 많으며 게다가 교육부 인정이 없어 선뜻 권하기에는 망설여집니다.

그러고 보면 이 동몽선습도 처음 세상에 나왔을 때는 교육부 인정 교과서는 아니었네요.

[둘]

태극에서 하늘땅이 나뉘게되자
삼황으로 천황지황 인황이잇고
소호전욱 제곡에서 요순까지를
오제로서 이었으니 삼황오제라

하나라와 은나라와 주나라에서
한나라와 당나라와 송나라거쳐
명나라의 태조황제 이르기까지
여러대를 섬세하게 기록하였네

而其自太極肇判으로 三皇五帝 夏殷周 漢唐宋以
至皇朝히 歷代世系를 纖悉備錄하고

이기자태극조판으로 삼황오제 하은주 한당송이
지황조히 역대세계를 섬실비록하고

나는 가끔 어렸을 때를 생각합니다.
"어무이, 아부지, 지는 어디서 왔나유?"
그럴 때면 아버지는 말이 없으시고 어머니가 답을 하셨습니
다.

"어디긴. 다리 밑에서 주워왔지"

나는 바짝 궁금해집니다.

"어무이. 다리면 어떤 다린디유?"

어머니는 웃으며 말씀하셨습니다.

"조 아래, 큰 다리 밑이란다."

"진짜유?"

그럴 때면 주저하지 않고 동기同氣를 끌어들입니다.

"그럼 큰 성, 작은 성은 유? 그리고 재는 유?"

어머니의 답을 기대하는 내게 아버지가 한 마디 툭 던지셨습니다.

"니 큰성, 작은성, 니 동상은 으레 엄마가 낳았지"

그때 나는 더욱더 궁금해졌습니다.

'어떻게 나만 다리 밑에서 주워왔을까?'

며칠 전 어린이가 찾아왔습니다. 대여섯 살 유치원 어린이인데 할머니, 이모, 엄마와 함께였지요. 할머니 말씀이 끝나기 전에 내게 삼배를 했습니다.

"아유! 정말 참 잘 왔구나, 너 아주 많이 보고 싶었는데"

아이가 재빨리 말을 받았습니다.

"근데요 스님, 물어볼 게 있는데요."

"그래, 멋진 친구, 뭐가 그렇게 궁금할까?"

"네, 스님. 아주 아주 먼 옛날, 그러니까 첫 사람은 어디서 왔어요?"

아이의 근원적 질문을 받자 내 두뇌는 바쁘게 돌아갑니다. 어린아이라면 자신을 묻고 자기를 낳은 엄마 아빠를 묻습니다. 그리하여 할아버지 할머니로 증조, 고조를 거쳐 계속 오릅니다. 그런데 이 아이는 처음부터 최초의 조상에 관하여 묻습니다.

학문學問의 자의字意는 배울 학學에 물을 문問입니다. 사전적 의미를 찾아보면 크게 2가지로 올라 있습니다. 첫째는 차근차근 지식을 배우고 사물을 탐구하여 이론적으로 체계화된 지식을 익혀나감입니다.

둘째는 일정一定한 분야에서 어떠한 이론을 본바탕으로 체계화된 앎의 영역을 만듦입니다. 한데 '학문學問'의 자의를 보면 첫째 배우學고 물음問이며, 둘째 묻는問 방법을 배움學입니다.

이 어린이는 겨우 유치원 어린이인데 묻는 법에 익숙해져 있습니다. 그럴 때 보통 이렇게 얘기합니다. 어릴 때는 누구나 묻는다고. 묻고 묻고 또 묻는다고, 듣고 보면 그럴 수 있겠지만 또래들과 주고받는 물음 속에서 얻은 지식일 수도 있습니다.

교회에서는 인류의 창조주를 거룩한 신 하느님으로 규정합니다. 아빠 엄마로부터 시작된 생명의 뿌리를 찾아 오르다 보면 마침내 최초의 인간이 나올 것이고, 이 최초의 인간을 밝히려 할 때 교회에서 들은 하느님을 생각합니다. 어린이집에서 또는 유치원에서 아이들은 지식을 공유합니다. 거기서 얻은 종교적 상식이지요.

영조 대왕은 〈어제동몽선습서〉에서 '기자태극조판其自太極肇判'을 태극의 분열로 표현합니다. 이는 세계 인류가 생각한 대로 하늘과 땅이 열리고, 사람과 뭇 생명의 탄생이 어디서나 다 비슷하다는 것입니다. 우리나라 개천開天의 개념과 구약의 창세기 말씀도 같습니다. 빅뱅Big Bang이 시작입니다.

영조의 동몽선습 서문에 따르면 아주 짧은 그의 글 속에서 하늘땅이 처음 열림으로부터 삼황오제三皇五帝를 거쳐 명明나라 태조에 이르기까지 중국의 기나긴 역사를 중간에 숨도 쉬지 않은 채 단순하고 간략하게 표현합니다. 학문에만 치우쳐 있다가 세자의 참변을 가져왔지만 글 솜씨가 있었던 분이 맞습니다.

혹 역사를 잘못 이해하면 그것이 역사의 왜곡으로 비추고 이 왜곡된 역사가 바탕이 되었을 때 상상 밖의 커다란 죄가 됩니다. 역사는 끊임없이 발전한다지만 내가 보는 역사는 끝없는 반복입니다. 개구리도 먹이에서 독을 느끼면 다시는 그 먹이를 택하지 않습니다. 그런데 인간은 그렇지 못합니다. 잘못을 알면서도 반복합니다.

[셋]

우리나라 한반도에 이르러서는
단군에서 시작하여 유사이전과
고구려와 백제신라 삼국시대와
후백제와 태봉거쳐 고려지나고

우리나라 조선조에 이르기까지
모든사건 하나하나 기록했으니
글은비록 간략하나 범위는넓고
두루마리 작다지만 모두담았다

逮夫我東에 始檀君 歷三國하야 至于我朝히 亦爲俱
載하니 文雖約而錄則博이요 卷雖小而包則大로다
체 부아동에 시단군 역삼국하야 지우아조히 역위구
재하니 문수약이록직박이요 권수소이포직대로다

문수약이록직박文雖約而錄則博이요

권수소이포직대卷雖小而包則大로다

한 마디로 멋있는 글입니다. 긴 글은 긴 까닭에 대단하겠으
나 짧은 글은 그 짧은 데서 간략의 미美를 느낍니다. 문장은
비록 간략하나 실린 기록은 드넓고 두루마리가 비록 작으나
포장된 내용은 한없이 큽니다.

심경心經은 반야심경을 줄인 것인데 반야심경은 무엇을 줄
였을까요? 반야바라밀다심경을 압축했습니다. 알고 보면 '심
경' 2글자 속에는 '반야바라밀다심경' 8글자가 차곡차곡 녹아
있습니다. 그렇다면 이것으로 끝일까요? 반야바라밀다심경
260자 내용이 '심경' 2글자에 들어 있습니다.

기록에 따르면 한반도의 역사는 단군왕검에서 시작합니다.
올해로 단기가 4355년이지요. 하나 환웅의 역사와 함께 환인
의 역사까지 올라가려면 단군에서 오늘까지의 역사보다도 훨
씬 더 길어지게 될 것입니다. 그러나 〈동몽선습〉에서도 그렇
고 여기에 서문을 붙인 영조까지도 한반도는 단군으로부터
시작합니다.

백 년이니 천년이니 또는 반만년이니 얘기하지만 호모 사피
엔스 곧 현생인류에서 보면 이는 너무나도 짧은 역사입니다.
이 현생인류에서 고생대로 고생대에서 최초 인류로 올라가면
인류 700만 년 역사가 보입니다. 이 700만 년 역사가 짧은가
요? 지구 생명체 역사에 견주면 짧기는 짧습니다.

단군 역사를 길다 하지만 인류 역사 700만 년에 견주면 그 저 1,607분의 1에 지나지 않고 예수의 탄생으로부터 시작한 역사 서기를 내세우면 3,463분이 1입니다. 지구 역사 45억 년에 비긴다면 인류 700만 년은 지극히 짧습니다. 게다가 우리 인생은 길다 해도 겨우 100세 정도입니다.

'문약의풍文約意豊'이 있습니다. 문장은 매우 간략한 편인데 담긴 뜻은 풍성하다는 것입니다. 옛 선사들이 승당陞堂하여 주장자로 법상을 내리찍고 하는 말이 "오늘 법문은 다 해 마쳤다"고 합니다.

'무정설법無情說法'도 있는데 주장자 한 번 들었다 놓고 거기에 한마디까지 붙였으면 그로서 법문은 충분하고도 남습니다.

우주의 역사가 약 138억 년이고 우주의 폭은 학자에 따라 400억 광년이니 또는 700억 광년이라고도 합니다. 물론 400억 광년에 빙점을 찍습니다. 이처럼 드넓고 엄청난 우주가 우주 대폭발이 일어나기 직전에는 특이점特異點에 불과했다고 합니다. 영어로는 싱귤래리티singularity라 하지요. 이 특이점은 너무 작아서 육안으로 볼 수 없었다 하는데 바로 여기서 우주가 탄생한 것입니다.

요임금과 순임금의 소중한진리
부모님께 효도함이 으뜸이되고
형제간에 공경함이 버금인지라
순임금이 설공에게 영을내렸지

오륜보다 소중한게 다시없다고
어린이를 가르치는 동몽선습에
다섯가지 인륜으로 머리에둠은
담긴뜻이 드넓음을 알수가있다

가장먼저 부모에게 효도한뒤에
바야흐로 임금에게 충성을하고
동기간에 서로서로 우애한뒤에
윗사람을 공경함이 마땅하다고

其況堯舜之道는 孝弟而已라 舜之命契하사대 以五品爲重하시니 此文之冠以五倫者 其意宏矣로다 噫라 孝於親然後에 忠於君하고 弟于兄然後에 敬于長하나니

기황요순지도는 효제이기라 순지명설하사대 이오 품위중하시니 차문지관이오류자 기의광의로다 희라 효어친연후에 충어군하고 제우형연후에 경우장하나니

"저어~ 큰스님, 저어~ 물어볼 게 있는데요"
여남은 살 아이가 입을 열었습니다.
"그래? 궁금한 게 뭘까?"
"네, 부처님하고 엄마 아빠 중에 어느 분이 더 소중해요?"
난이도가 높은 질문이었지요. 내가 되물었습니다.
"엄마가 좋아, 아빠가 좋아?"
"엄마 아빠 다 좋아요."
아이가 또 물었습니다.

"그럼 스님, 이번에는 다른 건데 더 물어봐도 돼요?"
"아무렴 당연하지. 어서 물어봐."
"엄마 아빠하고 대통령하고 누가 더 높아요?"
"그런 질문도 있었구나! 네 생각에는?"
아이가 재빠르게 먼저 답했다.
"대통령이요."
내가 생각에 잠겨 있는데 찌는 듯한 삼복더위를 헤집고 시원한 바람 한 줄기 불어왔습니다. 내가 아이에게 답했습니다.

"그건 높낮이로 표현될 수 없단다. 그러나 순서를 얘기한다면 엄마 아빠가 첫째야"

아이의 질문에 답을 하며 요즘 세태에 관해 생각했습니다. 순간 아이가 내 손을 툭 쳤습니다.

"스님, 큰스님, 스님은 지금 뭘 생각해요?"

정신을 차리고 보니 아이가 손등으로 턱을 괸 채 날 바라보고 있습니다. 그제서야 내가 되물었습니다.

"그런데 넌 어떻게 그런 생각을 다 했어?"

동문서답 내 물음에 아이의 답이 끊겼습니다. 아니, 그게 아닙니다. 엉뚱한 생각에 잠긴 탓입니다. 세계 어디나 다 비슷비슷하겠지만 대한민국은 좋은 나라입니다. 너도나도 대통령이 되어 더 잘 사는 나라, 건강한 나라, 훌륭한 나라로 키우겠다니 살맛 나는 세상이 오지 않을까요?

동몽선습에서는 이렇게 표현합니다. 부모님께 먼저 효도한 뒤 그다음 나라를 생각하고 동기간에 우애한 뒤 마침내 어르신을 공경하라고요.

## [다섯]

이논리를 기준으로 살펴본다면
다섯가지 인륜중에 효도와공경
이를떠나 우선될게 전혀없나니
그러므로 효도하고 공경다하라

시경에서 주문왕을 찬양하면서
끊임없이 빛내셨네 공경이시여
이와같이 한마디로 표현했으니
사람이면 공경으로 으뜸삼으라

공경이란 처음부터 끝에이르고
위와아래 상통하는 배움이로다
대학요지 알고보면 공경경이고
중용요지 살펴보면 정성성이라

공경경과 정성성에 뜻이있나니
학문에서 성과경을 비유로들면
두바퀴로 굴러가는 수레와같고
두날개를 모두갖춘 날것과같다

以此觀之컨대 五倫之中에 孝弟爲先이라 雖然이나
詩贊文王曰 於緝熙敬止샷다하니 敬者는 成始終徹
上下之工夫也라 故로 大學要旨는 卽敬字也요 中庸
要旨는 卽誠字也니 誠敬이 亦於學問에 車兩輪鳥兩
翼者也라

이차관지컨대 오륜지중에 효제위선이라 수연이나
시찬문왕왈 어집희경지샷다하니 경자는 성시종철
상하지공부야라 고로 대학요지는 즉경자야요 중용
요지는 즉성자야니 성경이 역어학문에 거량윤조양
익자야라

경주 함월사含月寺 조실祖室이셨던 우룡雨龍 큰스님께서
말씀하셨지요.'정성 성誠일 뿐이다'라고요. 참선參禪도 정성
이요, 염불念佛도 정성이며 간경看經도 정성이고 차 마시며
공양할 때도 이야기를 나눌 때도 심지어 잠을 잘 때도 오직
정성일 뿐이라 하셨습니다. 정성을 한자로 표현하면 정성精
誠입니다. 이는 정묘精함이며 말큼대로 이룸成이며 오직 참
이고 참다움입니다.

달리 참되게 이끌어 감입니다. 자세함이며 조심함입니다.
몸가짐과 언행을 조심함입니다. 이를 다른 말로 표현하면 정
성의 단짝인 공경恭敬입니다.

중용中庸의 요지가 정성입니다. 이는 하늘天의 명命입니다. 하늘이 명한 이 성誠을 잘 간직하고 펼쳐감率이 참되고 실다운 길道입니다. 그리고 이 길을 잘 닦아감이 가리킴指이며 가르침教입니다.

가리킴은 얼개를 보임이고 가르침은 얼개대로 닦아가도록 매우 상세하게 일러줌입니다.

부모를 잘 모시는 孝와 함께 동기간의 화목과 우애弟를 하나로 묶은 게 이른바 공경입니다.

감사하는 마음이 경敬이고 절제함이 경이고 정중함이 경이며 몸가짐과 마음가짐을 잘 잡도리하는 게 경입니다. 순수하고 반듯한 언어와 올곧은 예의를 묶어 경입니다.

대학大學에서는 말합니다. '큰大 배움學의 길道은 본디 밝음明을 밝힘明에 있고 [큰 배움의]덕德은 새롭親게 하는 데 있으며 [큰 배움의]백성民으로 하여금 궁극적至 아름다움善인 지선에 머물게 함이라고요. 대학을 왜 그렇게 새기느냐고요? 이는 잘못된 번역이니 다시 한번 새기라고요, 그럼 일반적으로 새기겠습니다.

'대학大學의 도道는 밝은明 덕德을 밝힘에 있고 백성民을 새롭게親 함에 있으며 지선至善에 머물止게 함에 있다'라고요. 대학 첫머리 이 글을 아래 글처럼 번역하곤 합니다, 하나 나는 앞의 글처럼 옮깁니다.

대학의 주어가 무엇일까요?

첫째가 길道이고

둘째가 덕德이며

셋째가 백성民입니다.

본디 어두우면 밝힐 수 없습니다. 원래 밝기에 밝힐 수 있습니다. 그러므로 명명明明입니다, 덕德이 무엇일까요? 대학에서 가르치려고 하는 덕이 과연 무엇을 위함입니까? 새롭게 함입니다. 무엇을 새롭게 할까요? 백성을 새롭게 한다고요? 좋은 말이지만 벼슬아치라면 자기 덕부터 새롭게 해야겠지요. 그리고 모든 백성으로 하여금 궁극적 선善에 머물게 함이 대학의 가르침입니다.

이처럼 대학의 길은 공경에 있고 중용은 정성에 있습니다. 그러나 보다 분명한 것은 소위 가르침敎입니다.

하늘이 명한 성誠의 궁극은 끝내 가르침敎으로 회귀합니다. 아들을 뒤주 속에 가두어 죽게 만든 영조대왕의 어제서御製序가 그가 살아온 실상과 다르게 꽤 아름다운 필치입니다.

영조의 동몽선습 어제서에서 교육의 뿌리요 줄기며 가지요 잎사귀며 꽃이며 열매인 중용의 가르침과 함께 길道과 덕德과 백성民이란 대학의 DNA를 드러내는 길은 단지 2가지가 있을 뿐입니다. 첫째가 공경敬이고 둘째가 정성誠입니다. 어제서에서 건질 핵核입니다.

[여섯]

이제짐이 동몽선습 이책안에서
정성성과 공경경의 두자를뽑아
서문중에 이와같이 올려놓으니
성과경의 소중함을 뜻함이로다

책에서는 정성하라 채근하면서
제멋대로 아무렇게 살수없듯이
공경스런 그마음을 먼저익히고
익힌대로 실천할수 있어야한다

그러므로 내가이제 좌우를살펴
가르치고 배우는데 부연하나니
배우는자 어찌이를 소홀히하며
무심하게 대할수가 있을것인가

책말미에 이르러서 건국초기에
조선이란 나라이름 너무좋아서
마음깊이 추모하고 그리워하며
세번이나 반복해서 우물거렸네

41

今予於此書에 以誠敬二字로 冠于篇首하노니 誠然
後에야 能免書自我自오 敬然後에야 可以欽體欽遵
이니 學者豈可忽乎哉아 予又於卷下 國初開創 受
號朝鮮之文에 慨然追慕하야 三復興感也하노라

금여어차서에 이성경이자로 관우편수하노니 성연
후에야 능면서자아자오 경연후에야 가이흠체흠존
이니 학자기가홀호재아 여우어권하 국조개창 수
호조선지문에 개연추모하야 삼부흥감야하노라

글이나 책에서는 표현합니다. 부모님께 늘 효도하고 나라에
충성하고 부부간에 서로 사랑하고 동기간에는 우애하며 친구
와 친구 사이는 특히 신뢰가 있어야 한다고요.

글이면 글로 표현하고 책이라면 책으로 표현하면서 표현한
것처럼 살아가야 하는데 실제 그리 살지 않는 이들이 이 집東
이나 저 집西이나 예晋나 이제今나 허다합니다. 영조 이전에
도 그러했고 당시도 그랬나 봅니다. 영조는 바로 이점을 채근
합니다.

위대한 군주를 비롯하여 지체 있는 집안에서 마을과 고을
과 나라에서 오래도록 존경 받는 것은 반드시 배운 대로 실천
함에 있습니다. 지체 있고 벼슬이 높을수록 그 삶이 모범이길
기대합니다.

동몽선습의 동몽童蒙이란 나이에 있지 않습니다. 실천과 행동에 있고 언어와 마음 씀씀이에 있습니다. 아이 동童 자 뜻이 무엇일까요? 온 마을里 구석구석을 뛰어다니ㅗ는 사람童입니다.

마을里은 논밭田이 있어야 하고 반드시 토지土가 있어야만 합니다. 예나 이제나 이 집이나 또는 저 집이나 농어촌에서 살아가는 사람들은 특별한 욕심 없이 순수蒙합니다. 그래서 동몽은 백성입니다. 요즘말로 국민이지요.

사람으로서 한 마을의 반장이 되고 이장이 되고 면장이 되고 고을 원員이 되고 광역의 도지사가 되고 수도首都의 판윤判尹이 되고 각부 장관六曹判書이 되고 부총리와 총리三政丞가 되고 입법부 사법부 행정부 수장이 되고 더 나아가 나라의 임금이 되면 그의 자리 높이만큼이나 필히 솔선率先이 되고 수범垂範이 되길 기대합니다.

43

레임 덕Lame duck으로 영조는 말년에 고초를 겪습니다. 너무 지나친 교육열로 인하여 실성한 아들을 만들어 놓고 그런 아들이 마음에 들지 않자 뒤주 속에 가두고 맙니다. 먹고 마실 것마저 끊어버리고 세자로 하여금 죽음에 이르게 합니다.

그런 영조가 서문을 끼적였습니다. 〈어제동몽선습서〉입니다. 아! 내로남불來老南佛입니다. 저벅저벅 다가오來는 늙음老 앞에서 의지할南 게 단지 염불佛입니다. 바로 이 말이 요즘에 와서는 좀 다르게 표현됩니다. 다르다니 뭘로요?

'naelonambul/내로남불'

[일곱]

장하여라 계계승승 이어옴이여
거듭하여 빛내시고 찬란하여라
여러대를 종묘사직 꾸려오시니
지인이여 성덕이여 온전하시네

선대왕업 이어받는 이땅의군주
계체지군 식체지덕 고르게닦아
성심다해 백성들을 보살피시고
영원토록 보전함에 마음쓰시네

이와같이 나아갈때 우리조선이
온고지신 지난덕을 되돌아보고
오는세상 알찬미래 기약하리라
오는세상 알찬미래 보장하리라

噫라 繼繼承承하사 重熙累洽이 寔是至仁盛德과 沈
恩隆惠가 垂裕後昆之致시니 繼體之君이 式體至德
하야 兢兢業業하야 誠心調劑하야 至于蕩蕩하며 誠心
愛民하야 永保元元이면 則吾國이 其庶幾也며 吾國
이 其庶幾也인저

희라 계계승승하사 중희누흡이 식지지인성덕과 심
은융혜가 수유후곤지치시니 계체지군이 식체지덕
하야 긍긍업업하야 성심조제하야 지우탕탕하며 성심
애민하야 영보원원이면 즉오국이 기서기야며 오국
이 기서기야인저


[여덟]

다시한번 생각건대 우리나라는
예와의와 청렴함과 부끄러움이
기자조선 교화따라 전해왔으나
진한마한 변한후는 사라졌었다

그러다가 조선조에 깊이들어와
예와악이 하나하나 점차자라고
문화물질 대칭있게 갖추어져서
어느하나 부족할게 없었더니라

그렇지만 안타깝고 안타까워라
글쓴이가 이런내용 빠뜨린채로
기록하지 않은것이 애석하지만
학동들은 더욱애써 노력할지라

때는임술 현익엄무 정월상순에
임금으로 책머리에 서문을쓰고
예관부에 명을내려 탑본한뒤에
온누리의 구석구석 반포케한다

사도세자 아버지인 영조의서문
현익엄무 고갑자로 임술년이니
이십일대 국왕영조 십팔년이며
일천칠백 사십이년 정월이로다

且我東禮義가 雖因箕聖之敎나 三韓以後에 幾乎泯
焉이라 入于我朝하야 禮樂이 畢擧하고 文物이 咸備어
늘 惜乎라 述者之猶遺乎此哉여 嗟爾小子야 益加勉
旃也夫인저 時玄黙閹茂朝月上浣에 命芸館而廣印
에 作序文於卷首하노라

차아동예의가 수인기성지교나 삼한이후에 기호민
언이라 입우아조하야 예악이 필거하고 문물이 함비어
늘 석호라 술자지유유호차재여 차이소자야 익가면
전야부인저 시현익암무조월상원에 명예관이광인
에 작서문어권수하노라

# 제1. 머리글

[하나]

높은하늘 낮은대지 그사이에는
일만가지 생명들이 존재하는데
그와같이 하고많은 생명붙이중
으뜸으로 귀한것은 사람이로다

第一 首篇 始
天地之間 萬物之衆에 唯人이 最貴하니
제일 수편 시
천지지간 만물지중에 유인이 최귀하니

　푸른 하늘 낮은 대지 그사이라면 어디서부터 어디까지일까
요?
　그야 이미 답이 나왔습니다. 답이 나와 있다니 어디요?
　그것이 푸른 하늘이든
　또는 잿빛 하늘이든
　낮에 바라보는 하늘이든
　달이 밝게 비치는 하늘이든
　별이 쏟아지는 그믐밤 하늘이든

하늘은 높이 있고 땅은 낮게 있습니다.

그렇다면 하늘과 땅 사이는 격차가 얼마나 될까요? 얼마나 떨어져 있을까요? 어떤 이들은 하늘이 가물가물하니 적어도 몇십 리는 될 거라 하고 혹은 대기권까지로 본다면 1,000km 바깥 하늘이랍니다. 대류권, 성층권, 중간권, 열권 너머 외기권까지로 확대해서 본다면 10,000km 밖이 되겠지요.

이 입장에서 보았을 때는 '하늘과 땅처럼 벌어진다.'는 말이 자연스럽게 다가올 것입니다. 그러나 하늘과 땅은 맞닿아 있습니다. 단 1mm의 간격도 주지 않고 하늘과 땅은 붙어 있지요. 일반적인 견지에서 하늘과 땅의 간격은 큽니다.

귀여운 어린아이에게 묻습니다.

"너는 엄마가 더 좋아, 아빠가 더 좋아?"

아이兒는 어리석蒙지 않습니다. 아이들은 이러한 물음에도 대답이 거의 같습니다. "엄마 아빠 다 좋아요."

묻는 사람이 툭 던진 말일 뿐 아기에게서 이 답을 기대했겠지요. 기대한 대로 답이 나온 것입니다. 우리는 편 가르기를 합니다. 아빠와 엄마의 편을 가릅니다. 둘 다 좋다는 아이의 답이 멋집니다.

하늘과 동떨어진 땅이 의미가 없듯, 땅 없는 하늘도 무의미합니다. 하늘 없는 땅이 있을 수 없듯, 땅 없는 하늘이 가당키나 하나요? 아빠와 엄마는 하늘과 땅처럼 둘 다 소중하다고 하는 것을 아이는 본능적으로 느낍니다. 어쩜 아이는 자신의

DNA가 엄마 아빠로부터 절반씩 받았음을 이미 잘 알고 있는 것인지도 모릅니다.

바로 이러한 점을 내세우다 보니 아버지의 성과 어머니의 성을 하나의 이름 위에 얹는 게 아닐까요? 가령 길동이 아버지가 홍씨고 길동이 어머니가 천씨라면 한데 얹어 '홍천길동'이가 되고 또는 '천홍길동'이가 되듯이 그렇게 쓰는 경우가 있습니다. 매우 드문 예이기는 하나 하나하나씩 번져가고 있습니다.

그러므로 하늘과 땅을 한 데 묶어 '하늘땅'으로 부르기도 합니다. 이 경우 둘이 곧 하나인데 정말 하늘과 땅이 하나일까요? 하늘이 땅이 되고 땅이 하늘이 되어 대기를 감싸고 있는 게 땅이고 땅에 하늘이 숨어 있다면 과연 상상할 수 있는 구조일까요?

하늘과 땅은 사이가 있으며 그 사이에 온갖萬 사물物이 있습니다.

한두 종種Species이 아니라 상상 밖으로 아주 많습니다. 동일한 종species에서도 종류kind가 어디 한둘이던가요? 어떤 학자들은 얘기합니다. 지구상에는 수억 종의 생명이 살며 수천만 종의 식물이 자란다고요. 미생물과 균류와 바이러스까지면 그 종과 수가 늘어날 수밖에요. 실로 엄청난 생명체가 살고 있습니다.

사람이 그대로 한 종種입니다. 곧 스피시스일 수 있으며 동시에 카인드일 수도 있습니다.

동몽선습이 처음 나왔을 무렵이나 또는 요즈음이나 사람은 한 종이지요. 사람 한 종이 70억 명인데 이들 70억의 DNA가 단 한 명도 100% 완벽하게 일치하지는 않습니다. 여기에 어떤 뜻이 담겨 있을까요 낱낱 생명이 다 우주입니다.

그렇다면 우리 지구와 더불어 지구를 감싼 하늘을 놓고 보더라도 그사이에 얼마나 많은 생명체가 살아 숨 쉴지 짐작이 갑니다.

사람은 귀한 존재입니다. 하늘과 땅 사이에서 살아가는 생명붙이 중에는 가장 귀합니다. 이유는 바로 사람이기 때문이지요. 동몽선습의 백미가 어디에 있을까요? 바로 이 '유인최귀唯人最貴'입니다.

요즘은 대부분 없어진 말이지만 옛날에는 딸을 시집보내면서 엄마가 이렇게 당부했다고 합니다.

"남편은 하늘이니 잘 받들어라! 하늘은 높고 땅은 낮지 않니? 그러니 남편을 하늘처럼 모시고 자신을 땅처럼 낮추어야 해"

며느리를 맞이하는 시댁이 아니라 딸을 시집보내는 친정 쪽 당부였으니 딸 가진 죄인이 되고 만 것입니다. 더러 신랑도 이미 세뇌洗腦가 되어 아내를 윽박지르며 하는 말이 '난 네 하늘이야'였지요. 알고 보면 하늘과 땅은 다릅니다. 그러나 여기에 높낮이는 없습니다. 푸른 하늘 낮은 대지라 하였으나 이는 높낮이로서가 아니라 단지 역할일 뿐입니다. 하늘의 역할이 무엇이고 대지의 역할은 또한 무엇일까요?

이 책은 이름이 '동몽선습'이지 담긴 내용에서 본다면 아이들이 읽을 게 아니라 분명 어른들이 읽을 책입니다. 천자문은 이보다 훨씬 더 어렵지만 한자를 익히기에 잘 되어 있지요 마치 〈넉자소학四字小學〉처럼요. 하지만 동몽선습 내용은 예닐곱 살짜리가 읽기에는 어렵게 느껴지는 게 맞습니다.

[둘]

어찌하여 귀한것이 사람이냐면
사람에겐 다섯가지 윤리가있지
다섯가지 기본덕목 오륜을떠나
됨됨이를 얘기할수 없음이로다


所貴乎人者는 以其有五倫也니라
소귀호인자는 이기유오륜야니라


　보통은 귀貴하다를 얘기하면 거의 천賤하다가 뒤따라옵니다. 이는 마치 선善을 얘기할 때 자연스레 악惡이 따름과 같습니다. 그러나 꼭 함께해야 하는 게 아니라서 왼발과 오른발의 관계와는 다르지요. 걸음을 걸을 때 왼발과 오른발은 반드시 함께 있어야 합니다. 왼발 하나나 오른발 하나만으로는 도저히 걸을 수가 없으니까요.

　이에 비해 선과 악의 관계라든가 고귀함과 비천함의 관계는 다른 쪽이 꼭 필요하지는 않습니다. 악이나 천함은 없을수록 좋지만 선량함과 귀함은 오롯할수록 좋지요. 더러움과 깨끗함이 상대적이듯 세상은 흰색과 검은색이 반드시 함께 있어야 한다거나 하는 법은 정해져 있지 않습니다.

　자연의 법칙은 강제를 싫어합니다.

하늘, 땅, 사람을 삼재三才라 하는데 음양설陰陽說에서 쓰는 말입니다. 이는 하늘과 땅과 사람 셋이 만물을 제재制裁한다는 뜻입니다. 이 경우 하늘과 땅은 대자연이고 사람은 인위人爲로 치부하곤 합니다. 하지만 알고 보면 사람 그 자체는 마찬가지로 대자연에 들어갑니다. 자연계에 곤충과 벌레는 들어가면서 사람이 빠질 수는 없는 까닭이지요.

동몽선습 첫머리에 놓인 여덟 자 중 끝의 '중'자가 무슨 자냐 물으면 동몽선습을 읽은 이들조차 가운데 중中 자라고 답합니다. 한데 이 글자는 무리 중衆 자입니다. 따라서 천지지간天地之間 만물지중萬物之衆에서

가운데 중中 자를 놓지 않고 무리 중衆 자를 놓았다고 하는게 이게 알고 보면 예삿일이 아닙니다.

물건 물物 자를 얘기하면 일반적으로 생명체의 유무를 떠나 눈으로 확인되는 모든 물체를 뜻합니다. 그러나 물物은 움직이는 물체입니다. 만물萬物은 오만 가지 물건으로 대부분 살아있는 생명입니다. 이와 같은 오만 가지 무리衆에서 어떤 물건이 가장 귀할까요? 사람이라 일컬어지는 무리衆입니. 사람은 개체로 표현되지 않습니다.

사회적 존재이기에 중衆입니다. 여기서 무엇을 얘기하고 있나요? 가장 귀한 존재를 얘기합니다. 그냥 대충 귀한 게 아니라 어떤 것보다 으뜸되는 귀함입니다. 그 이유를 오륜五輪에 연결시키네요. 오륜을 알고 오륜을 실천하기에 비로소 가장

귀한 축에 듭니다. 오륜을 모른다면 어떻게 표현할까요. 으레 가장 천賤하다 할 것입니다.

　귀貴나 천賤의 기준은 재물貝입니다. 귀할 귀貴의 부수가 조개 패貝듯 천할 천賤의 부수도 조개 패貝지요. 재물貝을 중히 여기면서도 그 재물貝 위에 방석一을 깔고 앉아 중심中을 잡고 있는 모습이 귀貴라면 사소戔한 재산貝을 옆구리에 끼고 많네 적네 다투는 게 천賤이지요. 이처럼 귀함과 천함의 구별은 돈을 어떻게 대하느냐일 것입니다. 뭔가 좀 서글프지만 현실입니다.

　사람의 신분을 돈과 재물로 가르고 지위의 높낮이로 가른다는 게 가장 귀하다는 사람 입장에서 보면 그렇게 서글플 수가 없습니다. 원문을 번역하면 바로 이러하지요.

어찌하여 귀한것이 사람이냐면
사람에겐 다섯가지 윤리가있지
다섯가지 기본덕목 오륜을떠나
됨됨이를 얘기할수 없음이로다

　옛사람들의 지혜가 보통이 아닙니다. 귀할 귀貴 자와 천할 천賤 자가 모두 돈과 재물을 바탕함에도 불구하고 이를 다섯 가지 인간의 덕목인 오륜五倫으로 승화시킴이 대단합니다. 이는 불교의 벼락 경전인 금강경에서 사구게를 내세움과 같지 않나요? 나를 비우고 남을 비우고 중생을 비우고 잘난 체를 비우라는 사구게의 가르침과 같지 않습니까? 금강경에는 이런 말씀이 나옵니다. 진리를 깨닫고 몸소 옮기는 이 여래如來는 어떤 분일까요?

1) 진어자眞語者
2) 실어자實語者
3) 여어자如語者
4) 불광어자不誑語者
5) 불이어자不異語者

진실하고, 있는 그대로 얘기하고, 속이지 않고, 달리 말하지 않는 자라고요. 인간은 사회적 동물이 맞습니다. 벌과 개미와 하이에나와 들개, 코끼리, 누에 이르기까지 무리를 지어 함께 살 길을 모색하는 숱한 생명들은 다 사회적 동물입니다.

오륜의 가치를 어디에 두었나요. 집단이고 공동체society입니다. 오륜은 관계성을 얘기하고 있습니다. 이 관계성을 미리 예시하고 있음이 바로 무리 중衆 자일 것입니다. 부모와 자녀의 관계, 대표와 보좌의 관계, 남편과 아내의 관계, 어른과 아이의 관계, 친구와 친구의 관계 이러한 관계를 바탕으로 한 사회적 삶을 동몽선습은 말합니다.

모든 생명이 다 비슷한 길을 걷습니다만 사람도 예외例外는 아니어서 탄생에서부터 죽음에 이르기까지 서로 어울려 관계 속에서 살아갑니다.

오륜 덕목이 불교의 오계라든가 기독교의 십계명에 견주어 뭔가 다른 점이 있다면 바로 이 관계성이라 할 것입니다. 여기에 우열이 있는 것은 아닙니다. 인간이 인간일 수 있음이 가장 귀한 존재일 수 있음이 사랑이며 나눔이듯이 곧 인륜입니다. 생각하기에 존재한다고 하듯이 관계의 소중함을 알기에 사람이지요.

밤새
이어진 고요
새벽이 되어서도
넷 에움은 오직 고요 뿐
코로나가 물러갔나
설쇠러 갔나
허 고놈
참!

[셋]

그러므로 맹가선생 설파하시니
부모자녀 사이에는 친함이있고
왕과신하 사이에는 의가있으며
남편아내 사이에는 구별이있다


是故로 孟子曰 父子有親하며 君臣有義하며 夫婦有
別하며
시고로 맹자왈 부자유친하며 군신유의하며 부부유
별하며


맹자에는 두 가지 뜻이 있습니다. 첫째는 역사적으로 있었던 인물이고, 둘째는 그의 삶과 사상을 바탕으로 지어진 어록의 이름입니다. 맹자는 전국시대 철학자인 동시에 당시를 살다간 사상가입니다. 이름은 맹가孟軻며 호가 여럿인데 자거子車, 자거子居라 하며 자여子輿로도 불립니다. 높여서 아성亞聖이라 하지요.

맹자, 공자, 순자, 한비자니 하는데 성에 '자'를 붙이면 존칭입니다, 맹선생님, 공선생님 정도지요. 중국의 여러 학자들을 한데 묶어 제자백가諸子百家라 합니다.

이는 춘추전국시대뿐만 아니라 시대를 이끈 거물들입니다.

남송南宋의 유학자 주희朱熹도 주문공朱文公, 주부자朱夫子, 주자朱子라 하는데 역시 존칭이지요

맹자는 자사子思의 문인門人입니다. 공자로부터 3대를 내려왔으나 공자의 가르침을 이었지요. 이를 원사遠嗣라 합니다. 만해 스님과 민족대표의 한 분이었던 백용성 스님이 있었지요. 그는 깨달음을 얻은 뒤 자그마치 135년을 거슬러 올라가 지안조사志安祖師의 맥을 이었는데 이 역시 원사에 해당합니다. 혈연으로 이어진 관계가 아니지요.

공자의 손자 자사子思의 제자며 공자의 맥을 이었습니다. 이를 사자법師資法으로 보면 은계恩系로는 분명 자사의 제자면서 법계法系로는 공자의 제자입니다. 이런 예가 불교에 있습니다. 싯다르타의 외아들인 라훌라가 사리불을 스승으로 사미가 되었으며 나중에 가섭에게 대를 이었으니 우리 서가모니 부처님에게는 아들이며 제자며 법손法孫입니다.

공자의 맥을 잇고 학문을 이룬 뒤 맹자는 제齊와 양梁과 송宋의 제후들을 하나하나 찾아다니며 왕도王道를 실현하고자 힘씁니다. 그는 누구보다도 제齊나라 학자들과 왕도에 관하여 많은 논쟁을 했습니다만 만년에는 제자를 기르는데 힘썼지요.

맹자 또한 스승 공자를 닮아서일까 정치政治를 하지는 못했습니다. 안 한 게 아니라 못했지요. 맹자는 스승 공자의 사상 중에서 효孝와 제悌의 도를 넓혔는데 그것이 이른바 오륜五

倫입니다. 사람으로서 닦고 실천해야 할 다섯 가지 인륜人倫을 말합니다. 이는 부모父와 자녀子의 관계 임금君과 신하臣의 관계 남편夫과 아내婦의 관계 어른長과 어린이幼의 관계함께 사귄 벗朋友의 관계입니다. 맹자는 성선설性善說을 주장했는데 사람의 심성이 얘기대로 착할까요?

순자荀子는 B.C. 315~230년 무렵 조趙나라 유학자儒學者입니다. 그는 산서성山西省 사람으로 이름을 황況이라 했습니다. 그러니 순황荀況이 이름이지요. 성악설性惡說을 내세웠으니 법가 철학자 한비자와 함께 맹자와는 철학이 다른 사람입니다.

맹자는 스승 공자의 설을 이어받아 인간의 마음은 본디 착하다며 성선설을 내세웠습니다. 본디 착한 마음을 지녔다면 어떤 경우도 착해야 하겠지요. 예를 들어 한 번 세공이 된 황금은 흙탕물에 오염된다 하더라도 금이 돌멩이가 되지 않듯 성선설도 그와 같은 논리로 본디 착하다면 늘 착해야겠지요.

성악설을 주장하는 이들도 알고 보면 그들 나름대로의 철학이 있습니다. 인간 본성은 악하다는 것입니다. 악한 성격이 교육과 수련으로 점차 깨끗해진다고 본 것이지요. 오염된 옷을 빨지 않는데 저절로 깨끗해질 수는 없습니다. 여러 번 세제와 세탁을 거쳐 마침내 깨끗한 옷이 될 수 있듯 본성은 악하나 율법으로 착해집니다.

그러면 불교는 어떻게 가르칠까요? 인간 본성을 뭐라 표현할까요? 본디 선하다고 할까요, 아니면 악하다고 할까요? 성선설도 성악설도 아닙니다. 불교는 극단을 얘기하지 않습니다. 이것도 저것도 모두 아니라면 그럼 뭐냐고 할 것입니다. 제법무아諸法無我에서 보면 답이 바로 나올 수 있지 않을까요? 무아인데 거기에 선악이 있겠습니까?

불교는 곧 성공설性空說입니다. 일부 학자들은 얘기합니다. 불교는 맹자처럼 성선설이라고. 그런데 불교는 선도 아니지만 그렇다고 악도 아닙니다. 불사선불사악不思善不思惡을 주장한 육조 혜능 선사가 그 좋은 예지요. 성性이 비어있는 공空입니다. 성性이 텅 빈 진공眞空인 상태에서 은근히 묘유妙有를 드러냅니다. 텅 비어있는 허공이기 때문에 원소로 채울 수 있을까요?

맹자를 생각하면 실에 바늘처럼 덩달아 떠오르는 인물이 있습니다. 맹자의 어머니 장仉씨입니다. 아들을 위해 같은 날 세 번 이사한 맹모삼천지교孟母三遷之教의 장본인張本人이 되는 분입니다. 조선조의 위대한 교육자며 정치가, 철학자, 사상가인 율곡을 낳은 사임당 신씨 만큼 맹자 어머니 장仉씨도 멋집니다. 맹모삼천지교 고사가 아름답습니다.

[넷]

어버이와 자녀사이 친함이있고
왕과신하 사이에는 의가있으며
남편아내 사이에는 다름이있고
어른아이 사이에는 차례있으며
벗과벗의 사이에는 믿음있나니


父子有親하며 君臣有義하며 夫婦有別하며 長幼有
序하며 朋友有信이라하시니
부자유친하며 군신유의하며 부부유별하며 장유유
서하며 붕우유신이라하시니

관용구에 '유유상종'이란 말이 있습니다. '끼리類 끼리類 서
로相 좇다從'로 여기서 나온 말이 당黨이지요. 같은 생각을
가진 이들이 한데 모인 것을 당이라 합니다. 정치인들 모임인
당을 보노라면 예나 이제나 비슷한 모임이 있었고, 이들 성격
이 시커먼黑 세계를 숭상尚하는 모임黨이란 게 곧장 떠오르
곤 합니다.

선조宣祖 때부터 뭉친 당파가 크게는 네 부류나 되었는데
이를 사색당파四色黨波라 했습니다. 네 부류의 색깔이 달랐
던 것입니다. 당파의 중심이 누구냐에 따라 보수老論니 진보

少論니 또는 남쪽 사람南人의 모임이니 북쪽 사람北人의 모임이니 하며 무리를 지었던 것입니다. 검은 세계黑를 좇은尚 무리黨지요.

동몽선습의 주 내용이 무엇입니까? 사람으로서 지켜야 할 도리로 다섯 가지 인륜과 함께 인류가 걸어온 발자취를 상세하게 더듬지는 못할망정 중국과 우리나라의 역사가 중심이 되어 있습니다.

오륜의 첫째는 부자유친이며 둘째는 군신유의입니다. 셋째는 부부유별이고 넷째는 장유유서며 다섯째는 붕우유신입니다. 다섯 가지 인륜을 얘기하지요. 첫째는 뭐니뭐니해도 효孝입니다. 여기서는 친親을 내세우나 덕목은 효도孝道입니다. 효도가 무슨 뜻인지는 설명하지 않더라도 다들 알지요. 효장孝章이어서가 아닙니다.

둘째의 의는 옳음義입니다. 임금과 신하의 관계는 무엇으로 이어져 있습니까? 두말할 것도 없이 옳음입니다. 옳음義은 또한 어떤 의미일까요? 충장忠章에서 설명하겠지만 양羊처럼 순한 모습으로 올곧은 나我를 드러냄입니다. 그렇다면 나我는 어떤 존재입니까? 나 아我 자를 세로로 자르면 손 수手 자가 둘이 되거나 두 개의 창을 들고 있는 모습입니다. 모든 생명은 자신을 보호하고자 이처럼 스스로를 지킵니다.

자기 지킴에는 무장武裝도 좋으나 더 중요한 것은 곧 내면입니다. 아무리 겉을 무장하더라도 진정 자신을 지키는 일은 올곧은 마음을 넘는 게 없지요. 옳음義에는 올곧음이 담겼습니다. 이른바 인자무적仁者無敵이지요. 첫째 반듯한 행동身이고. 둘째 진솔한 언어口며, 셋째 올곧은 마음意입니다.

다섯 가지 인륜에서 셋째가 뭘까요? 남편과 아내의 구별입니다. 무엇무엇으로 구별할까요? 이에 관해서는 할 말이 많습니다. 이는 차별이 아니라 구별입니다. 어떤 이들은 '부부유별'을 두고 달리 해석하기도 하더군요. 남편夫과 아내婦로 살다 보면 끝내 다가옴有이 이별別이라고요. 그렇게 보니 틀린 말도 아니긴 합니다.

동몽선습에서는 이리 얘기합니다. 넷째는 삶의 질서라고요. 무슨 질서를 말하는 걸까요? 어른과 어린이의 질서입니다. 이는 꼭 선후가 아닙니다. 이를테면 조손祖孫이 길을 갈 때 할머니가 앞서가기도 하지만 어린 손자를 앞에 걸리기도 합니다. 따라서 '장유유서長幼有序'에는 상황을 바탕으로 한 차례를 얘기합니다.

다섯째는 벗과 벗의 관계입니다. 이는 한마디로는 신뢰입니다. 붕우朋友는 중국어고 우리말은 짝이고 벗입니다. 요즘은 일본어의 영향을 받아 친구親舊라는 말을 더 많이 쓰지요. 순수한 우리말을 놓아둔 채 가장 많이 쓰는 말이 친구입니다. 친親은 공간적 짝을 얘기하고 구舊는 시간적 벗을 얘기합니다.

나뭇가지木 위에 높이 올라뵤 서서 오는 벗 떠나는 벗을 바라보見는 애틋한 마음이 친함親이라면 분명 공간적 관계입니다. 예 구舊 자는 또 어떨까요? 눈섭⁺⁺이 짙은 수리부엉이雈가 입臼 다물고 오래도록 지켜보는 데서 오래라는 시간적 의미가 생겼으나 오랠 구久 자와 소릿값이 같아 친구親久로 쓰기도 합니다.

일반적으로 우리는 친구라고 할 때 나이와 함께 생일까지 따집니다. 그게 아니면 지위를 따지고요. 그런데 진정한 친구는 마음입니다. 마음이 열려 있고 가깝다면 나이와 인종과 지위를 뛰어넘어 우리는 벗이고 친구입니다.

여기에 꼭 필요한 덕목이 있다면 붕우유신의 '신信'이지요. 사람亻의 말言은 믿음信이듯이 짝朋도 벗友도 신뢰가 우선입니다.

[다섯]
사람으로 몸을받아 살아가면서
다섯가지 떳떳함을 알지못하면
나는새와 닫는짐승 기는파충류
그네들과 다를것이 뭐가있으랴


人而不知 有五常이면 則其違禽獸 不遠矣리라
인이부지 유오상이면 즉기위금수 불원의리라


　　오상五常이 무엇인지 알기 전에 상常에 대해 먼저 살펴봅니다. 떳떳할 상/항상 상常은 새김訓에서 드러난 것과 같이 떳떳하다와 항상하다의 뜻이지요. 남에게 전혀 부끄러움 없이 매우 당당함을 떳떳하다 한다면 시간에 구애를 받지 않은 채 동일한 상태를 유지함이 항상입니다. 한데 그런 상태가 있을 수 있을까요?

　　그래서 불교에서는 말합니다. 제행무상諸行無常이라고 말입니다. 삼법인三法印 중의 첫째입니다. 둘째가 제법무아諸法無我고 셋째가 열반적정涅槃寂靜이지요. 제행무상에 담긴 뜻에서 보듯 이 세상 모든 것은 다 움직行이고 움직이는 것은 생명이 있거나 또는 생명이 없거나 간에 죄다 무상無常합니다.

글자 그대로 항상한 게 없습니다. 태어나 살아가며 늙고 병들고 죽음을 맞이하는 생명체와 생겨나고 유지되다가 무너져 공으로 돌아가는 무생물이 공통적으로 지닌 게 무상입니다. 이른바 변화며 덧없음입니다. 상常은 사람이 자기 집尙안에서는 치마巾나 수건巾만 걸치고도 오래 머물 수 있기에 생긴 글자지요.

이는 시간의 항상하다는 뜻입니다. 자기 집常과 제 옷巾이 있다면 으레 당당하고 떳떳하지 않을까요? 그래서 떳떳할 상으로 새긴 것입니다. 이처럼 사람으로서 지켜야 할 5가지 떳떳한 도리가 있는데 크게 3가지로 구분됩니다.

첫째 인의예지신仁義禮智信이요
둘째 친의별서신親義別序信이며
셋째 다섯 가지 지켜야 할 덕목입니다

첫째 오상五常을 놓고 풀어본다면 첫째는 인仁이니 어질고, 둘째는 의義니 의로우며, 셋째는 예禮니 예절이 바르고, 넷째는 지智니 슬기로우며, 다섯째는 신信이니 믿음입니다. 알고 보면 측은지심惻隱之心, 수오지심羞惡之心과 사양지심辭讓之心, 시비지심是非之心에 믿음직스러움 하나를 더한 게 이른바 첫째 오상五常 도리입니다.

둘째 오상을 놓고 보면 아버지父는 의로우義며, 어머니母

는 자애로우慈며, 형兄은 벗과 같은 우애友가 있고, 아우弟는 뭔가 공손함恭이 있으며, 자녀子에게는 효孝가 있습니다. 아버지가 의로움義과 함께 어머니의 사랑慈은 다시 없습니다. 형제간 우애와 공손함은 물론 자녀가 품는 효는 매우 아름답지요.

셋째 오상은 생각보다 많이 다릅니다. 여기 다섯五 가지 계戒가 있으니 선남善男 선녀善女가 지키는 다섯 가지 덕목을 가리키며 이는 불교의 계율입니다.

첫째 살생하지 말라. 둘째 훔치지 말라. 셋째 사음하지 말라. 넷째 거짓말하지 말라. 다섯째 술 마시지 말라인데 이들 다섯 가지 계율을 대하면서 어떤 생각을 일으키십니까?

첫째 살생殺生하지 않을 뿐만 아니라 뭇생명을 사랑하라
둘째 남의 것을 훔치지 않을 뿐만 아니라 고루 나누어 주라
셋째 사음하지 않을 뿐만 아니라 언행을 아름답게 가지라
넷째 거짓말하지 않을 뿐만 아니라 부처님 말씀대로 말하라
다섯째 술 마시지 않을 뿐만 아니라 언제나 깨어 있으라
천자문에 '사대오상'이 있습니다. 넉 사四, 큰 대大, 다섯 오五, 떳떳할 상常 자입니다. 이는 네 가지 큼과 다섯 가지 떳떳함이니 사대四大는 하늘과 땅인 동시에 임금과 부모를 가리킵니다. 스승은 숨겨져 있습니다. 천자문과 달리 불교에서는 흙, 물, 불, 바람을 사대라 합니다. 이 사대에 비움空 하나를 얹어 불교도 오상五常을 만들어가지요.

사람으로 오상이 있다는 것을 모르면 사람의 몸을 받아 살고는 있으나 그는 아직 사람이 못 된다는 것입니다. 하늘을 나는 새들에 지나지 않고 땅 위를 닫는 네발짐승이나 발 없이 미끄러지며 달리는 뱀, 지렁이와 다르지 않습니다. 사람은 생각하는 동물입니다. 그럼에도 불구하고 오상을 모른다면 결국 금수禽獸와 다를 게 없습니다.

우리는 사람이 최고라 합니다. 그래서 만물의 영장이라 자부하지요. 그런데 정말 사람이 최고일까요? 생각의 세계에서는 그럴지 모르나 세상을 어지럽히는 존재로는 사람을 넘는 게 없습니다. 생각할 줄 알기에 나쁜 쪽에서도 어떤 생명 못잖게 두각을 드러내지요. 어떤 이들은 이렇게 얘기합니다. '나쁜'은 '나뿐'에서 온 말이라고요.

상대방에 대한 배려보다는 오직 '나뿐'에서 파생된 말이라고요. 기르는 강아지, 고양이 등 애완동물 중에 사람보다 더 사람을 생각하고 더 많이 사랑을 베푸는 것을 동영상YouTube을 통해 자주 봅니다. 세계적인 불교 연예인의 한 사람인 리차드 기어가 열연한 영화 〈하치 이야기〉도 그 예입니다. '금수'란 표현을 함부로 쓸 수가 없네요.

[여섯]
그러기에 다시한번 얘기하나니
어버이는 사랑이요 자녀는효도
임금신하 정의롭고 충성을하고
남편아내 부르면서 서로따른다


然則 父慈子孝하며 君義臣忠하며 夫和婦順하며
연 즉 부자자효하며 군의신충하며 부화부순하며


　　서원書院에서 있었던 추억입니다. 학동學童들이 나란히 앉
아 다 함께 책을 읽습니다. 어린 학동들은 훈장 가까이에 앉
고, 선배 학동들은 어린이들 뒤로 앉아 목청을 돋우어 책을
읽습니다. 어떤 학동은 논어를 읽고, 어떤 학동은 맹자를 읽
으며, 어떤 아이는 동몽선습을 읽고, 천자문을 읽는 아이도
있습니다.
　　누구의 송서誦書가 장엄하며 누구의 율창律唱이 더 멋있을
까? 가진 목소리를 가다듬어 경쟁하듯이 책을 읽습니다. 몸
을 좌우로 흔들어가며 책을 읽는 학동은 형들이고 몸을 앞뒤
로 숙였다 폈다 하며 책 읽는 학동은 어린 아우들입니다. 책
을 읽는 몸동작만으로도 선후배를 구분할 수 있다니까요. 나
이 든 형들은 옆으로 곁눈질하고 어린 아우들은 몸을 돌려가

며 앞뒤까지 살피곤 합니다. 그와 같이 송서율창誦書律唱 식으로 땀을 흘려가며 책을 읽습니다.

천자문을 갓 뗀 학동들이 여기 부자자효父慈子孝에서 앞에 놓인 주어 부자父子를 두고 서로 음성을 높여 논쟁을 일으킵니다. 겨우 예닐곱 살 어린아이들이요.

한 녘에서 부父는 아버지가 맞고 자子는 아들이 맞다고 합니다. 그러자 또 다른 쪽에서는 아비 부父는 아비를 포함하여 어버이의 뜻으로 읽어야 한다며 마침내 훈장님에게 판결을 부탁합니다. 이에 훈장님은 미소를 지으며 어린 제자들에게 답합니다. 아비 부父 자는 아버지일 뿐 아들 자子 자는 아들일 뿐이라고.

다른 학동이 이의異意를 제기하자 아비 부父 자에는 어머니도 담기고 아들 자子 자에는 딸도 담겼다며 훈장님 판결의 폭이 넓어집니다. 학동들이 훈장님에게 묻습니다. 어찌 그럴 수가 있나요?

훈장님이 엄숙하게 답합니다. "당동벌이黨同伐異하면 안 돼" 생각이 같다고 하여 가까이하고 다르다 하여 내치지 말라는 것이지요.

스승은 동성이속同聲異俗을 예로 들어 두 부류를 화해시킵니다. 사람은 누구나 태어날 때 고고지성이 거기서 거기였으나 점차 성장함에 따라 쓰는 언어와 풍속이 다르고 습관조차 달라진다는 것이지요. 사람의 성질은 원래 같으나 자라난 환경과 교육에 따라서 좋고 나쁨이 생기게 마련입니다.

남이南怡 장군 시가 떠오릅니다. 그가 지은 마지막 한시는 북정가로 잘 알려져 있습니다. 간신들이 그의 시 셋째 줄에 놓인 평평할 평平 자 한 글자를 얻을 득得 자로 바꿔치기하여 모반으로 몰아 끝내 죽이고 맙니다. 이는 아버지父에 어머니母가 포함되고 아들子 속에 딸女이 들어있다는 일상 얘기와는 다르지요.

군신은 임금과 신하 사이이지 임금과 백성 사이는 아닙니다. 의義가 올곧음이라면 충忠은 곧 중中심心입니다. 신하는 오로지 충성이 의무지만 충성의 의무가 백성에게까지는 없지요. 그러나 왕은 신하와 백성들에게 반드시 의義로 대해야 합니다. 신하는 나라의 녹을 먹으나 백성은 왕도 먹여 살리는 까닭입니다.

부화부순을 '남편아내 부르면서 서로따른다' 라며 사사오송으로 옮겼는데 화순이란 두 글자 속에는 부부의 사랑과 배려가 들어 있습니다. 따라서 여기에 놓인 부화부순을 부화부순처럼 주어를 바꾸더라도 괜찮습니다. 남편의 부름에 아내가 따르듯 아내 부름에 남편도 따르는 것이지요

형과아우 우애있고 예의바르고
벗과벗은 탁마하여 인을돕는다
이와같이 오륜으로 바탕이된뒤
바야흐로 사람이라 말할수있다


兄友弟恭하며 朋友輔仁 然後에야 方可謂之人矣리
라
형우제공하며 붕우보인 연후에야 방가위지인의리
라


　지난 설 연휴 끝자락에 아주 젊은 수좌가 찾아왔습니다. 스
무 살을 넘기기는 했을까? 분명 처음 보는 스님이었는데 너무
편한 모습이었습니다. 글쎄 뭐라고 표현하면 좋을까? 따스한
봄 햇살을 받아 양지바른 곳에 고개를 드러내는 뽀얀 털북숭
이 할미꽃 인상이랄까? 맞아, 할미꽃 수좌였습니다.
　내가 자리를 권하지도 않았는데 스스로 방석을 들고 와서는
차탁 맞은편에 살포시 놓더니 벌써 큰절을 올리고 있었습니
다.
　지난 늦가을부터 겨울에 걸쳐 우리절 요사 내부를 손질하고
불필요한 것들을 죄다 치웠더니 햇살이 먼저 들어와 자릴 잡

습니다. 젊은 수좌 절하는 모습에 넋을 빼앗기기는 처음입니다.

"스님, 큰스님 뵙고 싶었습니다. 여쭙고 싶은 게 있습니다."

내가 누비 앞자락을 매만지며 무엇인가 막 답을 하려고 하는데 요사 뒤쪽 현관문이 살포시 열리더니 더 어린 수좌가 들어왔습니다. 얼떨결에 내가 입을 열었습니다.

"도반이 있었네, 어서 오시게" 어린 수좌가 방석을 가져다 놓고 그 역시 여법하게 큰절을 했습니다. '요즘도 이렇게 젊은 이들이 출가를 하긴 하는가 보네!'

큰절 대중처소에 사는 게 아니다 보니 절집 돌아가는 일을 잘 모릅니다. 내 생각을 알아차렸는지 방금 들어온 수좌가 입을 엽니다.

"큰스님, 이 친구는 제 사제입니다"

내가 보기에 먼저 들어온 수좌보다 갓 들어온 수좌가 어려 보였는데 아마 그게 아니었나 싶습니다.

"내가 보기에는 친형제 같은데?"

형이란 수좌는 잠자코 있고 아우란 사제가 말을 꺼냅니다.

"네 큰스님, 큰스님 가르침은 페이스북에서 접한 지 오래입니다."

평소와 달리 나는 들떠 있습니다. 내 글을 꾸준히 읽고 있다니 이보다 더 기쁜 일이 또 있을까요? 글 쓰는 이들의 보람이겠지만 한편 생각하면 두렵기도 합니다.

그만큼 글로 표현된 내용이 실제의 삶과 닿아있어야 합니다. 글은 더없이 소박하고 귀감이 되는데 실제 그의 삶과 그의 마음가짐이 글과 다르다면 좀 그렇겠지요. 내가 이름을 묻지 않으니 그들 스스로를 밝히지 않습니다. 큰스님을 찾아뵈면 옛날에는 빼놓지 않는 물음이 있었습니다. 법명은 무엇이고 은사는 누구냐고요. 하나 지금은 스스로 밝히기 전에 먼저 묻는 것은 안 된다고 하네요.

먼저 들어온 사제가 묻습니다

"형제니 자매니 하는 말이 앞으로도 계속될 수 있겠습니까?"

"글쎄, 어떻게 생각들 하시나? 피를 나눈 형제자매는 없더라도 의형제 의자매는 있지 않을까?"

내가 제대로 된 확답을 주지 못하자 그들 눈빛이 반짝 빛났습니다.

"큰스님, 그래서 드리는 말씀인데요, 저희는 부처님 만나 형제가 되고 중한 도반이 되기로 했습니다. 국어사전에서 형제니 자매니 하는 단어가 사라진다면 저절로 고모, 이모를 비롯하여 숙부, 숙모, 조카도 없어지고 직계 밖의 촌수가 다 사라지겠지요. 하지만 저희처럼 남남이 만나 형제가 되고 도반이 되면..."

내가 중간에 말을 끊었습니다.

"자자! 수좌들 차 한잔 드시게. 사실 나도 수행자니 그렇고

자네들도 수행자의 길을 걷는다면 꼭 혈연血緣이 아니더라도 법맥法脈 만큼은 이어가야겠지. 혈연만큼 법맥도 중요하거든."

그때 나중 들어온 사형이란 수좌가 두 손을 모으고 내 말을 받았습니다.

"그래서 큰스님의 동몽선습 강의도 빼놓지 않고 듣기로 했습니다."

두 사람 표정이 밝았습니다. 내가 조용히 말했지요.

"더러 어떤 이들은 걱정하던데…"

"무슨 걱정이던가요?"

"전해야 할 불교 글도 많은데 왜 하필 유교의 동몽선습이냐고"

그때 사형師兄 수좌가 나섰습니다.

"큰스님, 저희는 다 좋습니다."

같은 물이라도 뱀이 마시면"

사제師弟 사형이 번갈아 받습니다.

"독이 되지만"

"소가 마시면"

"우유가 된다"

우리는 박수를 쳤고 또한 파이팅을 외쳤습니다.

파란 눈의 마크 피터슨 교수는 우리나라 조선조 역사와 문화에 우리 못잖게 깊은 관심을 가졌습니다. 오대산 월정사 고

탄허 큰스님은 전국에 있는 승가대학의 커리큘럼curriculum 과 함께 주역, 정역, 장자, 노자 도덕경 등을 낱낱이 주해를 달아 엮었으며 게다가 기독교 성경까지도 줄줄 꿰었다고 합니다. 아직 며칠 되지 않았으나 두 수좌의 응원이 힘이 됩니다. 이들이 붕우보인朋友輔仁입니다.

　종교는 소금과 같다고 합니다. 소금도 양념의 일부지요. 그러나 진정한 종교는 어떤 영양소도 버릴 수 없지요. 내가 아프리카 탄자니아에 있을 때 늘 입에 담고 다닌 말이 있습니다. 나는 전법하러 온 게 아니라 소중한 영양소를 들고 왔다고요. 가톨릭 기독교 이슬람이라는 이른바 삼대 영양소 밖의 불교라는 필수영양소를 들고 왔노라고...

# 제2. 오륜

## (1) 아버지와 아들

[하나]
아버지와 아들사이 천성이어서
가까움을 논한다면 할말이없다
그러므로 자식낳아 애써기르고
사랑으로 연민으로 가르치신다


父子는 天性之親이라 生而育之하고 愛而敎之하며
부자는 천성지친이라 생이육지하고 애이교지하며

하늘은 둥글고 땅은 모가 나다 하여 천원지방天圓地方이라
했지요. 옛날 사람들 입장에서 보면 무리도 아니었습니다. 하
늘 어디를 쳐다보더라도 모난 곳 없이 둥글게 보일 것이고 지
평선 끝으로 계속 나아가다 보면 땅은 낭떠러지가 있을 것이
고 바닷물도 넘쳤을 것입니다, 곰곰이 생각하니 참 재밌습니
다.

그래서 혹 아이들이 물을라치면 어른들은 더할 익益 자로
답했습니다.

익益을 대개는 '더할 익'으로 발음하지만 물이 넘칠 때는 어떻게 읽을까요? 넘칠 일益 자로 새기곤 합니다. 나중에 삼수변氵하나를 덧붙여 넘칠 일溢 자를 만들기는 하였으나 더할 익益 자를 곰곰이 들여다보면 물 수水 자를 그릇皿 위에 눕혀 놓았음을 발견하게 됩니다.

더할 익益 자 갑골문에는 그릇 명皿 자 위에 물 수水 자를 세운 채로 올려 표기하고 있습니다. 아무튼 그릇 위에 물이 넘치듯 풍부하면 밖으로 넘치지 않겠습니까? 그렇게 더할 익益 자가 생기고 넘칠 일益 자로 읽어나가다 급기야 해일海溢의 '일溢'처럼 옆구리에 붙인 삼수변氵하나로 넘칠 일溢 자를 따로 만든 것입니다.

천성天性은 타고난 성품입니다. 쉽게 말하면 후천성이 아니라 선천성을 뜻한다 하겠지요. 우리가 보통 하늘天을 말하면 지구를 둘러싸고 있는 대기大氣와 나아가 외기권外氣圈까지입니다. 그럼 대기와 외기를 벗어난다면 거기를 대체 뭐라고 부를까요? 우주宇宙universe입니다. 달리 코스모스cosmos입니다.

정 그렇다면 이른바 '하늘'에는 우리 지구가 포함되지 않겠네요. 타고난 성품을 일러 천성이라 할 때 이는 단순히 하늘의 성품으로서 땅은 전혀 포함되지 않았고 그럴 때 문제가 드러났습니다. 하늘과 함께 하늘의 주재자이신 하느님께서 머무시는 곳이 태양계도 아니고 우주도 아닌 대기권 끝 외기권에 국한되니까요.

태양과 태양계 내의 행성은 물론 지구의 위성인 달月마저 외기권 끝(10,000km)까지의 40배 멀리 떨어져 있습니다. 그러고 보면 하늘나라가 생각보다도 훨씬 가까운데 자리 잡고 있네요. 하늘의 어원을 살펴보면 여러 가지 뜻이 있다고 하는데 한울, 곧 '큰 울타리'에서 왔습니다.

대기권의 권圈 자가 '우리 권' 자지요. 짐승을 가두어 기르는 우리牢에서 의미를 가져왔다고 봅니다. 이런 좁은 공간에서 벗어나고자 불교에서는 삼계三界를 얘기하며 이들 삼계에서 가장 가깝다는 지거천地居天을 설정하고 있습니다.

해발 84,000유순 높이 수미산, 이 수미산 정상에 도리천이 있고 도리천과 지표면海發 중간쯤에 사천왕천이 있는데 이 하늘이 땅에 걸쳐 있기에 모두 '지거천'이라 이름을 붙입니다. 대체로 1유순을 16km로 환산할 때 84,000유순은 1,344,000km죠. 지구가 아닌 하늘 속에 들어 있어 공거천空居天이라 하는데 욕계欲界의 나머지 네 하늘과 색계色界 열여덟 하늘을 표현합니다. 이들은 모두 하늘 속에 있습니다. 이 공거천은 모두 스물두 개 하늘로 무색계無色界의 네 하늘이 포함되어 있지 않다는 것입니다.

어찌하여 무색계로 된 네 하늘이 삼계에는 버젓이 들어있는데 공거천에는 포함되지 않을까요? 무색無色이기 때문에 비물질인 까닭입니다. 우주에서나 살펴볼 만한 얘기지요. 불교에서는 무색계를 설정하여 암흑 물질과 함께 암흑 에너지까지 빠뜨리지 않은 채 얘기합니다. 이것이 이른바 색계와 무색계며 여기에 욕계를 곁들인 것입니다.

중요한 것은 하늘은 남성격이고 땅은 여성격이라는 데에 있습니다. 생명 탄생의 필수 조건은 하늘만으로도 땅만으로도 완벽하지 않습니다. 반드시 이 둘의 조화를 바탕으로 동물, 식물, 미생물, 균류까지 생기게 되어 있습니다.

천성天性은 하늘의 성을 넘어 땅의 성까지 포함시킨 명사입니다. 선천적이니 후천적이니 할 때 한결같이 하늘 천天 자를 쓰지만 천天은 하늘에 국한되지 않습니다. 우주와 대자연을 비롯하여 원소의 세계 질료인質料因과 더불어 보조연補助緣까지 포함했습니다. 하늘과 땅, 땅과 하늘을 벗어나 대자연의 세계를 논할 수 없습니다. 그러니 어찌 친하지 않을 것이며 사랑하지 않을 수 있겠습니까?

부모가 되어 자식을 낳고 기르고 사랑하고 연민하며 가르침이 아버지 혼자 가능할까요? 당연히 어머니가 있어야 하고 게다가 숱한 인연을 필요로 합니다. 아기를 낳아 기르고 사랑하고 사랑하면서 가르치는 것입니다. 인류사에서 가장 이름다운 말이 뭘까요? 한마디로 표현한다면 사랑입니다. 사랑을 넘는 것은 없습니다.

[둘]

아들로서 아버지를 봉양해가되
아버지가 지닌뜻을 그대로잇고
있는힘을 다기울여 효도를하되
숙흥야매 빠지잖고 문후여쭈라


奉而承之하고 孝而養之하나니
봉이승지하고 효이양지하나니


　어렸기 때문이었을까 '봉이승지奉而承之'란 말은 귀에 못이
박힐 정도로 들었으나 그것이 무슨 뜻인지는 잘 몰랐습니다.
그러다가 나중에 절에 들어온 뒤 봉승奉承에 관해 들었습니
다. 치문반緇門班 시절이니까 입산한 지 1년 뒤네요.

　강단에 오른 중강中講 스님이 칠판을 딱딱 두드렸습니다.
얼마나 세게 두드렸는지 그만 분필이 부러졌고 스님은 다시
새로운 분필로 강하게 칠판을 찍어 내렸습니다. 분필은 여지
없이 또 부러졌습니다. 학인들은 너나없이 잔뜩 긴장했지요.
있는 대로 눈에 힘을 준 스님이 냅다 고함을 질렀습니다.

　자자자! 여러분 여기를 봐요, 여기를! 그러기 전에 학인들
시선은 이미 스님에게 쏠려 있었습니다. 그때 스님이 칠판에
글을 썼습니다. 나는 그렇게 글을 빨리 쓰는 분은 처음 보는

듯싶었습니다. 분명 '奉承'이라 쓴 게 맞습니다. 연못의 잉어가 헤엄을 치듯 글씨가 살아있었습니다.

"이 말이 무슨 뜻인지 압니까."

아는 학인들도 있었겠지만 아무도 손을 드는 학인이 없었지요. 내가 오른손을 치켜들었습니다. 그러자 중강 스님이 손짓했습니다.

"자, 스님 법명이?"

내가 큰소리로 답했습니다.

"네 중강 스님, 정휴正休입니다"

학인들 눈길이 내게 모이고 있음을 단박에 알아차릴 수 있었지요. 중강 스님이 물었습니다.

"그래, 정휴 스님. 무슨 뜻이지?"

내가 서슴지 않고 답을 했습니다.

"네, 봉이승지奉而承之입니다."

중강 스님이 놀란 표정으로 내게 되물어 왔습니다.

"어디, 설명해 봐요, 정휴 스님"

"네, 동몽선습 '부자유친'에 나오며 아버지의 뜻을 잘 받들고 이어가라는 그런 의미로 이해하고 있습니다."

중강 스님이 또 물었습니다.

"내가 쓴 글은 2자밖에 안 되는데"

"스님의 말씀은 줄임말입니다."

나는 그게 인연이 되어 경학원經學院에서 한문을 가르쳤습니다.

 잘 받드는 것도 좋긴 좋으나 그 뜻을 이어감이 더 중요합니다. 옳지 못한 문화는 과감하게 버리고 아름다운 문화와 함께 풍습은 받들고 이어가야 합니다. 이것이 봉이승지의 효입니다. 부모님을 잘 모시는 것도 효지만 좋은 점은 반드시 이어갈 일입니다.

 다른 말로 표현하면 곧 '효이양지孝而養之'입니다. 받듦奉에 큰大 손手이 필요하듯 이어감承에도 손手이 필수입니다. 봉승奉承에 모두 손手이 들어있음은 삶의 문화를 소중히 여김이지요. 여기 효양孝養이 함께합니다. 봉승이 삶의 문화요, 철학이라면 효양은 곧 삶의 실상입니다.

 효도 효孝 자 한 글자에 어르신耂의 경험 철학과 함께 젊은 이子의 미래 과학이 들어있지요. 다시 말해 효孝는 양방향입니다. 어르신은 공경을 받기만 하고 젊은이는 늘 공경을 드리기만 하는 그런 일방적인 문화가 아닙니다. 존경과 사랑이 늘 함께할 때 생겨나는 아름다운 감정이 다름 아닌 효孝입니다.

 기를 양養 자는 뭘 의미할까? 식단食에 소홀함이 없고 영양羊을 고루 섭취함입니다. 앞서 이미 살펴본 것과 마찬가지로 효孝가 시니어와 주니어의 만남이라면 양養은 고루 갖추어진 영양식입니다. 윗분과 아랫사람이 누구입니까? 받들고 이어갈 봉승 관계고 봉승 관계가 아름답기 위해서는 효양의 어울림이 없이는 안 됩니다.

한자로는 겨우 8자 짧은 글이나 이 속에는 바로 이와 같이 삶의 자양분이 담겨 있습니다. 참고로 덧붙인다면 숙흥야매 夙興夜寐와 숙흥온청夙興溫淸은 고사성어로 유명한 글입니다.

[셋]
그러므로 아버지는 자식들에게
바른도리 가르쳐서 지혜기르고
삿되거나 부정한곳 기웃거리며
발을들여 놓지않게 힘써야하리


是故로 教之以義方하야 弗納於邪하며
시고로 교지이의방하여 불납어사하며


가리키다指와 가르치다教는 어떠한 차이가 있을까요? 가리키다는 지적이고 가르치다는 풀이입니다. 가령, 손가락으로 달을 가리키며 '저게 달이야'라고 얘기했다면 일차적 지적指摘에 해당합니다. 이 지적에는 설명이 빠져 있습니다. 손가락으로 달을 가리킨다고 하여 달에 관해 속속들이 알 수 있을까요?

달은 우리 지구의 위성입니다. 이 지적 하나만으로는 알 수가 없겠지요. 궤도나 성질에 대해 알고 있습니까? 긴 반지름은 얼마나 되며, 궤도 둘레나 이심률은 얼마며, 근지점과 원지점은 무엇인지? 공전 주기와 삭망 주기 공전 속도와 궤도 경사 등을 제대로 잘 알지 못한 채 달을 이해할 수 있겠는지요.

가령 동물의 왕국을 관람하다가 "저놈이 사자야"라고 한다면 그 한마디로 사자를 다 알 수 있나요. 여기에는 반드시 설명이 필요합니다. 사자라 지적하는 게 가리킴이라면 사자에 관한 세부적 설명이 다름 아닌 가르침입니다. 이처럼 가리킴과 가르침은 다릅니다. 손가락으로 '저게 사자야'라면서 지적함은 말 그대로 가리킴입니다.

한자에서 가리킬 지指 자와 가르칠 교敎 자는 분명 다릅니다. 가리킬 지指 자는 손가락扌 소속이고 가르칠 교敎는 회초리攵 소속입니다. 채찍鞭과 회초리撻를 아시지요? 지도指導편달의 그 편달 말입니다. 요즘은 편달을 들 수 없습니다만 옛날에는 당연한 일이었지요. 손가락은 가리킴에서 끝나지만 채찍과 회초리는 가르침이었습니다.

앞서 올린 글에서 해인사 지대방에서 선후배 스님들에게 한문을 가리켰다며 '가르치다'를 '가리키다'로 했는데 겸손을 가장한 게 아닙니다. 1976년 스물네 살 어린 사미가 알면 얼마나 안다고 가르치겠습니까? 그냥 달을 가리키는 손가락처럼 글자만을 가리킨 것입니다.

우리는 곧잘 지적합니다. 저것은 달이고, 저것은 태양이고, 저것은 별이며, 이것이 개미고, 벌이며, 모기라고요. 또 요게 개나리 철쭉 진달래며, 얘는 개구리, 쟤는 두꺼비, 쟤는 토끼, 얘는 거북이라고요. 이런 지적이 가리킴이고 달과 태양에 관해 설명하고 개미와 벌과 모기 따위에 관해 속속들이 이해시킴이 가르침입니다.

불교에서는 지월指月을 얘기합니다. 손가락으로 달을 가리킴이지요. 여기서 끝나면 '가리키다'고 달에 대한 자세한 설명이 있다면 그를 일컬어 '가르치다'라고 합니다.

선사들은 이렇게 얘기합니다. '달을 가리키면 달을 봐야지 손가락 끝은 왜 보고 있느냐'고. 설명 없이 가리키는 달만 보고 달을 다 알았다 할 수는 없습니다.

손가락 끝에 비친 달을 바라보며 '저게 달이로구나'라고 해서 달을 완전히 이해할 수 없듯 '이게 바로 마음이야'라고 해서 마음을 완벽하게 알 수가 있습니까? 가리킴은 순간에 지나지 않으나 가르침이란 오랜 시간을 요합니다. 아버지나 스승이 올바른 방향에 관해 아들과 제자들에게 가르칠 때는 오랜 시간을 필요로 합니다.

가르칠 교教 자에서 들여다보면 한 손에 회초리攵를 들고 어린 제자들을 가르치教는데 무엇을 가르치는 걸까요? 바로 효孝를 가르칩니다. 그렇다면 효는 무엇일까요? 자식이 부모를 받드는 게 맞지만 앞서 표현했듯이 효에 담긴 뜻은 시니어耂와 주니어子의 조화입니다. 이들 조화를 떠나 효는 없습니다. 나이의 많고 적음을 떠나서 인간人間의 사랑이 곧 효입니다.

사람과 인간은 같은 말일까요? 사람人은 하나의 개체지만 인간은 사람과 사람人 사이間입니다. 이를테면 '인간'이란 표현이 일본어에서 비롯되었다 하여 무턱대고 멀리하는 게 좋을까요? '사람'이란 '살암'에서 왔습니다. 살암은 '살앙'을 실천하는 존재입니다. 살앙의 순화어가 곧 '사랑'입니다. 살암과 살앙의 어근이 뭘까요? 두말할 것 없이 '살'입니다.

살은 곧 '살'과 '살갗'의 준말이며 동시에 '삶'의 다른 의미입니다. '살'이 말뿌리語根인 '사람'이 '삶'에서 필요한 게 곧 사이間입니다. 이를 묶은 표현이 '인간人間'이고요. 사람과 사람 사이에는 이처럼 꼭 있어야 할 게 있습니다. 사랑입니다. 사랑보다 더 큰 귀함은 없습니다. '사람은 소중해'는 '가리키다'고 그 소중한 까닭을 찾아내어 낱낱이 알려줌이 '가르치다'입니다.

가르치는 일은 가리키는 일보다 훨씬 넓고 깊숙한 실상입니다. 올바른 방향을 가르침이 교지이의방教之以義方이며 삿된 곳 부정한 곳을 기웃거릴 때 바르게 지적指하고 안내導함을 지교指教라 표현하는데 지도하고 가르침을 뜻합니다. 아버지 할 일이 또 하나 있습니다. 삿되거나 부정한 곳을 기웃거리며 발을 들여놓지 않게 해야겠지요.

이를 본문에서는 뭐라고 했나요? 불납어사弗納於邪입니다. 한마디로 삿된 곳에는 발을 들이지 말라는 것입니다. 아닐 불不 자가 버젓이 있는데 왜 말 불弗 자를 썼느냐고요. '하지 않다' '못하다'의 차이일까요? 용성 조사의 선문촬요가 있습니다. 당시 우리 조선어 번역인데 지월指月에 관한 말씀이 상세詳細하면서 깔끔합니다.

## [넷]

그와같이 자식들은 아버지에게
마을에서 고을에서 살아가면서
작은죄도 짓지않게 돌아보시라
부드러운 음성으로 청해야한다

柔聲以諫하야 不使得罪 於鄕黨州閭하나니
유성이간하야 불사득죄 어향당주려하나니

윗사람이 아랫사람에게 간諫하는 것을 교敎라 하고 다른 말
로 충고忠告라 합니다. 마찬가지로 아랫사람이 윗사람에게
충고하는 것을 간諫이라 하지요. 윗글에서 아버지가 아들이
삿되거나 잘못된 곳에 발을 들여놓는 것을 간곡히 말리는 게
교敎였듯이 아들이 아버지에게 올리는 충고는 이처럼 간諫이
라 표현합니다.

동몽선습은 양방향 글입니다. 윗사람이 아랫사람을 가르치
는 걸로 모든 내용이 도배된 것이 아닙니다. 아들딸이 부모님
에게 간하고 제자가 그의 선생님에게 간하고 아버지가 그 아
들을 교하며 선생님이 아이들에게 교합니다. 이처럼 아버지
와 아들의 선생님과 제자의 교간敎諫이 같은 장chapter에서
이루어집니다.

가령 선생님과 제자 사이라든가 아버지와 아들 사이 교간은
그다지 어려울 게 없습니다. 모든 아버지와 모든 선생님은 그
마음에 사랑이 깃들어 있습니다. 사랑보다 뛰어난 묘약은 없
지요. 아들딸 아이들도 마찬가지로 부모님을 사랑으로 따르
고 선생님의 말씀을 믿고 꾸준히 잘 따르는 까닭입니다.

사간원司諫院이란 기관이 있었지요. 간諫함을 맡은 관아의
뜻입니다. 조선 시대 삼사 중 하나였는데 부모님이나 고위 관
리가 아니라 임금에게 간諫하는 일이었습니다. 제3대 태종 1
년에 설치하고 제10대 연산군 때에 폐했다가 제11대 중종 때
에 이르러 다시 새롭게 설치한 관아입니다. 그렇게 서기 1894
년인 조선조 제26대 고종 31년까지 이어졌지요.

무늬만 민주주의인 요즘과 달리 사간원과 함께 사헌부司憲
部, 왕의 자문기구 홍문관弘文館까지 모두 왕권의 질주를 막
는데 나름대로 역할을 다했으며 왕도 삼사 만큼은 중시하였
습니다. 위정자爲政者들에게 있어서 왕에게 간함과 함께 국
가의 법을 맡으며 왕의 자문을 맡은 학자들의 홍문관을 뛰어
넘는 게 없었을 것입니다.

옛날에는 꼭 국법이 아니더라도 형兄에게 과실過失이 있으
면 온화한 표정으로서 간하는 아우가 있기도 했습니다. 또한
어버이의 잘못을 간하는 이른바 간자諫子도 있었지요. 울면서
간하는 읍간泣諫이 있고 목숨을 끊고 죽음으로써 간하고 죽기
를 무릅쓰고 간하였으니 사간死諫이며 시간屍諫이었습니다.

심지어 오간五諫이란 게 있었는데 첫째는 속일 휼譎의 휼간이니 둘러 말하고 간하는 것이며 둘째는 어리석을 당戇의 당간이니 짐짓 바보스럽게 간함이고 셋째는 내릴 강降의 강간이니 겸손하게 자신을 낮추어 간함입니다. 넷째는 곧을 직直의 직간이니 바른말로 맞대어 간함이고 다섯째 풍자할 풍諷의 풍간이니 넌지시 풍자를 들어 간함이었습니다.

간諫은 파자에서 보듯 말言로 가림柬입니다. 윗사람에게는 되도록 봄 나무木에 돋는 새싹矛처럼 부드러운柔 음성聲이어야 했지요. 아랫사람에게 교教할 때도 윽박지르면 반감을 사기 쉬운데 하물며 윗사람에게 간함이겠습니까? 만일 고향에서 인심을 잃거나 크고 작은 죄를 지었을 때 여간 남세스럽지 않았겠는지요?

하여 동몽선습에서는 얘기합니다. 자기가 태어났거나 자랐거나 어려서부터 서원에 다니고 정든 곳일수록 조심해야 한다고요. 시골鄕 사람들黨이 포진한 곳일수록 부끄럽지 않고 남세스럽지 않게 죄짓지 말고 살아야 합니다. 아버지 어머니를 비롯하여 형과 누나 아재에게 간합니다. 더욱이 어린이의 간함이겠습니까?

고향鄕이 주는 느낌이 어떠한가요? 첩첩彡으로 이어진 시골 마을 푸른 언덕阝 개울이 흐르는 곳, 먹고 마실 것食을 가운데 두고 여럿黨이 둘러앉아 담소하는 곳 그런 곳이 향당鄕黨입니다. 서구에서는 이런 모습을 두고 파이pie를 나누는 사이라 합니다. 예서 일하는 공동체가 태어나고요, 고향이란 더 없이 소중합니다.

죄罪를 새길 때 허물이라 합니다. 본디 인간의 본성은 착한 데 벗어야 할 뱀의 허물처럼 후천적으로 덧씌워진 것입니다. 서구 종교에서는 이를 원죄라 하는데 동양 문화권에서는 허물이지요. 불교도 으레 동양의 문화로 죄는 본래부터 자성自性이 없고 마음 따라 일어난다고 표현합니다. 그러나 아무리 후천적이라도 허물은 끝내 허물이지요. 마치 몸의 때처럼 말입니다

허물 죄/죄 죄罪 자를 파자하면 법이라는 그물罒에 걸릴 만한 잘못非을 저질렀을 때입니다. 죄는 다른 말로 허물이며 과실過失이고 재앙災殃입니다. 온갖 불행의 시작이며 줄기입니다. 사회적으로 도의에서 벗어나고 자비로운 마음을 상실하고 법을 어겨 처벌을 받음입니다. 종교적으로 십계명을 어김입니다.

허물과 관련된 글자를 볼까요?

허물 건愆, 허물 고辜, 허물 구咎, 허물 자疵, 허물 죄罪, 허물 죄㒹, 허물 하瑕, 벌할 벌罰, 어떻습니까? 어느 하나 깨끗한 곳이 없지요?

[다섯]
혹여라도 아버지가 아버지면서
자식들을 자식으로 여기잖거나
자식으로 아버지를 모시긴하되
아버지를 아버지로 여기잖으면

아버지로 자식으로 인륜으로서
티가없다 장담할수 있을것인가
그러하나 천하에는 착하지않은
아버지와 어머니는 없는법이다


苟或 父而不子其子하며 子而不父其父하면 其何以
立於世乎리오 雖然이나 天下에 無不是底父母라
구혹 부이부자기자하며 자이불부기부하면 기하이
입어세 후리오 수연이나 천하네 무불시저부모라

　예전에도 이런 말이 있었군요. 만약 이런 말이 있었다면 아
버지는 내 아버지가 맞으나 아버지답지 못한 아버지가 있었
고 아들은 분명 내 아들이 맞으나 하는 짓이랑 마음 씀씀이가
남보다 못한 아들이 있었다는 얘기가 되겠네요. 그렇게 놓고

보면 예나 이제나 동양이나 서양이나 남이나 북이나 사람 사는 세상은 거기서 거기입니다.

열다섯 해가 지난 옛날이야기입니다. 동아프리카 탄자니아 북동 쪽 끝

아프리카의 지붕으로 알려진 신비의 산 킬리만자로가 있습니다. 킬리만자로 정상이 한낮이면 뽀얀 안개 뒤에 숨어 청황적백흑靑黃赤白黑 중 어떤 맵시도 보여주지 않습니다. 하나 해 질 녘이면 상황이 바뀝니다. 안개인지 구름인지가 걷힌 뒤 금세 본모습을 드러냅니다.

어쩌면 킬리만자로가 지닌 신비가 변신에 있는지 모르겠습니다. 어니스트 헤밍웨이(1899~1961)의 명작 중 〈킬리만자로의 눈〉을 주간 불교 편집장을 지낸 소설가 유응오 선생은 이른바 생로병사의 변화를 단편의 〈킬리만자로의 눈〉 하나로 잘 그려내고 있다며 표현했는데 정말 참 꽤 괜찮은 평이라 느낍니다.

킬리만자로는 모두 세 개 봉우리인데 가운데 5,895m의 우후루 피크가

최고봉으로서 키보kibo에 해당하며 현지인들은 키포kipoo라 부릅니다. 오른쪽은 5,149m 한스 마이어 피크로 현지에서는 마웬지라 부르지요. 마랑구에 속한 마을이며 내가 머물던 동봉東峰입니다. 서쪽으로는 시라가 있는데 우리말로는 곧 서봉西峰이고요.

밤중이면 달과 별들이 내려와 밤새 두런거리는 곳이고, 새

벽 햇살이 가장 먼저 비추는 곳 우루루 피크 기포가 황룡포를 걸치고, 해가 중천에 오르는 9시가 되면 뽀얀 안개로 얼굴을 가립니다. 그러나 단지 얼굴만 가릴 뿐 아래 너른 가슴은 그대로지요. 아버지 가슴이 아마 저럴 것이고 어머니 품이 저리 포근할 것입니다.

하나 거기도 사람 사는 동네입니다. 마웬지 봉우리 아래 마랑구 만여 명이 살아가는 산자락에 한 소녀가 살고 있었습니다. 소녀 가정은 프로테스탄티즘이었는데 옆에는 무슬림 가족이 살고 있었고 무슬림 청년을 자주 만나면서 둘은 깊은 사랑을 엮습니다. 단 종교가 문제였습니다. 아버지는 용서가 되지 않았지요.

세컨더리 스쿨을 갓 졸업한 딸을 앞에 놓고 아버지가 닦달했습니다. 종교가 다르니까 만나지 말라고요. 둘은 헤어질 수 없었습니다. 칼로 호수를 가르는 듯 아무리 갈라놓으려 애를 썼으나 애를 쓸 뿐 효력은 없었습니다. 아버지의 가정폭력이 시작되었고 날을 거듭하고 달이 지날수록 폭력은 점점 심해졌습니다.

종교가 둘의 사랑을 가릅니다. 믿음과 소망과 사랑 중에 그중의 첫째는 사랑이라는데 하나님 사랑은 물론 다르겠지만요, 다르기에 사람과 사람이 나누는 사랑을 이해 못 할 수도 있었을 것입니다.

그 예쁜 딸이 별이 되었습니다. 아버지의 폭력으로부터 벗어나 아주 멀리 도망칠 수도 있었는데 왜 그렇게 하지 못했을까요? 별이 된 딸은 평소 그런 아픔을 남친에게 말하지 않았습니다. 사태를 그 지경으로 키운 아버지는 마냥 술에 절어 살고 있었습니다.

내가 킬리만자로 마랑구에 갔을 때는 그토록 예쁜 딸이 별이 된 지 꼬박 이태가 되었다고 했습니다. 딸이 그렇게 되자 아내도 떠나가고 홀로 자신을 저주하며 사는 게 거의 그의 일상이었지요.

그는 시간이 나면 가끔 나를 찾아와 지나간 자신의 잘못을 이야기하며 오직 딸의 명복을 빌었습니다. 나는 킬리만자로 마랑구에 머물며 주로 좌선을 가르쳤는데 많을 때는 수백 명이 모이기도 했습니다.

어느 날 그가 내게 부탁했습니다.

"우리 딸을 위해서 마스터가 하나님께 기도 좀 해주시겠는지요?"

그 말을 듣고 내가 물었습니다.

"딸이 평소 뭘 좋아했지요?"

그가 의아한 표정으로 되물었습니다.

"딸 기도와 생전에 좋아했던 거랑 무슨 상관이 있을까요, 마스터?"

"그래도 한번 얘기해 봐요"

"먹는 거라면 치킨을 가장 좋아했고 학교서는 피아노를 즐겼습니다."

"그리고는?"

"여행하기를 좋아했으나 형편상 이곳을 떠난 적이 없습니다."

"아하! 여행을 좋아했구나!"

치킨 서너 마리를 준비하고 딸의 무슬림 남친을 불렀습니다. 남친은 하모니카를 곧잘 불었는데 기쁜 마음으로 연주를 했습니다. 그녀 위패를 끈으로 꿰어 목에 걸고 킬리만자로의 주도州都인 모시행 버스에 몸을 실었습니다. 스와힐리어로 달라달라daladala라 하는데 타운버스입니다.

하루 잘 놀다 돌아왔는데 그가 말했습니다.

"아비다운 아비가 못 되었는데 마스터 덕에 오늘 아비가 되었습니다."

그다음 날 이른 아침이었습니다. 젊은 무슬림을 옆에 데리고 날 찾아와 문을 두드렸습니다.

"그래, 어쩐 일이신가, 이렇게 일찍이?"

그가 쑥스러운 듯이 말했습니다.

"어젯밤에 딸아이 꿈을 꾸었습니다. 딸이 '아빠 서운했지만 고마웠다'면서 아주 상냥했어요. 고맙습니다."

그때 함께 온 딸의 남친이 말했습니다.

"마스터, 저도 같은 꿈을 꾸었습니다. 꿈에 나타나 하모니카 연주가 최고였다면서요."

[여섯]
아버지가 사랑하는 그의아들을
사랑하지 않는다고 느낄지라도
자식으로 효도하지 아니한다면
이를어찌 자식이라 할수있으랴


父雖不慈나 子不可以不孝니
부수부자나 자불가이불효니


동봉 큰스님께 올립니다.

무캐默海


아버님!
사랑하는 아버지
당신께서 천국에 계시든
서방정토 극락세계에 계시든
부디 더는 저를 용서하지 마소서
저는 여태껏 아버지에게는
사랑이 없는 분이라고
그리 여겼습니다

아버님!
아버지께서 병마로
그리 고통스러워하실 때
속으로 쾌재快哉를 불렀습니다
사랑이란 눈곱만큼도 없으신 아버지
끔찍이도 날 미워하신 아버지가
더는 살아계시면 안 된다며
하루라도 빨리 가시라
그리 기도했습니다.

아버님!
당신께서 제게 주심이
미움이 아닌 큰 사랑이었음을
비로소 알게 된 것은 한참 뒤였습니다.
당신을 영어囹圄에 가두었습니다.
미움과 몰이해의 옥이었습니다.
아버지 용서하지 마소서!
절 용서하지 마소서!

아버님!
아버지의 미움은
그것이 곧 사랑이었습니다.

사랑과 미움은 끝내 한몸이었습니다.
북반구가 살을 에는 한겨울이면
남반구는 허덕이는 삼복이고
남미가 깜깜한 밤중일 때
한반도는 한낮이듯이
사랑과 미움은 한 덩어리였습니다.


아버님!
아버지가 남기신
제 마음속의 상처보다
더 큰 상처가 있다고 한다면
당신의 사랑을 오해한 것입니다.
저는 장수왕 이야기를 떠올립니다.
원망은 원망으로 사라지지 않고
마음속에서 원망을 지울 때
사라지는 법이라고 하신
부처님 말씀입니다


아버님!
사랑하는 아버지
이제는 절 용서하소서
동봉 큰스님께 부탁하여

아버님께 향 한 자루 사릅니다.

2011년 2월 어느 날
무캐默海 분향 합장

[일곱]

옛날옛적 위대하신 우리순임금
아버지는 완악하기 짝이없었고
어머니는 어리석기 끝이없어서
어린순을 죽이려고 안달하였네


昔者에 大舜이 父頑母嚚하야 嘗欲殺舜이어늘
석자에 대순이 부완모은하야 상욕살순이어늘


　　순임금舜의 아버지 되는 사람은 이름이 고수瞽叟였습니다.
소경 고瞽 자에 늙은이 수叟 자로 처음부터 배냇적 시각 장애
자였거나 아니면 이름처럼 장애가 있은 뒤, 사람들이 그렇게
부르면서 이름이 바뀌었을 수도 있습니다. 늙은이 수叟 자를
쓴 것으로 보아 후자 쪽이 맞지 않을까 싶은데 수叟는 그냥 '
녀석'의 뜻이기도 합니다.

　　고수는 나이가 차면서 혼인을 했으나 좀체 아이가 들어서지
않았습니다. 두 내외는 거목巨木에 기도하고 유유히  흐르는
물에 기도하고 높은 산 큰 바위를 만나거나 깊은 동굴이 있으
면 합장했습니다. 밝은 해와 하얀 달에게 기도했습니다. 합장
이 불교 고유 인사법이라고요? 이미 종교 이전부터 사람은 간
절한 때는 두 손을 모았습니다.

그러던 중 어느 날 꿈을 꾸었습니다. 길조吉鳥 봉황鳳凰이 날아와 입에 물고 온 하얀 쌀을 고수의 입안에 밀어 넣었습니다. 그가 꿈꾼 날 아내가 입덧을 하고 열 달 뒤에 아들이 태어나자마자 손爪으로 하늘⌐을 움켜잡고 뒤뚱거리舛며 걸었습니다. 산모가 그런 모습을 일러 주자 그 자리서 '순舜'이라 불렀습니다.

그가 훗날 순임금舜이 됩니다. 순임금이 누구인지는 아시겠지요? 공자의 맥을 이은 맹자孟子는 순을 동이족의 한 갈래라 했습니다.

알고 보면 우리나라 사람이 조상입니다. 순舜이 태어난 지 얼마 되지 않아 어머니가 산고로 세상을 떠났습니다. 순의 나이가 어리기도 하였으나 아버지가 시각에 장애가 있어 새장가를 들었습니다. 새장가를 들고 순을 키웠습니다. 아주 애지중지 키웠습니다. 새엄마도 싫어하지 않았지요. 그러나 그도 오래가지는 않았습니다. 배다른 남동생 상象이 태어나자 순을 대하는 게 달라졌지요. 순의 아버지 고수조차 아내를 따라 상을 좋아하는 것만큼 순을 미워함이 정비례했습니다. 어린 순의 고단한 삶이 시작됩니다.

아버지 고수는 시각도 문제였으나 많이 모자란 사람이었습니다. 계모는 표독스럽기가 짝이 없었고 배다른 남동생은 포악했습니다. 순은 한쪽 눈 눈동자가 2개였는데 지체장애인으로 간주해 죽이려 했습니다. 집안을 망치는 요사妖邪로 몰았지요. 순은 배겨날 재주가 없었습니다. 엄청난 매를 맞아가며 지내던 순은 계모의 살기를 못 이겨 집을 나섭니다.

순은 그 후로도 대여섯 번에 걸쳐 아버지와 계모와 상으로부터 살해를 당할 뻔했지요. 지붕을 고치라 오르게 한 뒤 사다리를 치우고 불을 질렀으며 음식에 슬그머니 독을 넣는가 하면 우물에 죽은 뱀을 집어넣은 뒤 마실 물이니 깨끗하게 청소하라며 강제로 빠뜨리기도 했습니다. 그래도 순은 원망하지 않았습니다.

동몽선습에서뿐만 아니라 많은 서적이 순의 효심과 함께 마음 씀씀이에 칭찬 일변도입니다. 걸핏하면 태평성대를 요순에 견주고 정치인들이 내는 갖가지 욕심과 요순의 선양禪讓에 견줍니다. 정말 태평성대였을까요? 공맹孔孟에 빠져 있는 건 아닐까요? 누구도 함께 살아보지 않고도 요순堯舜 시절을 얘기합니다.

한비자는 〈한비자〉36 논란편에서 순은 아버지 고수를 추방하고 이복동생인 상을 죽였으며 요堯의 두 딸을 아내로 삼았고 요의 나라를 통째로 빼앗았다며 순이 과연 성스러우냐며 되묻습니다.

순이 영리해서가 아니지요. 계모가 낳은 아이가 상象 말고 밑으로 여동생이 하나 더 있었는데 엄마와 오빠 상의 계획을 낱낱이 큰오빠 순에게 알렸다는 것입니다. 게다가 순은 자신에게 선양한 성스러운 요堯임금을 옥에 가두어 부친과 만나지 못하게 하였다고 합니다. 그러기에 당시 옆에 있지 않았다면 일부 남은 기록을 전부로 삼아 모두를 평할 수는 없습니다. 순임금이 남긴 치적이 크겠지요. 그러나 드러나지 않은 과오도 언제나 비례比例한다는 사실을 우리는 간과看過할 수 없습니다.

부완모은父頑母嚚이라 했는데 이는 아버지는 매우 완고하고 어머니는 아주 어리석었다고 해석합니다. 완고할 완頑 자에 담긴 뜻은 글자 그대로 잘난 체입니다. 으뜸元 가는 목頁처럼 뻣뻣함입니다. 늘 목을 꼿꼿이 세울 줄만 알았지 숙일 줄 모르는 고집頑입니다. 아버지는 완고하다고 했는데 순의 아버지만 그랬을까요?

모은母嚚도 비슷한 얘기입니다. 어리석을 은嚚 자를 보면 네 개의 입 구口 자 한가운데 신하 신臣 자가 떡하니 들어있습니다. 네 개의 입 구 자가 출력이 되지 않아 여기에 기록은 하지 못합니다만 뭇입 집/우레 뇌/우레 뢰 자입니다. 한사람 잔소리도 다들 많다는데 사방에서 마구 떠들어대면 가운데 있는 자는 어찌 될까요?

으레 어리석어질 수밖에요. 또는 밑에서 모시는 가신들이 중구난방衆口難防 지껄여 대면 리더는 혼이 빠질 것입니다. 순의 아버지는 아주 고집스럽고 계모는 매우 어리석었다는데 만일 이를 순이 역으로 이용했다면 순임금은 매우 교활한 아들이고 악명 높은 임금이 아니었을까요? 순舜이 추는 춤斜

사위爪에 갇혀 버린⌐ 것일까요?

그래도 순임금은 공부자孔夫子 선생께서 입에 침이 마르도록 칭송한

요순우탕堯舜禹湯 네 성인 중 한 분입니다. 그러니 한 번쯤 믿어보는 것도 그런대로 좋을 듯싶습니다. 이 글을 쓰는 내내 내 뇌리에서 떠나지 않는 사람이 있습니다. 존 마크 램지어 박사입니다. 떨어지는 낙엽처럼 알 수가 없네요.

순임금은 효도로써 화합하면서
끊임없이 악한일을 하지않도록
여러가지 방편으로 힘을썼으니
효자도리 여기에서 극에달했네


舜이 克諧以孝하사 烝烝乂하야 不格姦하시니 孝子之
道가 於斯至矣로다
순이 극해이효하사 증증예하야 불격간하시니 효자지
도가 어사지의로다

  죄짓지 않고 사는 게 어디 쉽나요? 그러면서 이렇게 말합니다. '욕심만 부리지 않으면 된다'고 욕심이라면 어떤 게 있나요? 첫째는 재물財이고 둘째는 색色이며 셋째는 음식食이고 넷째는 명예名며 다섯째는 잠睡입니다. 다섯 가지 욕락欲樂이지요. 돈貝으로 재주才를 부리는 게 이른바 재물財욕입니다.

  자유재自由財거나 또는 경제재經濟財거나 막히지 않도록 하는 게 경제입니다. 이코노미economy의 뜻이지요. 가닥經대로 흐르濟게 하되 자기 개인의 욕망을 위해 사재기買占賣惜을 한다거나 남에게 손해를 끼치게 하는 것은 경제의 흐름을 방해함이 되겠습니다.

색色이란 물질이며 빛깔이지요. 색의 본뜻이 그와 같습니다. 그런데 갑골문에 의하면 두 사람이 무릎을 꿇은 채로 서로 부둥켜안은 모습이 색입니다.

반야심경 색공론色空論의 색은 그냥 물질이요 빛깔입니다. 이것이 성性으로 바뀐 게 아니라 성sex에서 빛깔이 나오고 물질이 나온 것입니다. 색은 연구 대상입니다. 마시飮고 먹는食 게 음식飮食입니다. 어진良 사람人이 되기 위해 마시고 먹는다고 얘기합니다.

공양게供養偈는 이렇게 읊습니다. '도업을 이루기 위해 음식을 받는다.'고. 이 먹는 행위食에 의미를 더한 게 하품欠하듯 입을 크게 벌리고 삼키食는 것이 마실 음飮입니다. 그러므로 음식에는 순서가 있지요. 곧 음선식후飮先食後입니다. 마시는 게 먼저고 먹는 게 나중입니다.

명예名譽의 본뜻은 이름名입니다. 저녁夕이 되고 날이 어두워지면 불러口 구별하고자 이름이 생깁니다. 대낮에는 그냥 '어이' 한다거나 손짓만으로도 구별이 되지만 저녁이 이슥하거나 한밤중에는 큰애니 작은애니 이름을 불렀지요. 이 이름에서 자아自我가 생겨납니다. 이 이름으로 기려譽지길 바람에서 이른바 명예로 번져나갑니다.

피곤하면 졸음睡이 오지 않던가요? 눈꺼풀目이 슬슬 내려垂옵니다. 그러다 마침내 잠眠으로 빠져들고 눈目이 아예 감기民게 됩니다.

(1) 아버지와 아들

잠은 오직 사람만이 아니라 대체로 살아있는 생명붙이라면 반드시 필요한 생리生理 현상입니다. 한마디로 표현하면 '쉼'입니다. 이들 본능은 죄가 아닙니다. 이를 잘못 이용함이 문제겠지요.

바로 이 5가지 욕락으로 인하여 뜻하지 않은 삶을 살아가며 크고 작은 죄를 짓습니다. 일반적으로 '본능本能'이라 하면 거의 성性sex에 국한시킵니다. 그러나 이처럼 5가지 낱낱 욕락은 생명이 지닌 본능instinct입니다. 한마디로 창조적 본능입니다. 세상에 태어나면서부터 함께 지니고 온 본능입니다.

효의 궁극이란 과연 무엇일까요? 춘추시대 노래자老萊子처럼 재롱을 부리는 것일까요? 이 동몽선습 다음에 읽는 교재 〈소학小學에〉에 그 일화가 있습니다.

여든을 훌쩍 넘긴 노래자가 백 세 부모님 앞에서 옷을 벗은 채 아기처럼 춤추며 재롱을 부렸다지요. 노부모는 '망측하다' 하시면서도 손뼉을 치며 즐겼다고 합니다.

동몽선습의 효의 궁극을 얘기한다면 이보다 더 중요한 것이 있습니다.앞서 이미 언급한 바와 같이 아버지 어머니로 하여금 죄를 짓지 않도록 함입니다. 그게 말처럼 쉬운 일은 아닙니다. 작은 실수야 어느 정도 있을 수 있으나 자식을 위해 죄를 짓지 않도록 함이 자식으로서는 매우 중요합니다.

큰 죄에는 3가지가 있지요. 3가지 큰 죄가 무엇일까요? 재욕과 색욕과 식욕입니다. 명예욕과 함께 수면욕은 마음에서 접기가 쉬울 수 있으나 이들 세 가지는 그리 쉽지 않습니다. 색욕을 얘기하면 여성을 떠올립니다. 남녀가 함께 책임져야 할 일인데 피해는 대개 어느 쪽일까요? 세계 어디를 가든 여성입니다. 여러 면에서 여성이 약한 까닭입니다.

계집 녀女 자를 요즘은 순화시켜 계집 녀가 아닌 '여자 여' 자로 새깁니다. 사실 '남자'의 상대인 '여자'보다는 '계집'이란 말이 격이 높습니다. 계집은 '집에 계시다'에서 왔지요. 중국어 문법 따라 앞뒤가 바뀌는데 '집에 계시다'라는 우리말과 달리 '계시다'라는 동사가 앞에 오고 '집'이란 목적어가 나중에 놓입니다.

'집에 계시다'가 '계시다 집에'로 한글화 문법이 중국화가 된 것입니다. 집에서 안살림을 도맡아 하는 분이 바로 여성이며 안사람입니다. 따라서 단순히 '여자'보다 '계집'이 좋은 말입니다. 조선조를 거치며 '계집'이 마치 스님을 '중'이라 부르듯 언젠가 비속어卑俗語로 변했습니다. 따라서 일단 비속어로 된 이상 '계집'이란 말은 쓰지 않는 게 좋습니다.

[아홉]

그러므로 공자께서 말씀하시되
다섯가지 형벌죄가 삼천가지나
불효보다 더큰죄는 다시없다고
혀가닳게 고구정녕 설하셨도다


孔子曰 五刑之屬이 三千이로되 而罪莫大於不孝라
하시니라
공자왈 오형지속이 삼천이로되 이죄막대어불효라
하시니라

훈장님은 원주 소초면이 집이었는데 횡성군 서원면 석화리 서당에서 학도들을 가리켰습니다. 그때가 60년대 후반이니 50여 년을 훌쩍 넘긴 옛날입니다. 30대 중반의 훈장님께서는 유머 감각이 좀 뛰어난 분이셨지요. 영국인에게 가장 치명적인 욕은 '당신은 유머가 없다'랍니다. 이 말도 훈장님이 해 주셨습니다.

나는 한 주에 하루 정도 서당에 가서 청강聽講했는데 청강료를 내지 않은 채 들었습니다. 아마 맹자를 읽는 학도였을 것입니다. 공부는 별로였던 것 같은데 주변에는 늘 또래가 따랐습니다. 그만큼 사교성이 뛰어났을 것입니다. 하여 훈장님이 접장을 맡겼겠지요. 이름이 '우명근'이었을 것입니다. 꽤 잘생긴 친구였습니다. 훈장님이 책상을 내리쳤지요. 훈장님의 편달鞭撻 때문이었을까? 침 삼키는 소리가 우레雷聲 같습니다.

"우접장 네가 한번 대답해 봐라 태장도유사笞杖徒流死가 뭐였지?"

우접장이 머뭇거리며 답했습니다.

"태장에 있는 절 이름입니다"

"태장의 무슨 절이라고?"

훈장님의 재차 질문에 답했습니다.

"네 훈장님, 도유사입니다."

지금도 강원도 원주시 행정구역에 태장동이란 동이 있다는데 그때도 아마 태장이 있었을 것입니다. 태장동과 소초면과 호저면은 다 가까운 거리에 이어져 있는데 소초면이 자택인 훈장님은 곧잘 태장 이야기를 했습니다.

훈장님께서 마무리를 짓습니다. "다섯 가지 형벌刑罰이 있단다' 그게 태장도유사笞杖徒流死니라" 가르침에는 방편이 있으며 방편에는 유머가 들어있습니다. 훈장님이 동몽선습을 들먹이셨지요.

"자자! 동몽선습童蒙先習을 뗀 사람 있으면 손들어 봐"

그러자 학도가 여남은 명이었는데 나까지 둘만 빼고 다 들었습니다. 서당에서 공부한 친구들이 당시만 해도 많았다는 얘기입니다.

"거기에 공자님 말씀이 있고, 오형지속五刑之屬을 읽었지?"

한두 명이 대답을 하긴 했으나 시원스럽지가 않았습니다. 읽기는 다들 읽은 게 맞는데 아마 기억이 나지 않았을 것입니다. 훈장님도 그만 기가 빠졌습니다. 그러면서 뒷말을 이어갔지요.

"삼천이죄 막대어불효는 생각나?"

여기까지 오자 대답이 우렁찼지요. 그제야 기억난 듯싶습니다. 학도들이 서로 보며 싱긋했습니다. 훈장님이 다시 물었습니다.

"그럼 오형지속은 무엇이고 삼천이죄는 어떤 뜻이며 막대어불효는 어떻게 새기지?"

웬걸 누구도 손을 들지 않았습니다. 읽은 기억은 분명 나긴 나는데 내용이 떠오르지 않는 거였습니다. 형벌에는 다섯 가지가 있습니다. 죄를 지으면 죄의 내용과 경중에 따라 벌주는 방식이 다섯 가지지요.

첫째는 볼기칠 태笞로 태형입니다. 매로 볼기를 치는 형벌입니다.

둘째는 곤장 장杖으로 장형입니다. 곤장棍杖으로 볼기를 치던 형벌로 예순 번에서 백번까지 쳤습니다. 조선조 때는 대명률大明律에 따라 이런 형벌이 대부분입니다. 놀부 매를 홍부가 맞기도 했고 일부 부자들은 벌금을 내고 매를 면하기도 했습니다.

셋째는 무리 도徒 자의 도형입니다. 조선 시대 죄를 지은 사람을 중노동에 종사시키던 형벌입니다. 1년, 1년 반, 2년, 2년 반, 3년이라는 다섯 가지 형벌 등급이 있었지요. 이를 감하면서 곤장을 쳤는데 등급 따라 열 대씩을 더했습니다. 고종高宗 32년인 1895년에 이르러 이 도형이 폐지되기는 했으나 역시 명나라 형벌법이었습니다.

이 도형에는 두 가지가 있었는데 첫째 유기도형有期徒刑이고 둘째 무기도형無期徒刑이었습니다. 유기도형은 아주 외딴 섬에 죄인을 가두어 정역定役을 과課하되 죄의 경중 따라 기간을 정했으며 무기도형은 죄인이 죽을 때까지 나올 수 없는 외딴 섬에 보내 정해진 역을 부과하는 데 상사범常事犯에게 부과했습니다.

넷째는 흐를 유流 자 유형입니다. 무거운 죄에 관한 형벌로서 죄인을 거주지에서 먼 곳이나 외딴 섬으로 귀양 보냄을 뜻합니다. 유삼천리流三千里란 말이 있는데 이는 3천 리 밖의 먼 지방으로 귀양을 보냈다는 뜻입니다. 흐름流은 중력의 법칙을 따르지요. 저절로 돌아오기는 힘듭니다. 귀양을 유배流配라고도 하는데 여기서 따온 명칭이 유형流刑입니다. 그리고 마지막이 사형死刑입니다. 죽을 사死에 형벌 형刑이지요

수형자의 목숨을 끊는 형벌로 목을 베는 참수斬首가 있고, 목을 매는 교수絞首가 있으며, 총살이나 불태우는 화형이 있고, 전기나 가스를 써서 죽이기도 합니다. 군법회의에 의한

경우를 제외하고는 교도소에서 목을 매 집행하되 법무부 장관 명령에 따라 명령 후 5일 이내에 집행합니다. 다만 죄를 범할 때 16세 미만의 미성년자에게는 사형이란 제도가 없었습니다.

이들 다섯 가지 형벌 중 가장 가벼운 게 첫째 볼기 침이고, 둘째 곤장형이 그다음이며, 셋째 도형보다 넷째 유형이 높고, 다섯째 사형이 가장 중한 형벌입니다.

일설에 따르면 옛날 중국에는 또 다른 다섯 가지 형벌이 있었는데 살갗에 먹물 넣기, 코 베기, 거세하기, 발뒤꿈치 베기, 죽이기 따위입니다. 이처럼 다섯 가지 형벌은 이는 기원전부터 있었던 제도이고 지금은 많이 달라진 셈입니다.

옛날 기원전 공자 시대의 형벌을 되돌아볼 수 있는 자료입니다. 그런데 중요한 게 딱 하나 있습니다. 이들 다섯 가지 형벌과 더불어 3,000가지 죄가 있다 하는데 가장 큰 죄가 무엇일까요? 두말할 것도 없이 불효不孝입니다.

## (2) 왕과 신하

[하나]
왕과신하 의로묶인 인연이지만
하늘땅에 견줄만큼 차별이있다
높고또한 귀한이는 왕의자리요
낮고또한 천한이는 신하자리다


君臣은 天地之分이라 尊且貴焉하며 卑且賤焉하니
군신은 천지지분이라 존차귀언하며 비차천언하니


　왕王과 신하臣라 했으나 원문에는 임금君과 신하입니다.
왕과 임금은 전혀 다른 신분일까요? 그냥 호칭이 다를 뿐입니
다. 그런데 정말 그럴까요?

　왕은 삼재三才를 꿰뚫는 자입니다. 삼재란 하늘과 땅과 인
간이지요. 그러니까 눈에 보이는 모든 세계를 하나로 통치하
는 자가 왕입니다. 하느님天 아들子에 해당하는 황제皇帝 아
래에 처합니다.

　그렇다면 임금 군君 자는 어찌 되나요? 임금 왕王 자처럼
훈이 같은 '임금'입니다. 그러나 왕은 삼재를 꿰뚫는 분이지만
군君은 말씀口의 펼침尹입니다. 태초에 하나님이 계셨던 게

아니라 말씀이 있었다고 하는 것처럼 태초尹에 말씀口을 한 분이 바로 임금君이라는 얘기입니다. 이를 엉뚱하게 연결시키면 억측이 될 수 있으니 삼가시고요.

신하臣는 어떤 사람입니까? 천자문 강의에서도 언급했듯이 신하 신臣 자를 오른쪽으로 90° 돌리면 사람 얼굴이 뚜렷이 그려집니다. 이것이 무엇을 뜻할까요? 왕 앞에서 90° 머리를 숙임입니다. 머리만이 아니라 몸까지 숙임입니다. 이들 왕과 신하는 물과 물고기입니다. 그렇다면 백성은 어찌 됩니까? 백성은 신하와 다른 집단입니다.

군신수어君臣水魚란 말이 있습니다. 물고기와 물처럼 친밀함입니다. 누가 물이고 누가 물고기일까요? 왕이 물고기고 신하가 물입니다. 어느 한쪽도 없으면 안 되지만 특히 어느 쪽이 중요할까요? 물은 물고기가 없어도 괜찮지만 물고기는 물이 없으면 어찌될까요. 거꾸로 된 비유가 아니냐고요? 아니지요. 전혀 거꾸로가 아닙니다.

이는 파문波紋의 법칙을 따릅니다. 곧 신민수어臣民水魚입니다. 고위공직자가 물고기라면 장삼이사張三李四는 물입니다. 삼정승 육판서를 중심으로 하여 양반 체제가 비록 장하다지만 평범한 백성이 없다면 살아남을 수 있었을까요. 이처럼 만일 노비가 없었다면 사농공상士農工商이 건재했을까요? 뜬금없이 웬 '사농공상'이냐고요?

인간의 삶을 얘기하는 목숨 수壽 자를 살펴보면 답이 나옵니다. 옛날에는 선비士가 위에 있고 농사꾼이 그 아래 있었으며 농사꾼 아래 기술자가 있었고 기술자 밑에 장사꾼이 있었습니다. 그러나 지금은 순서가 바뀌었지요. 순서가 바뀌다니 어떻게요? 사士는 교육자요 지도자이지만 본디 국방과 치안의 책임자였습니다. 이른바 군인과 경찰이었지요. 공상인工商人은 상공인이 되고, 그 상공인 아래에는 농사꾼이, 농사꾼 아래는 누구일까요? 그 아래는 실제 아무도 없습니다.

사농공상은 계급사회입니다. 인도에서 유행한 고유문화가 아닙니다. 바라문, 찰제리, 페사! 수드라와 불가촉천민의 카스트제도라는 것이 중국에 있었고 조선에 전해졌지요.

이들 삼강오륜이 어느 나라 문화입니까? 기원전부터 있던 중국 문화입니다. 하여 공자 말씀이 들어있지요. 공자의 맥을 이었다고 하는 맹자는 예외例外로 치더라도 중국의 삼강오륜을 그대로 가져와 되레 중국보다 더 중국적인 곳 그곳이 곧 우리 조선입니다.

삼강오륜 문화가 사라진 곳은 다른 데가 아닌 오늘날 중국입니다. 민귀군경民貴君輕이란 성어가 있는데 달리 민중군경民重君輕이라 합니다. 귀한 게 백성이고 왕은 가벼우며 왕은 가볍고 백성은 중합니다.

〈맹자〉에 담긴 글이지요. 순자, 한비자 등 법치주의자는 왕은 배요 백성은 물이라 했습니다. 기원전에 백성주의가 있었는데 4차 산업사회에 접어든 오늘 왕권주의의 정치를 하고 있습니다.

　우리는 오늘날 충성을 강요합니다. 충성 충忠에 정성 성誠입니다. 중용中의 마음心이 곧 충忠이고 말씀言대로 이루어成 감이 성誠입니다. 시키는대로 하라는 것이지요. 말로만 내세우는 민주주의에서 백성들 생각은 안중에도 없습니다. 고급 관료와 고위 정치인도 한 사람 왕의 뜻을 따르기 바쁩니다. 이를 일러 독재dictatorship라 합니다.

　고사성어에 이런 말이 있습니다. '충신불첨기군忠臣不諂其君'이라고. 진정한 충신은 어떤 사람일까요? 주군에게 아첨하지 않는 사람입니다. 왕조시대 옛날애기가 아닙니다. 바로 어제昨 오늘今 얘기입니다. 오직 애완견이 있을 뿐입니다. 옛 서원 교재 〈소학小學〉에서는 사신이례使臣以禮를 얘기합니다. 신하를 예禮로써 대하라는 것이지요.

　그렇게 했을 때 돌아오는 답이 다름 아닌 사군이충事君以忠입니다. 오직 충성으로 왕을 섬김입니다. 신하와 백성은 또다른 계급입니다. 사농공상에서 첫째 사士를 제외한 농공상과 노비가 백성입니다. 케케묵은 애기가 아닙니다.

　예수께서 세상에 오시기 전부터 있어 온 통치 시스템이었지요. 당시로 돌아가 탓할 수는 없습니다. 사실상 케케묵은 것을 얘기한다면 어제오늘昨今의 정치 시스템보다 더 지독하기야 하겠습니까?

　엄청난 거짓말 천국입니다. 어제오늘 정치 시스템 속에는 온고지신溫故知新을 빌려 와서 겉으로는 번지르르하게 꾸미면서 백성을 속이는 데는 아주 익숙합니다. 한나라의 왕은 백성 모두의 왕입니다. 친이니 친박이니 노사모니 하는 어둠黑+숭상尙=패거리黨의 왕이 아닙니다.

[둘]

존귀한자 비천한이 부릴수있고
비천한자 존귀한이 섬길일이니
천지간의 일상이라 당연한이치
옛과이제 통하는건 오직정의뿐

尊貴之使卑賤과 卑賤之事尊貴는 天地之常經이며
古今之通義라
존귀지사비천과 비천지사존귀는 천지지상경이며
고금지통의라

귀천貴賤은 앞서 얘기했듯이 돈과 재물貝이 그 중심에 있습니다. 돈貝 위에 자리/방석一을 깔고 중심中을 잡고 앉아 있음이 귀貴고 역시 재물貝을 왼쪽 옆구리에 낀 채 두 자루 창戔을 든 모습이 천賤입니다. 그것도 한 자루의 창에서 그치지 않고 두 자루 창을 겹쳐 든 모습입니다. 두 자루 창은 잔戔으로도 풀이되는데 '나머지' 뜻이며 '적다'의 뜻으로도 쓰입니다. 그렇다면 존비尊卑는 어떨까요?

여기에는 어떤 뜻이 담겨 있습니까? 이미 짐작한 대로일 것입니다. 높을 존尊 자에 낮을 비卑 자니까요. 높다 낮다는 실측實測 입장에서 키의 크고 작은 높낮이도 있겠으나 신분의 높낮이의 뜻이 들어 있습니다. 왕이라고 하여 키가 더 크거나 신하나 천민이라고 하여 키가 더 작거나 하지도 않습니다.

눈높이는 누가 맞추는 게 좋을까요? 키 작은 어린이가 키를 높일까요? 키 큰 어른이 자신을 낮출까요? 아이가 눈높이를 맞추려면 의자나 계단을 이용해야 하지만 만약에 어른이 눈높이를 맞추려면 그냥 쪼그리고 앉으면 됩니다. 눈높이는 윗사람이 맞추는 것입니다. 선생님이 몸소 허리를 굽히므로 자신을 어린이에게 맞춥니다.

동몽선습에서는 이렇게 얘기합니다. 존귀한 자 비천한 이 부릴 수 있고 비천한 자 존귀한 이 섬길 일이니 인간의 본성을 놓고 본다면 본디 존비귀천은 없습니다.

부처님은 말씀하십니다. 모든 흐름이 바다에 이르면 예전의 이름은 사라지게 된다고 누구든 부처님 문중에 들어온 뒤에는 사성 계급이 없어진다는 것이지요. 어디 부처님뿐이겠습니까? 신 앞에서는 누구나 평등하다는 성서 가르침도 동일한 논리입니다.

한데 기독교의 가르침은 신과 인간이 완벽하게 서로 다른 세계입니다. 누구도 신이 될 수 없습니다. 이에 견주어 불교는 어떤가요. 깨치면 누구나 부처가 될 수 있습니다. 물론 여기에는 초기불교와 대승불교라는 단서가 붙습니다.

높고 귀한 사람은 자유롭습니다. 낮고 천한 자들을 부릴 수 있으니까요. 낮고 천한 사람에게 있어서는 단지 꿈과 같을 뿐입니다. 대신 이들은 할 일이 있습니다. 높고 귀한 이를 섬기는 일입니다. 현실은 바로 여기에 방점이 찍힙니다. 기원전 수 세기 전부터 있던 제도가 지금도 세계 곳곳 나라마다 도시마다 직장마다 이어진다는 것입니다.

오죽하면 '천지지상경天地之常經'이고 '고금지통의古今之通義'라 했을까요. 사사오송으로 풀이할 때 천지간의 일상이라 당연한 이치 옛과 이제 통하는 건 오직 정의뿐이라는 논리가 적용되고 있습니다.

국가와 사회는 자라는 나무와 같습니다. 이는 직장과 가정도 마찬가지입니다. 옆으로만 자라는 나무는 없습니다. 반드시 위아래로도 자랍니다. 그러기 위해서는 싹이 트고 싹이 트는 동시에 뿌리를 뻗으며 줄기를 피워 올리며 가지를 뻗습니다.

국가와 사회, 직장과 가정은 물론 이들 유기적 관계들이 옆으로 위아래로 잘 뻗어가도 생명의 시스템이 작동을 이어갑니다. 그러려면 필요한 게 무엇일까요. 주어진 역할을 다함입니다. 이것이 삶의 질서입니다.

윗사람은 아랫사람을 시키고 아랫사람은 윗사람을 모시는 것이 인류에게 주어진 역할은 아닙니다. 아랫사람이 윗사람에게 일을 시키고 나이 든 어르신이 아랫사람을 삶의 경험으로 이끌어 줌도 부림使과 섬김事입니다. 따라서 부림과 섬김이란 말은 꼭 위아래 용어가 아닙니다.

인因과 인을 연결하는 연緣입니다. 천지天地의 상경常經에서 하늘땅은 이미 다들 아는 얘기지만 상경은 영원常한 날줄經입니다. 이 날줄이 아무리 튼실하다고 한들 씨줄緯 없이 피륙이 생겨날까요. 따라서 상경만 중요한 것이 아닙니다. 수평의 씨줄도 다 같이 중요합니다. 하늘과 땅이 공간적 세계라면 상경은 시간의 세계입니다. 시공이 함께 형성되지요.

이처럼 '고금지통의古今之通義'도 예와 이제라는 시간 속에서 여전히 꿈틀대는 의義가 있습니다. 꿈틀댐은 움직임입니다. 생명력을 지녔다는 얘기지요. 따라서 이 고금지통의에도 시공간의 역할은 쉬지 않습니다.

높고 귀한 신분과 또한 낮고 천한 신분이 만일 정해져 있다고 고집한다면 이는 상태일 뿐 진리는 아닙니다. 여기에 매우 중요한 단어가 나옵니다. 영원常한 날줄經과 마찬가지로 뭇 질서에 없어서는 안 되는 통함通과 옳음義의 진리입니다.

이 상경과 통의의 역할을 살펴보면 여기에는 실로 사회적 높낮이와 신분의 귀천을 뛰어넘습니다. 높낮이와 귀천의 가름이 무엇일까요. 맵시와 말씨와 마음씨입니다. 행동 언어 마음이지요.

한 번 왕이라고 영원한 왕이 아니듯 신하도 영원히 신하가 아닙니다. 한번 존귀한 자는 영원히 존귀하고 한번 비천한 자는 영원히 비천할까요. 단언하건대 그렇지 않습니다. 존비귀천을 떠나 삶의 모습과 끼치는 영향이 중요합니다. 신라 천

년, 고려 미완의 오백 년, 조선이 오백 년 남짓을 이었으나 결국 대한민국에 배턴을 넘겼습니다.

　대한민국은 민주주의를 내세운 백성이 중심인 나라입니다. 어제오늘昨今의 정치 현실을 바라보며 대한민국이 대한제국으로 바뀌었는가. 어느새 소중한 우리의 민주주의가 제국주의로 탈바꿈한 게 아닌가? 이게 과연 세계 속 한국인가? 오른손으로 턱 괴고 앉아 다시 한번 골똘히 생각해봅니다.

제2. 오름

[셋]

그러므로 왕이되면 임금으로서
엄중하게 영을내려 시행케하고
신하라면 왕을도와 선을펼치되
삿된일이 생기잖게 막을지니라


是故로 君者는 體元而發號施令者也요 臣者는 調元
而陳善閉邪者也라
시고로 군자는 체원이발호시령자야요 신자는 조원
이진선패사자야라


　우리는 보통 정치를 얘기하게 되면 우선 거부감부터 일으킵
니다. 그러나 건전한 국가와 함께 건전한 사회는 정치에서 옵
니다.
　정치는 산소酸素와 같습니다. 일부러 관심을 갖기 전에는
까마득히 잊고 살지요. 그러나 한순간도 산소 없인 살 수 없
으며 오염된 산소도 생명을 앗습니다. 그러므로 정치는 반드
시 있어야 하고 백성들에서 맑은 공기를 제공토록 제도를 갖
출 필요가 있습니다.
　오염되거나 부족한 산소는 생명붙이를 질식窒息시킵니다.
하여 정政은 정갈淨입니다. 소위 깨끗한 산소입니다. 물곰

water bear 외에 오염된 산소를 들이마시며 버틸 생명은 아무도 없을 것입니다.

정치는 곧 맑음晶입니다. 수정처럼 투명한 맑음입니다. 어떠한 경우도 있는 대로 드러냅니다. 무엇인가 부족하면 부족한 대로 잘못된 것은 그냥 잘못된 대로 백성들에게 고스란히 드러냅니다. 아무리 애를 쓴다고 하더라도 완벽하지 않아서가 아니라 온도 따라 달라지는 음식처럼 시공간의 차이로 달라지게 됩니다.

사지四知라는 숙어가 있습니다. 하늘이 알고 땅이 알고 네가 알고 내가 안다고 하여 거짓으로는 살아갈 수 없는 게 바로 이 드러난 사바세계입니다. 미답未踏의 세계라 잘 모르겠지만 사바는 '사바사바'하는 바람에 모든 게 확연히 드러납니다. 비록 입을 잘 맞추더라도 네 부류의 앎이 버젓이 있잖습니까?

정政은 다름 아닌 가지런함整입니다. 아무렇게나 마구 뒤엉기지 않고 차분하게 풀어가는 시스템 이것이 정整의 세계입니다. 언젠가 기포의 새벽 편지에서 한 말이 있었습니다. 정토의 정淨은 곧 정整이라고 하루에도 몇 번 씩 설거지를 하는데 깔끔하고 차분히 정리함입니다. 이는 곧 상식常識입니다.

이 동몽선습의 짜임새를 살펴보면 오륜의 가르침이 끝나자마자 곧바로 역사로 이어집니다. 책을 쓴 이는 우리나라 사람인데 중국 역사가 80%를 차지하고 우리나라 역사는 겨우

20%입니다.

중국인이 자기네 역사를 쓴다면 으레 중국 역사를 길게 쓰고 미국인이 세계 역사를 쓴다면 미국이 역사의 중심이 되겠지요. 한데 우리 조선의 박세무 선생이 중국 역사는 길게 쓰면서 우리나라 역사는 짧게 썼지요.

중국의 속국이기에 그렇다 해도 우리나라 입장에서 보면 많이 아쉽습니다. 물론 중국사가 전공이라거나 동몽선습이 역사서라면 중국사가 길어도 이해되지요. 동몽선습은 어린이 교재입니다. 그래서 더욱더 아쉽게 느껴집니다.

정치만큼 소중한 것은 드뭅니다. 역사의 주재료는 정치입니다. 평범한 사람의 평범한 얘기가 하나의 역사가 될 수는 없습니다. 어떤 특별한 날도 아닌데 왕이 매화틀에 앉아 뒤를 본다면, 그것은 사건이 될 수 없지요. 하나 어떤 평범한 사람이 왕의 매화틀에서 몰래 뒤를 보다 들켰다면 이는 바로 역사가 됩니다.

그래서 옛사람이 말을 남깁니다. 왕이 어떤 분인지 모를 때가 무릇 태평성대라고요. 왕의 할 일을 신하가 하거나 신하가 할 일을 왕이 한다면 그때부터 혼란이 올 수 있습니다. 혼란이 백성에게까지 미치면 일이 점점 복잡하게 되고 태평성대는 물 건너갈 것입니다. 탁한 공기가 문제라면 문제지 맑은 공기를 마시면서 아우성일까요?

글을 읽어보면 더없이 순수합니다. 왕은 왕의 지위로 영을 내리고 신하는 곧 신하 자리에서 왕명을 받들어 다스립니다. 다스림治의 뜻이 무엇입니까? 물氵흐름을 자연스레 흐르도록 하고 윗사람厶과 더불어 아랫사람口이 서로 대화를 통해 풀어감입니다. 삼수변氵 다스림治과 함께 이수변冫 풀무질冶이 다 같은 다스림의 역할입니다.

왕이 나라와 백성들을 위하여 매일 아침 신하들과 조회를 열기에 조정朝廷이란 말이 생긴 것처럼 나라와 사회는 소통을 요하고, 스스로의 일에 충실을 요합니다. 오너는 오너의 할 일이 있고 사원은 사원의 할 일이 있습니다. 선생님의 할 일이 가르침이듯 학생의 할 일은 그렇습니다. 배움입니다. 그 속에서 교학상장敎學相長은 아름다운 성장으로 뻗어가게 됩니다.

[넷]

왕과신하 인연있어 서로만나서
각자에게 그의길을 다하게하고
높은관리 서로서로 공경하면서
아름다운 다스림에 이르게한다


會遇之際에 各盡其道하야 同寅協恭하야 以臻至治
하나니
회우지제에 각진기도하야 동인협공하야 이진지치
하나니


왕의 하루 일과는 어떻게 시작할까요? 조선 왕실 문양 이야
기에서 왕의 하루를 찾아봅니다. 일찍 일어나는 경우는 인시
寅時, 곧 새벽 3~5시에 늦어도 묘시卯時, 곧 아침 5~7시면
기상과 함께 의관을 가지런히 합니다.

그날의 일정에 따라 옷이 바뀝니다. 왕의 맵시는 왕의 존엄
이지요. 옷을 정갈하게 차려입고 '자릿조반'이라 하여 죽이나
미음을 마신 뒤에 부왕과 대비전에 문후를 드립니다.

문후는 묘시 말쯤에 올리겠네요. 너무 일찍 아침 인사를 드
리게 되면 상왕, 대비의 잠을 방해하니까요. 문후에도 시간이
걸립니다. 상왕과 대비를 뵈었을 때 그냥 간단한 인사로 절만

올리고 나오지 않고 갖가지 고충과 함께 이야기를 낱낱이 묻고 차분하게 듣습니다.

문후가 끝난 뒤 아침 수라를 받습니다. 수라는 왕의 음식상을 말합니다. 하루에는 아침 수라와 함께 저녁 수라가 있습니다. 또한 자릿조반과 마찬가지로 점심과 저녁 사이에 곁두리가 있고 저녁 이후 늦게 밤참이 있습니다. 두 번의 수라를 비롯하여 자릿조반, 곁두리, 밤참까지 매일 다섯 번 정도 식음食飮을 하네요. 야채를 갈아 마시거나 가벼운 죽으로 목을 축이는 것을 블랙퍼스트breakfast 곧 자릿조반이라 하는데 또 무슨 아침 수라냐 하지만 자릿조반과 수라상은 다릅니다.

요즘은 그리고 서구에서는 아침보다 저녁을 즐기는 편이나 옛날에는 아침 식사를 중시했습니다. 혼인婚姻 잔치는 저녁에 치르나 다른 축제는 모두 아침이지요.

왕이 대비에게 인사 올림이 문후면 신하들이 왕에게 인사를 올리고 소박하게 차담茶談을 나누며 정세를 묻는 것이 조회朝會지요. 특별한 경우가 아니라면 조회는 거의 거르지 않습니다. 이런 조회를 상참常參이라 합니다. 정식 조회는 매달 4번 열리고 이런 조회를 조참朝參이라 하며 음력 5일, 11일, 21일, 25일입니다.

조회 끝에 잠시 휴식을 취한 뒤 자릿조반처럼 낮것을 듭니다. 낮것은 입매를 뜻합니다. 다른 말로는 군것질이지요. 정오正午가 되면 경연이 있습니다. 왕이 학문을 닦기 위해 신하

중에 서학식과 덕망이 높은 이를 가려 궁으로 초빙하여 강의를 듣습니다. 경전과 사서 등을 강론하던 일로 특별한 경우를 제외하고는 매일 있었던 일입니다.

한두 시간 경연을 마치고 나면 미시未時 말, 곧 오후 2시쯤이 되고 신시申時, 곧 오후 3시까지는 지방 관료를 접견하여 소식을 듣습니다. 백성들이 살아가는 삶의 이야기를 빠트리지 않고 다 듣습니다.

외국에서 온 손님도 맞이하고요. 신시가 되면 낱낱이 점호點呼한 다음 왕궁 무사에게 암호暗號를 주는데 그 암호가 매일 바뀝니다.

신시에 점호가 다 끝나고 나면 그때부터는 자유시간이 주어지고 신하들은 퇴궐하여 귀가합니다. 궁내는 휴식으로 들어가는데 어느새 유시酉時입니다. 곧 오후 5시 이후를 맞아 소주방燒廚房에서 정성껏 만든 왕의 저녁 수라상이 나옵니다.

아침 수라상보다 단출하나 저녁 수라상은 술을 곁들입니다. 저녁 수라상을 다 물리고 나면 왕은 대비전에 들어 문안을 올리며 그날 하루 있었던 일들을 왕의 어머니 대비에게 고합니다. 그리고 마침내 왕의 침소로 향합니다. 왕의 하루 일과가 이렇게 끝나지요.

한 나라를 책임진 업무가 평범한 백성들에 비하겠습니까? 왕의 일은 중重하고 또묘 큽大니다. 장삼이사張三李四 백성들 입장에서 보면 그냥 쉽게 뱉을 수 있는 말도 나라의 최고

통치자 입장에서는 기침 하나도 매우 조심해야 하지요.

왕권 시대에도 참된 왕의 생각은 오직 사직과 백성이었습니다. 그러므로 왕과 대신의 만남은 더없이 소중했을 것입니다. 필연적 만남이 모임會이라면 우연적 만남은 만남遇이지요. 이처럼 필연적 만남이 인위적이라면 우연의 만남은 나비효과입니다. 가령 수천만억 분의 1이라도 살짝 어긋나면 만날 수 없는 나비효과 그대로 만남遇의 뜻입니다.

[다섯]
만에하나 혹시라도 왕이되어서
왕의할일 무엇인지 모른다거나
신하로서 신하도리 하지못하면
한가지로 천하국가 이끌수없다


苟或 君而不能盡君道하며 臣而不能修臣職이면
不可與共治天下國家也니라
구혹 군이불능진군도하며 신이불능수신직이면
불가여공치천하국가야니라/


이 글은 '아버지와 아들은 친함이 있다父子有親'와 동일한
패턴으로 전개됩니다. 단지 대명사 '아버지'가 여기서 '왕'으로
바뀌었을 뿐이며 역시 '아들'이라는 대명사가 '신하'로 대체되
었을 뿐입니다. 그렇게 놓고 보면 옛날에도 사람 따라 무능한
왕이 있고 나라를 이끌고 나갈 만한 능력이 갖추어지지 않은
왕이 있었습니다.

왕이 지녀야 할 능력이 무엇일까요? 사람을 쓰는 용인用人
입니다. 삼국지에 나오는 유비 현덕이 아랫사람을 잘 쓴 것입
니다. 군사軍師로 제갈공명을 비롯하여 관우 운장과 장비 익
덕과 조운 자룡에 이르기까지 아랫사람을 제대로 뽑아 쓴 것

이지요. 유비가 갖춘 게 무엇이었습니까? 스스로 진솔하고 정의로움입니다.

촉蜀의 초대 황제였던 유비 현덕은 다음과 같은 명언을 남깁니다. 명심보감 첫 페이지에 나오지요.

"한나라 소열 황제가 죽을 때 후주後主에게 칙령을 내려 말하되 선이 작다 하여 그만두지 말고 악이 작다 하여 행하지 말라"

漢昭烈이 將終에 勅後主曰 勿以善小而不爲하고 勿以惡小而 爲之하라

한소열이 장종에 칙후주왈 물이선소이불위하고 물이악소이 위지하라

소열 황제는 이러한 말도 남겼습니다.

"한 나라의 최고 통치자의 자격은 정情에 끌려가서는 안 된다. 반드시 옳음義을 따른다."

"윗물이 맑아야 아랫물도 맑은 법이다"

과연 이 말이 어떤 것을 의미합니까? 왕이 자신을 돌아보았을 때 한 점 티끌도 없어야 합니다. 적어도 황제 입장이라면 말입니다.

'하늘에 죄를 지으면獲罪於天 빌 곳이 없다無所禱也'고 합니다. 사람은 죄를 지으면 조상님에게 빌고 하늘에 빌며 불보살에게 빕니다. 물론 신神에게도 빕니다. 그러나 이는 사람

들끼리 이야기이고 불보살에게 큰 죄를 저질렀거나 하늘에게 큰 죄를 지었다면 어디다 빌어야 하는지요. 빌 곳이 전혀 없습니다.

하루는 한 수좌가 찾아 왔습니다. 언택트Untact 시대라는데 코로나와 상관이 없는지 그래도 찾아오면 반갑습니다. 30대 중반의 수좌가 물었습니다.

"큰스님께서는 〈기포의 새벽 편지〉에서 정치는 공기와 같다 하셨습니다. 정확하게는 산소였던가요? 저는 큰스님의 이 글을 읽으며 정치의 소중함을 알게 되었습니다."

잠시 침묵이 흘렀습니다. 무엇인가 이을 말이 있을 듯한데 그냥 내 표정을 살필 뿐입니다. 내가 편안하게 차 한 잔을 건넸습니다, 젊은 수좌가 뒷말을 이었습니다

"정치의 치治 자가 '다스릴 치治'인데 다스림의 본뜻이 무엇입니까?"

내가 웃으며 입술을 떼었습니다.

"너무 깊이 관여하지 마시게 그러나 무심하지도 마시고....."

우리 속담에 이런 말씀이 있지요 '가지 많은 나무에 바람 잘 날 없다'고. 장삼이사보다 지위가 높아질수록 시야가 넓어지고 할 일이 많아집니다. 평지를 기준으로 볼 때 한 층씩 올라갈수록 잘 보이고 지하로 내려가면 내려갈수록 시야가 점점 좁아지겠지요? 하여 지위가 높으면 높아질수록 그만큼 사람

을 잘 써야 할 것입니다.

왕이 백성들 입장에서 자신이 다스려야 할 범위와 함께 무슨 영을 어떻게 내릴지 모른다면 이를 일러 능하지 못하다 할 것입니다. 마찬가지로 신하가 위치를 모른 채 왕과 백성을 소통시키지 못하면 이 또한 신하 자격이 모자란 것입니다. 가령 왕이 일에 능하지 못한다거나 신하가 관계 소통에 어둡다면 한 나라를 이끌어갈 수 없습니다.

다스림은 '물氵흐름台'입니다. 물은 일반적으로 중력을 따르지만 무더운 날씨에 증발한다거나 물을 끓이면 수증기가 되어 위로 더 위로 솟구칩니다. 중력이 아니라 양력揚力입니다. 수증기는 반중력에 가담하여 하늘 높은 줄 모른 채 오르지요. 나중에 다 지표로 내려갈 것인데 이것이 이른바 수증기고 구름입니다.

다스림은 이들을 그냥 그대로 두어 자연스레 움직이도록 함입니다. 특별한 경우를 제외한다면 높은 곳에서 낮은 곳으로 흘러 무엇이든 자유롭게 함입니다. 다스림治은 질서입니다. 삼복더위 때문에 못 살겠다며 세상을 온통 얼음으로 채울 수 없고 소한 대한이 춥다고 하여 무작정 껴입기만 할 수 없지요.

아버지는 아버지 역할이 있고 아들은 아들 역할이 있으며 할아버지 할 일이 따로 있고 손녀 할 일이 따로 있습니다. 정치는 정치인에게 맡기고 수행자는 수행에 전념함이 맞습니다. 목수는 나무를 다루고 대장장이는 쇠를 잘 다룹니다. 각자 배우고 익힌 대로 헤쳐나감이 신분에 관한 역할이고 또한 질서입니다.

[여섯]

아랫사람 입장에서 눈여겨볼때
게으르고 모자라는 왕이라하여
나랏일에 무능하다 떠벌린다면
그가바로 다름아닌 도둑이니라


雖然이나 吾君不能을 謂之賊이니
수연이나 오군불능을 위지적이니


　반어反語irony일지 모르겠으나 먼 옛날에 살다간 사람들은 맑은 공기를 마음껏 마셨으니 행복했을 거라고 생각합니다. 그러나 되짚어 돌아보면 농경시대에서 상공업시대를 거쳐 정보사회를 훌쩍 지나 최첨단 산업사회를 사는 게 그야말로 정말 다행한 거 아닐까요? 가끔씩 나는 엉뚱한 사념에 잠깁니다.

　신라말 문사文士 고운 최치원 선생은 가야산 해인사로 스며들어 홍류동 개울에 발을 담그고 삼폐三閉로 살았습니다. 삼폐라면 어떠어떠한 것입니까? 내용은 간단합니다. 첫째 눈을 닫고, 둘째 귀를 닫고, 셋째 입을 닫음입니다.

　조선 시대에도 그랬거니와 구한말 또는 근대에도 금지옥엽 딸을 시집보내며 친정어머니가 한 얘기입니다.

"눈 닫고 삼 년 귀 막고 삼 년 입 다물고 삼 년을 살라"

귀로 듣고 눈으로 보는 거야 표시가 나지 않으니 괜찮겠지만 말이란 뱉으면 표시가 나지요. 가장 조심할 게 입이었을 것입니다. 눈으로 어떤 사물을 보는 것도 시선을 엉뚱한 데 두게 되면 문제를 일으킵니다.

어떤 스님이 가던 길을 멈추고 아름다운 여인이 지나가는 것을 물끄러미 바라보았습니다. 그러자 스님의 모습을 지켜보던 한 사람이 농을 걸었습니다.

"쯧쯧! 여자를 멀리해야 할 스님께서 아주 푹 빠지셨습니다 그려."

그때 그 스님이 미소를 지으며 다음과 같이 대답했습니다.

"네, 말씀 잘하셨습니다. 한데 거사님 생각은 어떻습니까? 고기 먹지 말라고 했다 해서 메뉴마저 보지 말라는 법이 있던가요?"

그러자 말을 던진 사람이 미안한 듯 빠른 걸음으로 사라져 갔습니다.

한데 요즘은 어떻습니까? 마음대로 표현할 수 있던가요? 왕이 잘못하는 것을 눈으로 보면서 잘못되었다고 진언進言하는 데 전에는 도적으로 몰렸습니다. 함부로 입을 열 수 없는 왕권 시대였지요.

'무능한 왕'이라 한 말이 왕의 귀에 들어가기라도 하면 곧바로 역적이 되었습니다. 그게 정말 왕권 시대였기 때문일까요?

왕의 목소리가 매우 컸습니다. 특히 왕의 무능함을 얘기했다가는 적賊이나 다름이 없었습니다. 어떻게 감히 왕을 폄훼하여 '무능하다' 말할 수 있었겠습니까? 그러나 요즘 우리 사회는 그때보다 훨씬 좋지 않습니까?

오녀의 잘못이 크면 큰 대로 크다고 말할 수 있지 않나요. 그가 주는 녹봉을 받아야 하기에 그의 잘못을 드러낼 수가 없다고요.

일하지 않는데 녹을 줍니까? 다들 땀 흘린 대가로 받지 않습니까? 대명천지大明天地 밝은 세상입니다. 세계 곳곳에서 일어나는 사건을 동시에 들여다볼 수 있는 최첨단 스마트 시대에 살고 있습니다.

자신을 포함한 나라國 백성民들이 한푼 두푼 꼬박꼬박 낸 세금을 마치 제가 주기라도 하는 양 선심을 쓰지는 않겠지요?

동몽선습에서는 이렇게 얘기합니다. 아무리 왕이 무능하다 하더라도 '우리 왕은 무능해'라 하고 그 말이 왕의 귀에 들어간다면 당장 적으로 몰릴 수밖에 없다고요. 그런데 오늘날 쓰는 '적폐積弊'의 적과 동몽선습의 적賊은 뜻이 다릅니다. 쌓인 폐단, 쌓인 부정행위를 적폐라고 표현한 것인데 '도적賊'보다 훨씬 더 무섭습니다.

## [일곱]

옛날옛적 상나라의 태사비간이
주임금의 포학함을 견디다못해
옳은길로 간하다가 목숨잃으니
충신으로 곧은절개 예서다했네


昔者에 商紂暴虐이어늘 比干이 諫而死하니 忠臣之
節이 於斯盡矣로다
석자에 상주폭학이어늘 비간이 간어사하니 충신지
절이 어사진의로다


대략 기원紀元 천여 년 전이니, 상商나라 곧 은殷나라 마지막 황제 주왕紂王이 머물다 간 세월이 3천 년이나 오래된 먼 옛날입니다. 그는 본디 총명하고 착한 왕이었지요. 그는 하남성 남부의 호족이었던 유소씨有蘇氏를 토벌하고 유소씨 가문의 달기妲己를 얻습니다. 그때부터 달기에게 깊이 빠집니다. 정치는 뒷전이고 오직 달기뿐이지요.

권력이 지닌 단맛의 속성은 평소 총명하고 지혜로운 사람을 전혀 다른 사람으로 바꾸어 놓습니다. 주왕은 숙부인 태사 비간比干을 정치자문역으로 가까이에 두고 늘 도움을 받아왔습니다만 언제부터인가 거리를 두게 됩니다. 달기가 싫어한 까닭입니다. 그럴수록 정치는 점차 엉망이 되고 비간의 간언諫言은 늘어납니다.

비간에게는 달기가 문제가 아니라 은殷과 은나라 백성이었습니다. 죽음을 각오하고 간했습니다. 끝내 달기의 속삭임에 빠져 숙부이자 뛰어난 태사太史였던 현자 비간을 달기 앞에서 죽입니다. 나중에 이 아름다운 현자 비간은 문곡성文曲星의 화신이 되고, 문곡성군文曲星君으로 불립니다. 지금도 중국에서는 춘절春節에 비간에 관한 세레모니를 펼칩니다.

공자의 논어 미자편 제1장에는 아래와 같은 말이 있습니다. '은나라殷 말末에 미자微子는 떠나고, 기자箕子는 노비가 되고, 비간比干은 간하다가 죽었다'면서 이들 세 분의 현자를 두고 공자는 또 이렇게 이야기를 이어갑니다.

"은나라에는 어진 이가 셋이 있었지"라고.

微子去之, 箕子爲之奴, 比干諫而死. 孔子曰 "殷有三仁焉"

나라의 진정한 충신은 누구입니까? 왕의 잘못을 바르게 지적하는 자일까요? 왕의 생각과 왕의 손짓을 따라 꼬리 흔들며 용비어천가를 부르는 애완견과 같은 신하들일까요? 인류 역사 속에서 많은 왕조들은 말 잘 듣는 애완견을 좋아했습니다. 충언이든 잔소리든 싫은 거지요 바른말 좋아하는 왕이 있긴 하나요?

'휘호揮毫'를 알고 있지요, 철학과 사상이 담긴 글입니다.

우리나라 초대 이승만 대통령은 지인용智仁勇을 즐겨 썼는데 지혜와 사랑과 용기지요. 백범 김구 임시정부 주석은 '홍익인간弘益人間'을 자주 썼으니, 인간을 크게 이익되게 함입니다. '홍익인간'은 단군의 사상이며 한반도 개천開天 철학이었습니다.

제14대 김영삼 대통령은 불교의 글 대도무문大道無門을 즐겼는데 기독교 장로였던 김영삼 대통령의 넓은 마음을 엿볼 수 있습니다. 종교보다 나라가 우선인 철학이지요. 제15대 김대중 대통령의 휘호는 경천애인敬天愛人입니다. 하늘을 공경하고 사람을 사랑하는 그런 마음이 없는 대통령이라면 국민들이 따르겠습니까?

박정희 대통령 휘호는 참 많습니다. 조국근대화祖國近代化라든가 '개척과 전진'도 유명하지요. 특히 그가 1957년 10월 15일 준장으로 있을 때 쓴 '상승칠성常勝七星'은 그의 미래를 내다보게 합니다. 사람마다 찬반이 엇갈릴 수 있으나 아무튼 그의 힘찬 휘호에서는 나라의 국가 경제와 더불어 밝은 장래가 그대로 느껴집니다.

임정 주석을 비롯하여 대통령들이 방명록에 남긴 기록물에서 우리는 나름대로 뭔가를 느낍니다.

공개된 곳에 글을 남기는 것은 서재에서 혼자 쓰는 글과 다릅니다. 그리고 잘 알다시피 나라의 왕은 그 나라 전체 백성의 왕입니다. 마음에 담아 둔 측근의 왕이 아니며 지지하는

자들의 왕이 아니며 쓴소리하는 뭇 백성의 왕입니다. 측근에게 마음의 빚이 있더라도 마음만큼은 모든 백성의 빚입니다. 왕의 마음은 당연히 백성에게 둬야지요.

　사전에서 '좀스럽다'를 살펴봅니다. 우선 '체수없다'를 비롯하여 매우 경망하고 쪼잔하다, 나이에 비해 어리다, 잔작하다, 좀시롭다, 좀상허다, 자디잘다, 성질이 아주 가늘고 작다, 재물재물하다, 새새하다, 실없이 까불어 점잖지 못하다, 시시하고 더럽다, 시원하게 트이지 못하다, 크지 못하고 보잘것없다, 야속하다, 도량이 좁다, 대담하지 못하다, 쭐먹쭐먹하다, 생각이 좁고 옹졸한 행위다.

　곰곰이 생각에 잠깁니다. 진보든 보수든 좌든 우든 이도 저도 중도도 다 이 나라 국민입니다. 끝내 모두 안고 갈 국민입니다. 옛날 거룩하고 훌륭한 왕들은 나라에 문제가 있을 때 하늘과 종묘에 제를 지내고 재齋를 올리며 기도했습니다.

　공덕은 나라와 백성들에게 돌리고 허물은 왕 자신에게 돌렸습니다. 한 나라의 왕이지만 정중하게 신불神佛에게 공을 올리고 스스로 비우고 뉘우치며 엄숙하게 죄를 빌고 빌었습니다. 단순히 신불에게만이 아니라 나라 백성들에게 죄를 빌었습니다. 소위 맺힌 곳에서 푼다고 하는 결자해지법칙結者解之法則이지요.

[여덟]

그러므로 공자께서 말씀하시되
신하라면 충성다해 왕을모시되
애오라지 옳은길로 모셔야하고
삿된길을 걷지않게 힘써야한다


孔子曰 臣事君以忠이라하시니라
공자왈 신사군이충이라하시니라


소학小學에 나오는 말씀입니다.

사신이례使臣以禮요 사군이충事君以忠이라.

'신하를 예로써 부려야 하고 임금을 충성으로써 섬겨야 한
다'고 왕과 신하에 관한 이야기라면 이미 해설한 바와 같으나
왕이 신하를 부릴 때와 신하가 왕을 모심에 관해서도 반드시
갖추어야 할 예의가 있습니다.

수여受與의 뜻을 살펴보겠습니다. 받을 수受 자와 줄 여與
자입니다. 남에게 무언가를 받는다는 것은 고마운 마음 하나
만으로도 예의를 다 갖추었다 할 것입니다. 그러나 준다는 것
은 다릅니다. 줄 여與 자든 줄 수授 자든 파자에 그 뜻이 들어
있습니다. 어떻게 들어있는지 한 번 볼까요? 뜻밖에 고개를
끄덕일 때가 있습니다.

받을 수受 자를 먼저 살펴보겠습니다. 받음受이란 왼손爪과 오른손又을 공손히 하여 선물을 받습니다. 선물을 주면 그냥 받습니까? 선물을 주는 사람이나 또는 선물을 받는 사람이나 곱게 포장宀한 것을 좋아합니다. 두 손爪+又과 포장宀만으로도 담긴 뜻이 충분하다고 봅니다.

받을 수受 자에 줄 수授 자를 견주면 뭐가 특별한 게 있지 않나요? 다름 아닌 재방변扌입니다. 재방변에 담긴 뜻은 손扌이지요. 선물을 받을 때는 두 손만으로도 넉넉하나 선물을 줄 때는 공손함이 필요합니다. 두 개의 손이 아니라 세 개의 손입니다. 왼손, 오른손, 몸과 마음의 공손함이지요. 남에게 선물을 받는다면 두 손이면 아주 족할 것입니다. 그러나 주는 입장은 전혀 다릅니다. 이처럼 공손은 매우 중요합니다.

집에서 기르는 반려동물에게도 아무렇게나 툭 던져 줄 때와 사뿐히 줄 때는 다릅니다. 세 개의 손을 표현함이 줄 수授 자입니다. 이처럼 줄 여與 자가 있습니다. 두 손으로 마주들 여舁 자와 더불 여与 자가 서로 만나 두 손臼의 활용을 표현합니다. 물건与을 두 손으로 든舁 모습에도 주는 사람의 정중함이 담겨 있습니다.

왕이라든가 또는 윗사람이 신하나 또는 아랫사람을 부릴 때 그만큼 소중한 마음을 가져야 합니다. 나는 지금도 동아프리카 탄자니아에서 우리 대한민국 교민이 현지인에게 혼쭐 난 사연을 기억합니다.

열네 해 전인 2008년 9월 초가을이었지요, 탄자니아 수도 다르에스사람Dar S Salam 므와송가Mwasonga에 보리가람 학교 부지를 매입하고 거의 매일 그곳을 다녔습니다. 나중에 그 부지를 조계종단 산하 아름다운동행에 기증하여 종단에서 불자님들의 정성을 모아 한국불교 2000년 역사에서 최초로 동아프리카 탄자니아에 보리가람 농업기술대학을 세웠지요.

종단은 실로 장한 일을 했습니다. 학교 부지를 매입하고 다르에스살람에 체재하고 있을 때입니다. 그때 한국에서 젊은이가 왔습니다.

그와 함께 택시를 하루 전용하여 학교 부지를 둘러보고 돌아오는 길에 현지인 식당에 잠시 들렀습니다. 늦은 점심을 맛있게 먹은 뒤 잠시 볼일 보러 간 그 짧은 순간 식당 내에서 큰 소리가 오갔습니다. 거기에 한국말이 섞여 있었으니 나를 찾아온 젊은이였습니다. 뒷일을 보는 둥 마는 둥 한 채 황급히 식당으로 달려 나왔습니다.

사건의 발단은 우리나라 젊은이가 후식으로 나온 포도를 먹다 말고 마침 식사를 끝내고 들어온 택시 기사에게 던져 준 것입니다. 새로운 포도가 아니라 먹던 거였고 게다가 그냥 툭 던져준 것입니다. 보통 큰일이 난 게 아니었지요. 내가 젊은이에게 고함을 질렀습니다.

"이노옴! 당장 무릎 꿇지 못 해!"

젊은이가 맨땅에 무릎을 꿇었습니다.

그야말로 나는 불같이 화를 내었고 워낙 내 목소리가 커서였을까요? 지금이야 그런 일이 없다지만 내가 아프리카에 머물 때만 해도 일부 우리 교민들 사고 속에는 피부색에 관한 차별이 심했습니다. 2년간 병역의무를 막 끝내고 곧장 탄자니아 여행길에 오른 20대 중반의 왕성한 젊은이도 그러한 차별의식이 있었던 모양입니다.

새로운 접시에 내온 과일도 아니고 어떻게 떼어먹던 포도를 던지며 먹으라 할 수 있단 말입니까, 워낙 내가 우리 교민 젊은이를 심하고 아주 호되게 닦달해서였을까 사건은 거기서 일단락되었습니다.

받는 손보다 주는 손이 중요합니다. 무엇보다 정중함을 요하지요. 먹고 마시는 것만이 아닙니다. 주고받는 선물도 마찬가지입니다. 신하가 충성으로 왕을 모심은 으레 최고의 예를 다합니다. 그처럼 왕이 신하에게 일을 맡길 때도 예가 갖추어지지 않으면 안 됩니다. 신하가 충성으로 왕을 모시듯 왕은 신하를 예로 대합니다.

소학에서도 언급되지만 이런 말은 더없이 소중합니다. 사람에게는 사유四維가 있습니다. 다름 아닌 예의염치禮義廉恥입니다. 예절과 의리와 청렴과 부끄러움입니다.

## (3) 남편과 아내

[하나]
지아비와 지어미는 남편과아내
두가문의 두집안이 만남이로다
귀한생명 태어나는 바탕이되고
일만가지 온갖복의 근원이된다

第四 夫婦有別
夫婦는 二姓之合이라 生民之始며 萬福之原이니
제사 부부유별
부부는 이성지합이라 생민지시며 만복지원이니

　지아비와 지어미는 예스러운 말로서 요즘은 잘 쓰지 않는 명사입니다. 잘 쓰지 않는 언어라고 하여 비록 낮춤말이긴 하지만 비속어는 아닙니다. 웃어른이나 남 앞에서 자기 남편을 지아비라 하며 자기 아내를 지어미라 합니다. 부모가 아들 며느리를 부를 때 아범, 어멈으로 부르기도 하지요.

　혼인婚姻/昏因이란 서로 다른 두 집안의 만남입니다. 요즘은 결혼식을 한낮에 올리고 곧바로 신혼여행을 떠납니다. 그렇다면 예전에는 언제 올렸을까요? 혼인昏因이란 용어에서 보여 주듯 나무 뿌리氏 아래로 해日가 저문 뒤 두 집안의 안 사람이 혼주가 되어 아들과 딸의 짝을 지었습니다. 이어 침실 口을 마련한 뒤 한 몸大이 되도록 도왔습니다. 이처럼 혼인 昏因에 변이 없었지요. 왜냐하면 결혼 그 자체를 두고 오로지 성적性的sexual 의미보다는 사람과 사람의 만남으로 생각했습니다.

결혼이 성적性的으로만 만난다면 되레 불행을 가져올 수 있지요. 단순히 사람과 사람의 만남 거기서 점차 사랑을 키워가고 그리하여 마침내 자녀가 생기고 비로소 집家+뜰庭=이 온전해집니다.

혼인昏因해 살며 무엇을 느꼈을까요? 부부는 사람과 사람의 만남이지만 성性이 두 부부에게 있어서는 너무나 소중하다고 느껴졌습니다. 하여 섹슈얼女을 변으로 붙여 혼인婚姻이란 멋진 단어가 생깁니다. 시집가고 장가드는 혼인昏因보다 같은 언어에 섹슈얼女이 첨가된 혼인婚姻이 자리를 잡습니다. 어때요? 재미있지 않습니까?

혼인婚姻! 섹슈얼한 언어를 묶어 혼婚이란 단어에 집어넣고 이를 맺어結 주는 축제란 뜻에서 소위 '결혼'이란 용어가 등장합니다.

한데 바로 이 결혼이란 양식이 이성지합二姓之合을 요구합니다. 양쪽 두 집안의 성姓이 달라야 합니다. 그러면서 점차 불문율이 됩니다. 한가지同 성姓도 안 되는데 뿌리本까지 같아同서는 안 되지요. 이 동성동본 혼인과 관련해서는 반드시 어떤 의견이 도출導出됩니다. 동성동본끼리 결혼을 하게 되면 분명 2세에 문제가 있다는 것이지요.

예로부터 왕족이나 귀족들은 비슷한 신분끼리 혼인을 하면서 친남매는 2촌이니까 안 되더라도 숙질叔姪 간의 혼인을 허락했습니다. 하물며 종남매從男妹 끼리라든가 종숙질, 재종남매이겠습니까? 이는 DNA의 면역과 관련이 있습니다.

친남매라면 으레 부모가 같습니다. 당연히 같은 DNA끼리 만나면 외부로부터의 저항력에 약해집니다. 그래서 질병에 약할 수밖에 없지요. 숙부와 질녀가 만나면 어떨까요? 아버지와 부모가 같은 분이니 어머니가 나와는 다르기에 친남매보다는 멀겠지만 그래도 좀 그렇겠지요? 그러나 사촌부터는 좀 달라집니다.

아버지 형제의 배우자가 완벽하게 다른 사람일 테니까요 동일한 성씨로서는 문제가 있는데 백모와 숙모의 성이 다르다 보니 DNA 절반이 바뀌었습니다. 가령 동성동본이라고 하더라도 면역 체계가 강해진 게 사실입니다. 내외종간內外從間도 그렇습니다. 내외종간과 이종간은 성이 다르나 동성동본 사촌과 비슷합니다.

성이 다르다고 내외종간서껀 이종남매姨從男妹는 허락하면서 단지 동성동본이라는 문제로 인하여 혼인이 허락되지 않는다는 것은 과학적으로 맞지 않습니다. 정확한 사실인가는 알 수 없으나 조선 제4대 임금이었던 세종대왕은 조카딸 姪女을 아내로 맞아들였다지요. 이는 아버지의 DNA는 동일하나 엄마가 달라 문제가 확 줍니다.

가령 친남매라 하더라도 배다른 남매라면 문제가 적으며 동복同腹이라 하더라도 씨 다른 남매라면 으레 문제가 적습니다. 씨 다른 남매는 동성동본이 아니라 법적으로 결혼이 허용되고 배다른 남매는 동성동본이기에 법적으로 허용되지 않는다고 했을 때 남성 위주의 문화가 드러납니다.

이는 모두 하나의 문화일 뿐 자체에 문제는 없습니다. 그렇다고 많은 성바지가 있는데 서로 사랑한다고는 하지만 어쩔 수 없는 경우를 제외하고는 생물학적 입장에서 근친간의 혼인은 도시락을 싸면서 말릴 수밖에 없습니다.

근친 간 결혼은 보통 결혼에 견주어 2세가 좀 더 병약하다고 하는 게 이미 널리 밝혀진 사실입니다. 예서 내가 생각하는 근친은 친남매와 삼촌 숙질까지입니다. 물론 친사촌부터 이종사촌과 내외종 간으로부터 그다음으로도 종친의 거리가 멀어지면 멀어질수록 2세의 건강에도 좋다니까요.

여기서 말한 혼인과 함께 민생지시民生之始를 염두에 둡니다. 결혼하더라도 아이는 낳지 않고 사랑하고 즐기기만 한다지만 상황은 늘 바뀔 수 있습니다. 바로 2세 쪽도 말입니다. 그리하여 두 가문 두 집안의 만남은 귀한 생명이 태어날 수 있습니다.

아마 동몽선습 저자는 혼인이 새로운 생명의 탄생과 함께 온갖 복의 근원이라 보았습니다. 그런데 생민지시生民之始를 꼭 2세 탄생으로 보아야 하나요? 2세 탄생이 아니라 이를 남편 아내 두 사람民 삶生의 새로운 출발과 시작으로 본다면 너무 좀 지나친 억측이라 하겠지요.

[둘]

중매두어 혼인길을 서로논하며
납폐하고 친영하는 모든의식이
부부유별 명료하게 드러냄이며
두가문이 하나됨을 증명함이다


行媒議婚하며 納幣親迎者는 厚其別也라
행 모의혼하며 납폐친영자는 후기별야라


보통 중매仲媒라고 하면 가운데 중中 자를 쓸 것 같은데 실제로는 버금 중仲 자를 씁니다. 곧 당사자當事者가 아니란 뜻이지요.

왼쪽과 오른쪽, 어르신과 젊은이 매도자와 매수자의 중간이 아니라 이들 당사자를 양쪽에 내세우고 한 계단 낮은 버금 자리에서 양쪽의 뜻을 이어줍니다. 이를 일컬어 중매라 합니다.

요즘은 결혼정보회사가 있어 인연 맺어주는 일을 하고 있습니다. 요즘과 달리 옛날 혼인 중매는 대부분 여성이 도맡았습니다. 이를테면 바깥양반들끼리 사돈이 되기를 약속했더라도 반드시 매파媒婆를 두었습니다. 매파라면 혼인을 중매하는 할멈인데 꼭 나이가 지긋한 할멈은 아닙니다. 물론 요즈음 결혼정보회사처럼 젊은 사람도 으레 아니고요.

중매의 '매媒'에서 보듯 특별히 이름을 내세우지 않는 사람으로 할멈女+아무개某=중매媒입니다.

관혼상제冠婚喪祭 사례 중에서 혼례婚禮라고 하는 대사입니다. 관례冠禮가 성인식으로 혼례와 함께 부모가 치러주는 삶의 소중한 의식이라고 한다면 상례喪禮와 함께 제례祭禮는 자손이 치르는 예입니다. 이토록 소중한 자녀의 혼례를 놓고 탑다운Top-Down방식도 중요하지만 혹시 있을 결례를 방지하기 위하여 바텀업Bottom-Up을 택합니다.

이 바텀업 방식이 중매지요. 얘기는 양쪽 아버지끼리 이미 다 약속해 놓고는 매파를 넣어 다듬습니다. 양쪽 가문의 체면을 살리고 서로 존중의 뜻을 담아서지요. 부동산을 비롯하여 많은 곳에서 중개仲介를 필요로 합니다.

특히 나라와 나라 사이에 대사 또는 영사를 두고 있는데 이들 영사와 대사가 누구입니다. 책사策使며 외교관이지요. 처음부터 VIP끼리 협상 중 혹시라도 실수를 저지르기보다 옵서버opserver를 내세워 실수를 미연에 방지할 수 있습니다.

전통혼례에 의혼議婚이 있습니다. 다른 말로는 혼담婚談입니다. 의혼이 잘 이루어지고 나면 바로 납채納采로 이어집니다. 납채는 달리 납폐納弊라고도 합니다. 납채가 끝나면 서둘러 신부집에서 혼인 날짜를 받아 신랑집에 보냅니다. 이를 일컬어 연길涓吉이라 합니다.

연길을 보냈다면 신부 측에서 청혼을 받아들인 것입니다.

신랑 측에서는 신부용 혼수와 혼서 물목의 혼수함을 보냅니다. 그게 언제냐 하면 혼례식 전날 저녁입니다. 신랑 쪽에서 함진아비가 지고 간 함이 바로 이 혼수함입니다.

예서 함을 그냥 넘길 수 없다며 굳이 '함팔이'라는 의식을 거칩니다. 신부 집에서 함 값을 두둑이 내면 그 함 판 값으로 한잔하지요. 납폐 의식의 하나입니다. 납폐 내용물을 보면 아래와 같습니다.

우선 겉에 채단을 넣는 함이 있고 청색 홍색의 비단인 현훈과 청실홍실의 묶음으로 된 청홍사와 청색지와 홍색지로 된 청홍지를 현훈 속에 끼워 넣습니다. 우선 4폭 홍색 비단 보자기로 그 겉에 5폭 홍색 비단 보자기로 싸고 맨 겉에는 혼서婚書 보로 정성껏 싼 뒤 색종이 끈에 근봉謹封이라 씁니다.

다음날 친영親迎을 치릅니다. 다른 말로는 대례大禮인데 말하자면 결혼식의 중심이지요. 친영에는 전안지례奠雁之禮로부터 신랑과 신부가 서로 주고받는 소위 교배례交拜禮를 거쳐 합근례合巹禮를 주고받습니다. 합근례는 달리 초례醮禮라 하는데 예로부터 혼례식의 대명사였습니다. 초례가 빠진 혼인은 있을 수 없습니다.

초례가 끝나면 우귀于歸로 이어집니다. 신부가 처음 시집에 들어감이지요. 지자우귀之子于歸라고도 합니다. 시아버지舅와 시어머니姑를 뵙는 현구고례見舅姑禮가 있고 신행新行과 폐백弊帛이 있으며 사당廟에 알현見하는 묘현廟見과 함께 끝으로 근친近親이 있습니다. 신혼부부가 신부 부모님께 처음 인사드리러 가는 의식입니다. 이 근친 의식이야말로 약식입니다.

고려, 신라, 백제, 고구려로 역사를 거슬러 올라가면 장가를 들어 첫아이가 태어나 걸음마를 하게 되면 그때 비로소 아이를 걸려 본가로 돌아왔습니다. 장가丈家를 드는 것이 먼저고 시집을 가는 것이 나중입니다. 그런데 조선조로 넘어오면서 남편과 시집이 먼저가 되었습니다.

이러한 문화를 짧게나마 이어가고자 근친례를 초례 끝에 두었습니다. 따라서 신혼여행에서 돌아오면 새신랑과 친정을 찾습니다. 짧게 친근례親近禮로 때우는 것이지요. 아무튼 전통혼례는 매우 복잡합니다. 친근례까지 포함한 우귀, 이 의식만큼은 매우 중요하기 때문에 예식장에도 반드시 폐백실을 둡니다.

간략한 것이 꼭 으뜸은 아닙니다. 예禮와 의儀가 복잡하더라도 초례를 치르는 전통의식에는 하늘天과 땅地과 사람人이라는 삼재三才의 조화로움이 있습니다. 교회에서 성당에서 사찰에서 아예 틀에 박힌 각박한 예식장에서 벽돌 찍듯 혼례를 치름도 좋으나 하늘과 땅이 활짝 열린 곳에서 시간에 구애받지 않는 혼례 이 또한 아름다운 문화입니다.

[셋]

동성동본 멀리하고 안팎정하고
안팎으로 집안살림 뚜렷이하되
안채에는 지어미가 깃들곳이요
바깥채는 지아비가 머물곳이라


是故로 娶妻하되 不娶同姓하며 爲宮室하되 辨内外하
야
시고로 취처하되 불취동성하며 위궁실하되 변내외하
야

일반적으로 '장가들다娶'의 '들다'와 '시집가다嫁'의 '가다'를
놓고 어째서 장가는 들고 시집은 가는지 갑론을박甲論乙駁이
심합니다.

앞서 이미 언급한 바와 같이 남자가 먼저 장가丈家에 들어
가 때가 되어 첫 아이를 낳고 그 아이가 걸을 만할 때 아내와
함께 본가로 돌아옵니다. 아내 입장에서 보면 어떻게 느껴질
까요? 그때는 아주 시댁으로 가는 것입니다.

여기서 대두되는 문제가 있습니다. 아내 쪽에서 보면 시댁
이 있고 태어나 자란 친정이 있는데 남편 쪽에서는 본가와 장
가일 뿐 처가妻家는 자기와 아내가 사는 집이 처가입니다. 결

혼하여 집을 새로 장만하면 그게 남편 집이며 아내 집입니다. 아내가 '우리 집'이라 표현하고 아이들과 더불어 사는 집이 자기 집이고 그대로 처가입니다.

이른바 처가에는 누가 살고 있나요? 처가살이가 아닌 장가살이라면 장인 장모丈님의 집家입니다. 그래서 장가丈家입니다. 물론 아내가 살 수도 있습니다. 아내를 연결시켜 표현한다면 아내의 친정親庭이 맞는 말이고 아들딸의 외갓집이 맞는 말입니다. 만약 시부모님이 사시는 집에 같이 살면 시집살이지만 따로 살림을 나면 시집살이가 아닙니다.

옛사람들은 장가는 드는 것이고 시집은 가는 것이라 여겼지요. 그런데 공교롭게 장가들 취娶 자와 시집갈 가嫁 자가 변이 같습니다. 계집녀女를 변으로 삼습니다. 데려取오는 여인女이 아내가 되고 그 의식이 장가드는 것이지요. 전통혼례에 뭐가 있던가요? 이른바 '신랑 달기'가 있습니다. 예쁜 색시 훔친 도둑놈이라면서요.

우리는 가끔 이런 말을 합니다. 일부다처제一夫多妻制가 조선 양반들의 풍속이었다고요. 하나 '일부다처제'가 아닙니다. 남편과 아내는 1:1입니다. 남자에게 아내 말고는 모두가 첩입니다. 아내가 다소곳이 무릎을 꿇고 앉아 머리를 다듬는 모습妻이라면 아내는 오직 하나밖에 없습니다. 더 있다면 이는 첩妾에 해당합니다.

첩妾은 서立 있는 아낙女입니다. 아내처럼 앉아 있지 못합니다. 늘 서 있는 아낙이 첩입니다. 조선조 가정 풍속을 얘기하라면 일부일처다첩제一夫一妻多妾制지요. 내가 알기로 이 일부일처다첩제는 무슬림들에게도 있는 문화입니다.

남편과 아내는 각기 한 명일 뿐 그 밖의 여인은 다 첩입니다. 중국 어느 부족은 이와 다르다던데 지금은 대부분이 부계제父系制지만 역사를 거슬러 고대로 올라가면 모계제母系制였음을 알 수 있습니다.

성姓Family name에 이미 뚜렷하게 드러납니다. 계집녀변女에 날 생生 자로서 곧 여성女이 낳은生 사람이지요. 여성들을 칠거지악으로 몰아간 것도 바로 이 성姓에서 비롯됩니다. 출산의 책임이 지워진 여성으로 대를 잇지 못하면 내침을 당했습니다.

그러면서도 시경詩經을 비롯하여 명심보감明心寶鑑 등에서는 '아버지 날 낳으시고 어머니 날 기르시니 슬프고 슬프다 아버지 어머니여, 날 낳으실 때 고생하셨다 그 은혜를 다 갚고자 한다면 높은 하늘로 다함이 없다' 했습니다.

송강 정철 시조에도 '아버지 날 낳으시고 어머니 날 기르시니'라 하여 아버지가 낳은 걸로 되어 있습니다. 참으로 반어적irony이지요? 아이는 아버지가 낳는다고 하면서 대를 잇지 못한다고 아내를 내치는 칠거지악을 과연 얘기할 수 있는지 아이러니합니다. 마음이 생하니 갖가지 법이 생한다는 불교 입장에서 '성'을 얘기한다면 '성姓' 말고 '성性'을 썼을 것입

니다. 불교의 일체유심조 측에서 보면 모든 게 '마음↑ 냄生'
이니까요.

이는 아주 중요한 얘깁니다. 비혼모는 아이가 태어나면 홀
로 가서 출생신고가 가능하나 비혼부는 비록 자기 핏줄일지
라도 혼자는 출생신고가 불가합니다. 여자는 아이 입양이 가
능하나 남자는 전혀 불가능합니다.

어쩌면 그래서 '어머니 날 기르시니'라고 옛 시인은 읊조렸
을 것입니다. 결혼을 하고 나면 방을 정하지요. 안사람은 안
방, 바깥사람은 사랑채, 궁실宮室은 '집 궁宮' 자에 '집 실室'
자를 쓰고 있습니다. 궁宮은 건물宀의 다양성呂입니다. 듬성
듬성 서 있는 집이 아니라 다닥다닥 이어져 있는 집입니다.

소릿값이 '궁'으로 발음되는 것처럼 웅장한 느낌의 건축군建
築群입니다. 그런데 집 실室 자는 어떻습니까? 집宀 중에 막
다른至 집입니다. 아낙의 숙소가 맞습니다. 혼례를 치르고 부
부가 되었는데 방사房舍가 떨어져 있습니다. 지아비는 사랑
채에 두고 지어미는 안채 깊은 데 둡니다.

이를 지至 자를 다르게도 푸는데 소위 '덜렁대는 모양 질至'
자입니다. 곧 이 질至 자가 바탕이 되면서 막힐 질, 질소 질窒
이 있고 더 들어가면 음도 질膣이 있습니다. 음도는 달리 산
도産道라고도 합니다.

만약 궁宮이 남성형 건물이라면 실室은 으레 여성형 방입니
다. '궁'의 소릿값이 남성적이듯 '실'은 여성적 소릿값입니다.

가늘고 긴 머리카락과

　풀리고 감기는 실을 대하듯 '실絲'자는 여성형 명사입니다. 이처럼 소릿값 하나로도 여성이냐 남성이냐를 알아볼 수 있지요. 남자는 바깥外에 있는 방이고 여자는 안內쪽 방室입니다.

[넷]
바깥사람 바깥일에 마음을쓰되
안사람이 하는일에 입을다물고
안사람은 안살림에 신경을쓰되
바깥사람 하는일에 참견치말라


男子는 居外而不言内하고 婦人은 居内而不言外하
나니
남자는 거외이불언내하고 부인은 거내이불언외하
나니


　남자男子와 남성男姓은 같은 듯 다른 뜻이 담겨 있습니다.
그렇다면 어떻게 같고 어떻게 다를까요? 남자의 '자'는 어조
사일 뿐이지만 남성의 '성'은 성sex의 구별입니다. 남자와 여
자를 표현할 때의 '자'와 공자, 맹자, 노자, 장자 등에 붙는 '
자'는 똑같은 '자子'이면서도 좀 다릅니다. 어디에 어떻게 쓰
이느냐에 따라 쓰임새를 달리하고 있습니다.
　이는 다름 아닌 새김訓讀 때문입니다. 아들 자子에 담긴 뜻
은 아들 외에 남자, 사람, 자식, 첫째 지지, 당신, 경칭, 스승,
열매, 이자, 벼슬 이름, 어조사, 접미사로 쓰이며 번식하다,
사랑하다, 어리다, 양자로 삼다 등이 들어있지요. 뜻이 이것

으로 끝나지 않습니다.

아들 자子 자는 두 팔을 벌린 어린아이 모양을 본뜬 글자로 아기입니다. 이처럼 처음에는 포대기에 싸인 자식이란 뜻으로 쓰였습니다. 구결자 야ㄱ는 아기의 머리를 뜻하는데 갈고리 궐ㅣ은 어떻게 보입니까? 포대기에 싸인 아기이기에 벌린 다리가 아닙니다. 가운데 한 일一자는 팔인데 발은 포대기로 감쌀 수 있겠으나 두 팔은 자유롭게 저을 수 있습니다. 그리하여 이 어조사 '자子' 앞에 '남男'자를 놓으면 으레 남자가 되고 '여女'자를 놓으면 여자가 됩니다.

사내 남男 자를 파자破字해 볼까요? 밭田에서 힘써力 일하기에 남男인데 '밭'에 그 속뜻이 들어있습니다. '밭'은 집 '밖'에 있습니다. '밭'과 '밖'은 받침만 다를 뿐 자음ㅂ과 모음ㅏ까지 동일하지요, 남자가 '바깥사람'이 된 내력입니다.

동아프리카 탄자니아에 있을 때 농촌의 현지인들 생활을 보니 정작 밭에서 밭일을 하는 이들은 한결같이 아낙네었습니다. 이랑을 짓고 씨를 뿌리고 김매고 벌레 잡고 거두는 이가 남정네가 아니라 다들 여성이었습니다. 거기서 끝나는 게 아니었지요. 땔나무를 장만하고 밥 짓는 일도 모두 여성이고 아이들이었습니다.

나이가 장년에 든 대부분 남정네는 밭일은 물론이고 닭도 키우지 않습니다. 안 사람이 몸이 심하게 아프다거나 아이들이 수업 중이라면 모를까 그렇지 않고는 밭일을 하지 않습니다. 그런 거 보면 '남男' 자에 담긴 뜻이 들어맞지 않을 수도 있습니다. 남자의 상대적인 이가 여자입니다. 그런데 이 동몽선습에서는 '부인婦人'으로 기록하고 있습니다.

부인婦人과 부인夫人이 있습니다. 이 둘은 쓰임새가 좀 다릅니다. 같은 '사람 인人'자면서도 앞의 '부'자에 따라 달리합니다. 대체로 '부인夫人'은 높임말이고 '부인婦人'은 생각보다 낮춤말이지요.

며느리 부/지어미 부婦 자는 손에 빗자루帚를 든 여인女입니다. 귀부인이 빗자루를 들까요? 평범한 여인이 빗자루를 듭니다. 평범한 안주인이 집안을 가꿉니다. 부인婦人은 밥 짓고 설거지하고 빗질하고 청소하고 집안을 가꿉니다.

그러나 부인夫人은 좀 다릅니다. 지아비夫와 함께 하는 사람人이지요. 이와 같이 지체 있는 귀부인貴夫人을 부인婦人이라 하지는 않습니다. 동몽선습에서는 부인夫人일까요? 그렇습니다. 부인夫人이 아니라 부인婦人입니다. 다시 말해 평범한 아내요 부인입니다.

빗자루로 쓰는 곳이 어디겠습니까? 하늘은 분명 아닐 테고 땅입니다. 땅은 쓸 수 있겠으나 하늘은 쓸 수 없지요. 하여 며느리/지어미 부婦 자에는 이미 땅의 의미가 깃들어 있습니다. 한자에서는 겨우 뿔 하나 차이로 남편夫이 되고 하늘天이 됩니다. 아내女는 집안을 잘 가꾸는帚 땅입니다. 이러한 문화는 옛사람 생각일 뿐 현대를 살아가는 이 시대와 내 생각은 좀 다릅니다.

　며칠 전 어느 정치인이 말했습니다. 정치인 중에는 스스로 빛을 내는 발광체로서의 정치인이 있고 발광체로부터 빛을 받아 반사하는 보잘것없는 정치인이 있다고 말입니다. 지구는 태양계의 한 가족입니다. 그렇다면 발광체 태양은 대단하고 태양빛을 받아 반사하는 지구는 정말 몰가치한 행성일까요? 지구에서의 삶을 후회합니까?

　발광체와 함께 반사체를 두고 우열을 논하는 정치인을 바라보며 어찌 저런 비유를 들까 생각했습니다. 심지어 윗물은 분명 맑은데 아랫물이 아직 흐린 것은 덜 맑아진 까닭이라는 얘기를 접하며 억지춘향이 또 있나 싶습니다.

　나는 부인夫人보다 부인婦人이 낮다고 생각하지 않습니다. 평등세계에서 이는 억지입니다. 이러한 문화가 지금도 전해지는데 가령 남의 아내를 얘기할 때는 부인夫人이라 합니다만 자기 부인을 남에게 소개할 때는 '제 부인夫人'은 물론이거니와 '제 부인婦人'이란 말도 쓰지 않습니다. 말로는 구별되지 않기 때문입니다. 그러나 가령 글로써 표현할 때는 '제 부인婦人'이라고 쓸 수 있습니다. 하지만 말로는 '집사람' '안사람'입니다. 차라리 와이프라는 영어가 편합니다.

　동몽선습은 구별하고 있습니다. 남편은 남편의 할 일이 있고 아내는 아내의 할 일이 있다고요. 시어머니와 며느리의 할 일이 다르듯 아내와 남편은 할 일이 다릅니다. 가정에서 소중

함을 찾는다면 아무래도 남편과 아내일 것입니다. 동몽선습
원문이 매우 아름답습니다.

[다섯]

믿음직한 모습이여 지아비사랑
하늘처럼 튼실하게 앞에서끌고
부드러운 모습이여 지어미사랑
대지처럼 부드럽게 함께따른다

그러므로 지아비는 지어미벼리
모든일에 앞장서서 모범이되고
지어미는 벼리따라 가정이끄니
바야흐로 가문도리 반듯하여라

苟能莊以涖之하야 以體乾健之道하고 柔以正之하야
以承坤順之義면 則家道正矣어니와
구능장이이지하야 이체건건지도하고 유이정지하야
이승곤순지의면 즉가도정의어니와

가까이에 있는 젊은 수좌에게서 난데없이 전화가 왔습니다.
지난 2013년 10월부터 4년 뒤인 2017년 10월까지 광주사암
연합회 회장을 맡아서일까? 지금도 나를 회장 스님으로 부릅
니다. 30대 후반의 수좌가 물었습니다.

"큰스님 여쭤볼 게 있는데요."

콩당콩당 가슴이 뜁니다. 전에는 그런 일이 없었는데 후진 後進이 가외可畏라 했던가. 선배보다 후학이 두렵습니다. 내가 속을 감춘 채 답했습니다.

"그러시게, 뭔가 모르지만..."

젊은 수좌가 이렇게 말했습니다.

"큰스님, 청렴淸廉에 관해서입니다."

결국 예상했던 질문이었습니다. 차라리 대면이라면 좋은데 비대면이라 전화를 끊을 수도 없고 해서 그냥 자연스럽게 답했습니다.

"심신을 정갈하게 지님이 청淸이고 돈과 재물에 소박함이 염廉일세"

젊은 수좌는 명석한 사람이었습니다.

"재물에 무심함이 청렴이 아니라 성性과 재물에 모두 정갈해야 비로소 청렴이 되겠군요."

"그래! 맞는 말씀일세"

그러면서 내가 조심스레 물었습니다.

"자네는 어찌하여 그토록 청렴이 궁금하신가?"

그의 숨소리가 가쁘다 느껴졌는데 젊은 수좌의 답이 되돌아 왔습니다.

"네, 큰스님. 좀 궁금했습니다"

"청렴은 공인의 필수지"

수좌가 더 이상은 묻지 않는데 아무래도 그게 좋을 듯싶었습니다. 맑을 淸청 자에 소박할 廉렴 자입니다. 그는 분명 내 말을 알아들었습니다. 그래서 내가 얘기했지요.

"돈과 재물에 욕심이 없더라도 만일 性성이 문란하다면 그를 청렴으로 묶을 수는 없네"

비대면이지만 수좌가 감사의 뜻을 전했습니다.

"큰스님, 너무너무 감사합니다. 청렴의 뜻을 제대로 이해했고요, 큰스님 말씀 깊이 새기겠습니다. 큰스님, 나중에 다시 여쭙겠습니다."

전화를 끊고 상념에 잠깁니다. 느닷없이 전화를 걸어 와 내 생각을 홀렁 뒤집어 놓더니 곧바로 뜻밖의 고요로 이어집니다.

동몽선습 이 대목이 떠오릅니다. 莊以對之장이대지한 남편과 柔以正之유이정지한 아내보다 더 멋진 부부를 기대할 수 있을까요? 가문의 가장은 듬직함에 있으며 주부는 부드러움에 있습니다.

만약 하늘의 날카로운 기를 받아 지아비가 강직하기莊만 하고 상대적 부드러움이 없다면 귀가 먹먹하도록 우레가 울고 찢어발길 듯이 벼락이 치더라도 햇살이 없는 하늘과 다를 게 없습니다.

이와 마찬가지로 땅의 기운을 받아 지어미가 부드럽柔기는 하되 만약에 올바르正지 않다면 씨는 뿌리되 거두지 않음과 같은 논리입니다.

드넓은 하늘이 하는 게 무엇입니까? 대지를 감싸고 보호함입니다. 실제 지구를 감싼 대기가 없다면 땅은 어떤 생명도 키워낼 수 없지요. 에너지의 뿌리인 태양이 있기에 생명붙이가 살아갈 수 있듯 대기가 물기를 뽑아 올려 비를 내리기에 초목을 키웁니다.

앞서 여러 번 언급했듯이 남편夫이 곧 하늘天입니다. 이는 하늘이기 때문에 하늘이 아니라 부천夫天의 닮은 꼴 때문입니다. 아내를 일컬어 땅이라 함도 아내女가 집 안팎을 쓸고 닦고 잘 가꾸帚는 데서 비롯된 것입니다. 하늘과 같은 남편과 그리고 대지와 같은 아내 이들이 함께 서로를 비출 때 청렴淸廉하고 결백潔白해집니다. 한없이 맑淸고 소박廉하며 진정 깨끗潔하고 순수白합니다.

여기에 사지四知가 있습니다.
첫째는 하늘이 알고
둘째는 땅이 알며
셋째는 상대가 알고
넷째는 자신이 압니다.

그러니 청렴결백할 수밖에요. 천억에 가까운 나랏돈을 써가며 보궐선거를 하는 까닭이 무엇입니까? 재물에 관함 소박함廉 만큼이나 고귀한 성性을 위력으로 추행했는데 하 나로 묶어 '청렴'하다 했나요?

만약 남자의 장이대지莊以對之와 아내의 유이정지柔以正之를 한데 묶으면 어찌 될까요? 업병벽業洴澼이요, 지결백趾潔白일 것입니다. 솜이불 빨래를 한참 하다 보면 시나브로 뒤꿈치가 깨끗해집니다. 따라서 남편은 강한 하늘이 되고 아내는 부드러운 땅이 될 때 가정의 도는 마침내 반듯해집니다.

제2. 오륜

## [여섯]

이와달리 지아비는 줏대가없어
한가문을 전제하지 못하게되고
지아비의 무능함을 틈새로삼아
도를넘는 지어미가 있을수있다

그러므로 지어미의 신분으로서
삼종도리 무엇인지 알지못한채
한가정을 깨트리는 악을행하면
온집안의 바른법도 무너지리라

反是而夫 不能專制하야 御之不以其道하고 婦乘其
夫하야 事之不以其義하야 昧三從之道하고 有七去
之惡이면 則家道索矣리라
반시이부 불능전제하야 어지불이기도하고 부승기
부하야 사지불이기의하야 매삼종지도하고 유칠거
지악이면 즉가도색의리라

전제專制보다 더 강한 위력이 있으며 독재獨裁보다 무서운
게 있을까요? 전제는 제가齊家의 한 방법이고 독재는 치국治

國의 시스템이라지만 깊이 들어가면 같은 말입니다. 전제 정치政治의 준말이 전제며 전제 정체政體의 준말입니다. 무엇이든 혼자서 결정하고 제 마음대로 처리하니 독불장군獨不將軍입니다.

오늘날은 어떤지 모르겠으나 예전에는 좀 심했습니다. 남녀평등이라고는 하지만 대체적으로 일반 가정에서는 남편이 가장이고 아내는 주부입니다. 가장家長은 집家의 대표長이고 주부主婦는 주인主이 맞으나 청소帚를 맡은 여인女입니다.

가장과 주부는 으레 다릅니다. 분명 남녀가 평등하지는 않습니다. 대한민국을 벗어나면 거의 모든 나라 안주인들은 남편 성姓을 따르고 있습니다.

여성으로 결혼하기 전에는 가족 중 아버지 성을 따르다가 결혼하면서 성이 바뀌지요. 나중에 헤어져 재혼을 하면 그동안 함께 살던 남편 성에서 재혼한 남편 성으로 다시 바뀝니다. 성이 일정하지 않은 것이지요. 그러나 우리나라에서는 혼례 문화와 아무런 상관없이 아내는 자신의 성을 갖고 있습니다.

태어난 자녀는 엄마와 상관없이 아버지의 성을 따릅니다. 전남편의 유복자라거나 또는 아주 어린아이일 경우 만일 재혼한 남편이 허락한다면 재혼 남편의 성을 따를 수 있습니다. 그만큼 많이 평등해진 것일까요?

남자라 하더라도 무능하다면 가부장적 전제는 고사하고 가

176

제2 오름

문의 도를 이어갈 수 없습니다. 무능한 남편이라고 여겨질 때 아내는 틈새를 이용합니다. 옳지 못한 아내로 회자되더라도 가족과 가정을 지키려면 할 수 없지요. 남편과 아내 둘 다 무능하다면 통째로 남의 도움이 필요하겠지만 둘 다 그런 경우는 드무니까요.

삼종지의三從之義가 있습니다. 달리 삼종지도三從之道니 삼종의탁三從依托이니 하는 말들이 있는데 모두 같은 고사성어입니다. 봉건 시대에서 여성들이 따라야 할 세 가지 도리입니다. 어려서 아버지를 따르고 시집간 뒤에 남편을 따르며 남편이 죽으면 아들을 따릅니다.

칠거지악七去之惡이란 게 있습니다. 옛날 유교의 도덕에서 살펴볼 때 아내를 버릴 수 있는 조건이 일곱 가지가 있었습니다. 첫째 부모님에게 불효하고 둘째 자식을 낳지 못하며 셋째 음란하고 넷째 투기하며 다섯째 불치병을 앓고 여섯째 말썽을 일으키고 일곱째 남의 물건을 훔침입니다.

삼종지도는 자연스러우나 칠거지악은 문제가 좀 있습니다. 일반적인 이야기일 수 있습니다만 남자는 더러 우악愚惡스럽고 여자는 실로 연약합니다.

곤충 세계에서는 암컷이 크고 수컷들의 섬김의 대상이 되는데 동물 세계에서는 곤충과 달리 암컷은 작고 연약합니다. 그런 만큼 보호가 필요합니다.

삼종지도는 자연스럽습니다. 어려서는 부모 형제 남매의 보호가 절실히 필요한 게 사실입니다. 오늘날도 위력威力을 이용한 성추행에서 성폭행에 이르기까지 실로 얼마나 무서운 세상입니까? 그래서 가족이 필요하지요. 삼종지도에서 첫째 어린 시절은 아들딸 손자 손녀가 한결같이 다 대상입니다. 삼종지도에 딸만 들어가지 않습니다.

칠거지악이 유교의 도덕입니다. 일부는 필요한 덕목이지만 부당한 덕목도 있습니다. 첫째 부모에게 불효함은 아내에게만 해당하지 않습니다. 남편에게도 똑같이 적용됩니다. 둘째 자식을 낳지 못함에 대해서도 이는 부부가 함께 느낄 일입니다. 자식을 낳지 못한다는 것을 혼자 짊어질 게 아닙니다. 셋째 음란淫亂이라는 부도덕을 오직 여성에게 덧씌워 내치기까지 한다고 하는 것은 남자와 여자의 지나친 차별입니다.

넷째 투기妬忌는 샘내고 꺼림입니다. 강샘妒이고 질투嫉妬입니다. 부수를 계집녀 녀女에 둠으로 해서 여성의 전유물처럼 만들었지요. 그러나 이들 시기와 질투는 남녀가 다 지닌 심리현상입니다. 다섯째 불치병을 앓는 게 어찌하여 칠거지악에 들어가는지 깊이 생각해 보나 답이 없습니다.

여섯째 말썽을 일으키는 것을 아내에게 책임 지움도 문제입니다. 남편이 말썽을 일으켰을 때는 어떻게 하는 게 좋겠는지요. 아내가 남의 물건을 훔치게 되면 분명 내침의 대상이 되는데 남편은 그게 적용이 되지 않습니까? 알고 보면 칠거지악이 유교의 안티anti 덕목이며 동시에 남녀 차별의 덕목입니다.

[일곱]

지아비가 자기몸을 귀히여기듯
지어미를 거느리고 집안이끌며
지어미가 자기몸에 감사하듯이
지아비와 아이들을 살필지니라


아내사랑 남편그늘 하나가되어
아들딸을 보살피고 가르치면서
효를다해 부모님을 편히모시고
그와같이 몸을닦고 집안가꾸리


須是夫敬其身하야 以帥其婦하고 婦敬其身하야 以
承其夫하야 內外和順이라야 父母其安樂之矣시리라
수시 부경기신하야 이 수기부하고 부경기신하야 이
승기부하야 내외화순이라야 부모기안락지의시리라

　　이토록 아름다운 시가 또 있을까요? 사사오송으로 옮긴 동
몽선습을 오늘 여기서 펼쳐 보입니다. 부부夫婦는 한몸입니
다. '한 몸'이 아니라 '한몸'입니다. 그런데 부부유별夫婦有別
입니다. 오륜의 덕목은 '부부유별'인데 실제 부부는 동일체同

一體입니다.

　도서출판 도반에서 낸 나의 63권째 저서가 있습니다. 1,044
쪽의 두툼하고 듬직한 책입니다. 〈내비 금강경〉 '일체동관분
제18'에서 나는 '일체동관一體同觀'이란 부처님의 큰 사랑과
자비를 장문의 시로 표현했지요. 동몽선습 여기와 닮은꼴입
니다.

[여덟]

옛날옛적 극결이가 밭두렁에서
땀흘리며 풀을뽑고 김을매는데
지어미가 곁두리를 머리에이고
남편찾아 밭두렁을 찾았느니라


둘이서로 공경하며 상대하기를
귀한손님 대하듯이 정중히하니
부부간의 도리또한 이와같아야
바야흐로 아름다운 부부라하리


그러기에 자사께서 말씀하시길
군자로서 지켜야할 도리있다면
남편아내 사이에서 비롯된다고
이와같이 고구정녕 설하시니라

昔者에 郤缺이 耨어늘 其妻饁之하되 敬하여 相待如
賓하니 夫婦之道가 當如是也니라 子思曰 君子之道
가 造端乎夫婦라하시니라
석자에 극결이 누어늘 기처엽지하되 경하여 상대여
빈하니 부부지도가 당여시야니라 자사왈 군자지도
가 조단호부부라하시니라

극결의 고사를 대하며 조선 명종 때 청백리 문인 주세붕 (1495~1554) 선생이 지은 오륜가 연시조가 생각납니다. 첫 연은 오륜가를 새기라는 뜻이고 그다음 부자유친父子有親서 껀 군신유의君臣有義, 부부유별夫婦有別, 형제우애兄弟友愛, 장유유서長幼有序까지 모두 6수로 되어 있습니다. 오륜에는 형제우애가 없고 붕우유신朋友有信이 있습니다.

그런데 이 주세붕 선생의 오륜가에는 붕우유신 대신 형제 우애가 있는데 이를 장유유서 앞에 놓았습니다. 아름다운 시조입니다. 오륜가에는 주세붕 선생 외에도 여러 문인들 시조가 있는데 문학의 가치를 놓고 보면 주세붕 선생이 매우 뛰어나지요. 오륜가 연시조를 올립니다.

一

사람 사람마다 이 말슴 드러사라

이 말삼 아니시면 사람이오 사람 아니

이 말삼 닛디 말오 배호고야 마로리이다

二

아버님 날 나하시고 어머님 날 기라시니

父母 옷 아니시면 내모미 업슬랏다

이 덕을 갑파려 하니 하날 가히 업스샷다

三

종과 항것과랄 뉘랴셔 삼기신고

벌와 가여미아 이 뜨들 몬져 아니

한 마아매 두 뜯업시 소기지나 마옵생이다

四

지아비 밧 갈라 간 대 밥고리 이고 가

반상을 들오대 눈썹의 마초이다

친코도 고마오시니 손이시나 다라실까

五

兄님 자신 져잘 내조쳐 머궁이다

어와 뎌 아아야 어마님 너 사랑이아

兄弟옷 不和하면 개 도티라 하리라

六

늘그니난 父母 갓고 얼우난 兄 가타니

가탄대 不恭하면 어대가 다랄고

랄료셔 마디어시단 절하고야 마로리이다

## (4) 어른과 어린이

[하나]
어르신과 어린이는 천륜의질서
자연스런 모습이라 어길수없네
형은형의 노릇하고 아우는아우
어르신과 어린이의 비롯이어라

長幼는 天倫之序라 兄之所以爲兄과 弟之所以爲弟
의 長幼之道 所自出也라
장유는 천륜지서라 형지소이이형과 제지소이위제
의 장유지도 소자출야라

인연의 아름다움이여!

고픔의 사바세계에
인연 맺어준 아버지 어머니
천륜을 알게 하셨습니다.

비록 가난하였으나
위로 형이 있고 아래로 동생이 있어

우애를 알게 하셨으니
이 또한 천륜의 질서입니다.


스승을 만나고
길벗道伴과 후학을 만나
배우고 탐구하니
이것이 곧 인륜입니다.


따스한 햇살에
노랗게 고개를 내밀며
뜰에 피어나는 예쁜 풀꽃에서
계절의 반복성을 느낍니다.
이게 소위 천륜일까요?
아니면 인륜일까요?


겨우내 개구리 숨결이
배어있지 않았다면
어떻게 저리 샛노란 꽃이
고개를 내밀 수 있었겠습니까?


여름이 가고 거기 가을이 오고
겨울이 머물던 자리에

봄이 성큼 들어앉습니다.
어느 하나 어지럽히지 않으며
불평 한마디 없습니다그려.

천륜의 질서
인륜의 질서
생명의 질서
우주의 질서

여기에 높낮이가 있고
길고 짧음이 있고
앞뒤가 있고
우열이 있습니까?

그래요
비록 그것이
무엇이든지 간에
눈물 나도록 반갑습니다.

[둘]
문중이며 고향에는 항렬과나이
사람들을 이끎에는 덕망이으뜸
어르신과 어린이도 예가있나니
제멋대로 예단하지 않아야한다


蓋宗族鄕黨에 皆有長幼하니 不可紊也라
개 종 족 향 당에 개 유 장 유하니 불 가 문 야라

아! 질서여
아이와 엄마가 걷습니다.
시골길을 걷습니다.
아침 햇살을
뒤에서 받으며
자박자박 걷습니다.
발자국 소리가 정겹습니다.


돌 전 아기는
등에 포대기로 업고
머리에 동이를 이었습니다.
두어 살짜리는 엄마 앞에 걸리고

너덧 살 아이가 뒤를 따릅니다.
오라! 어느새 따라왔을까?


가만히 있어도 흔들리는 꼬리
슬그머니 흐르던 콧물을
단숨에 훅 들이키는
아이의 본능처럼
연신 꼬리를 흔들어대는
한 식구 강아지가 함께입니다.


아직은 하얀
해돋이 그림자가
기다랗게 오버랩되면서
엄마와 아기의 그림자는
표현이 불가능한 기형이 되고
두 아이와 함께 강아지가
서로 그림자를 그리며
햇살 밟기를 합니다.


서로 앞서거니 뒤서거니
이리 뛰고 저리 뛰며
정신이 없습니다.

하지만 엄마는
길을 멈추지 않습니다.
엄마의 삶生이 멈추지 않고
엄마의 사랑이 멈추지 않습니다.

아!
이제야
알겠습니다.
이것이 삶의 질서고
가족의 질서라는 것을요.

[셋]
어른보다 조심스레 뒤에처짐을
예로부터 공손하다 칭찬하였고
어른보다 빨리걸어 앞서가는걸
공손하지 못하다고 이르시니라


徐行後長者를 謂之弟요 疾行先長者를 謂之不弟니
서행 후 장자를 위지퇴요 질행 선 장자를 위지불퇴니


한 젊은이가 물어왔습니다.

"큰스님, 어른보다 앞서가면 안 되나요?"

내가 답했습니다.

"때와 상황 따라 다르지."

"아내가 남편보다 앞서 걷는다면 어떻게 이해해야 할까요?"

"이해할 게 뭐 있겠어. 나이를 떠나 부부는 동급인데"

젊은이의 침 삼키는 소리가 다실을 채우고 밖으로 퍼집니다.

"제가 예전에 TV에서 보니까 영부인이 대통령 앞서 걷던데"

"그야 얼마든 그럴 수 있지 특별한 의식이 아니라면..."

"제가 보긴 사석이 아니던데요."

"대통령과 영부인 사이가 아니거나 자네가 뭘 잘못 보았겠지"

열린 창문으로 가벼운 바람이 스칩니다.

"잘못 보기는요 큰스님 전혀 잘못 보지 않았습니다."

"아냐, 자네가 뭘 잘못 본 게 맞을 거야"

거의 울상에 가까운 표정으로 젊은이가 말했습니다.

"의장대를 사열하는 의식이었으니 대통령과 영부인이 맞습니다."

"그렇다면 아마 여자 수상이겠지"

댕그랑댕그랑~ 바람 부는 대로 풍경 소리가 퍽 정겹습니다.

그러자 젊은이가 다시 입을 열었습니다.

"대통령보다 높은 사람이 있나요?"

내가 궁금해서 물었습니다.

"자네 그게 어느 나라 얘기던가?"

수좌가 머리를 긁적였습니다.

"아차! 그게 어느 나라였지 거기까지는 기억이 안 납니다."

"싱겁기는 이 친구 참! 다음에는 잘 좀 살펴보시게"

남편과 아내는 동급이기에 앞뒤를 따지지 않습니다. 만일 그게 공직자 입장이라면 당연히 차례가 달라집니다. 수상이 젊은 여성이고 장관이 나이 든 남성일 때 나이와 상관없이 수상이 위지요.

여기 동몽선습童蒙先習에서는 대상이 남자 여자가 아니라 어르신과 어린이입니다. 소학에 들어가기 전이라면 요즘 유치원 어린이와 같습니다. 당연히 선생님은 질서를 가르칩니다. 그런데 항상 상황에 따라서지요. 상황이란 그 때가 공석이냐 사석이냐일 것입니다.

아우 제弟 자를 어떻게 푸나요? 공손함으로 풉니다. 부수가 '활 궁弓'이며 그림象形 문자입니다. 담긴 뜻은 아우를 비롯하여 제자와 나이 어린 사람, 순서와 차례가 있고, 공손하다 등 동사가 있습니다. '순종하다'나 '기울어지다'로 새길 때는 '기울어질 퇴弟'로 발음하지요. 어떤 훈장님은 이렇게 가르칩니다. 쓰기는 분명 아래와 같이 씁니다.

"徐行後長者를 謂之弟요 疾行先長者를 謂之不弟라"

이를 소리 내어 읽을 때는 '서행후장자를 위지퇴요, 질행선장자를 위지불퇴'로 읽어 내려가야 한다고 말입니다. 자, 어떻게 생각합니까? 그렇다면 제弟 자를 써 놓고 '아우 제'자로 읽을까요? '기울어질 퇴'자로 읽을까요?

[넷]

그러므로 그의나이 갑절이되면
어버이를 섬기듯이 존경을하고
여남은살 많게되면 형으로보며
대여섯살 차이라면 어깨동무다


是故로 年長以倍則 父事之하고 十年以長則 兄事
之하고 五年以長則 肩隨之니
시고로 연장이배즉 부사지하고 십년이장즉 형사
지하고 오년이장즉 견수지니


　윗글은 어린이 교과서 소학小學 명륜편明倫篇 말씀입니다.
나는 계몽편啓蒙篇도 여기 이 동몽선습도 어쩌다 한번 읽었
을 뿐 서당에서 배운 적이 없습니다. 서당에서는 명심보감을
읽은 뒤 소학小學을 읽으라 권유했거든요. 소학은 글자대로 '
어린이 교재'입니다.
　소학은 대학大學의 대칭입니다. 대학은 사서四書 중 하나
로 철학의 깊이가 극에 이른 책입니다. 소학에서는 오륜五倫
을 제대로 가르치고 있습니다. 나는 명심보감을 읽은 뒤 곧바
로 소학을 펼쳐 들었는데 내편 4권, 외편 2권으로 된 생각보
다 꽤 두툼한 책이었습니다.

표지를 열면 앞에 입교편立敎篇이 있고 그 뒤로 명륜편明倫篇이 있었는데 이 명륜편에 접어들면서부터 내게는 의문이 생겼습니다.

'연장이배즉 부사지年長以倍則父事之'라고? 여덟 살 어린 나이의 곱倍이라면 겨우 열여섯 살 청소년인데 아무리 조혼早婚이라도 좀 이르지 않을까요? 물론 열댓 살이면 일찍 결혼하여 아이의 아빠가 될 수 있더라도 역시 문제가 생길 수밖에요.

'십년이장즉형사지' 때문입니다. 자기보다 대략 10살이 많으면 형으로 모시고 따르라는 것인데 그리되면 아버지처럼 모시는 16살보다 2살 더 많은 18살입니다. 어떻게 하는 게 옳은 해석일까요? 궁금해서 훈장님께 여쭈었습니다.

"송의 철학자 주자朱子의 제자인 유자징劉子澄이란 이가 여덟 살짜리 어린이를 위하여 이 책을 엮었다면 문제가 있습니다."

훈장님께서 내 질문을 받으신 뒤 잠시 뒤 내 손을 잡으셨습니다.

"나도 늘 그 생각을 했단다. 이 글은 여덟 살짜리가 아니라 열댓 살 청소년에게나 알맞다는 것을"

열댓 살의 곱이라면 서른 살이 되고 열 살 차이라면 스무댓 살이며 다섯 살 차이라면 스무 살입니다. 나이가 오륙십이 넘어가면 너덧 살이나 여남은 살은 다 같이 늙어 간다고 하여 그다지 많은 편이 아닙니다. 그러나 열 살 미만에게는 나이 차가 클 수밖에 없습니다. 소학이 여덟 살짜리 교재라고 하면 동몽선습은 예닐곱 살짜리 교재입니다.

나는 당시當時 어깨너머로 소학이란 멋진 교재를 익히다 입교, 명륜, 경신敬身, 계고稽古까지 내편內篇은 나름대로 읽었으나 외편外篇인 가언嘉言과 선행善行은 끝내지 못한 채 그만두었습니다. 열댓 살 청소년이었던 내게는 공부도 매우 중요했지만 먹고 살아야 하는 농사일이 무엇보다 훨씬 절박했으니까요.

이 소학에 나오는 내용이 동몽선습에도 그대로 실려 있습니다. 유자징이 이 소학을 집필할 때 스승 주자의 지시를 받았다고 하나 이 글은 예기禮記에도 들어 있습니다. 그렇다면 소학도 또 동몽선습도 결국에는 문제가 없습니다.

예기에 문제가 있습니다. 왜냐하면 더 고전古典이니까요. 나이 차이의 모순을 지니고 말입니다. 예기도 알고 보면 문제가 아니라고요? 당연히 문제가 아닙니다. 왜냐하면 예기에 담긴 글들이 어린이를 위해 쓴 것이 아니니까요.

[다섯]

어르신은 어린이를 진정아끼고
어린이는 어르신을 높이받들라
어르신은 어린이의 존경을받고
어린이는 어르신의 사랑받으리


어르신이 어린이를 가벼이보고
어린이가 어르신을 업신여기는
그와같은 폐단들이 없어질때에
사람으로 지닐도리 반듯하리라


長慈幼하며 幼敬長然後에야 無侮少陵長之弊하야
而人道正矣리라

장자유하며 유경장연후에야 무모소능장지폐하야
이인도정의리라


어머니 음성이 들립니다.
목소리를 가다듬어
메조소프라노
음역대에서
마음껏 노래를 부릅니다.

한복 차림이 참 곱습니다.

걷거行나
섰거住나
앉았거坐나
누웠거臥나
고운 어머니 모습에
가녀린 음성이 겹칩니다.
제목이 '막모소 무능장'입니다.

막모소莫侮少 막모소
어리다 어리다 어리다~고
무시하지 말지니

무능장無陵長 무능장
늙었다 늙었다 늙었다~고
놀리지 말지니

어머니가 빚은 막걸리에
취한 듯 흥겨운 듯
가까이 오라
손짓하는

아버지의 모습이
어쩌면 저리도 멋집니까?

얘기語 중에
명상默 중에
청소動 중에
쉬는靜 중에도
180을 넘는 큰 키의
아버지의 밝은 표정과 함께
테너와 바리톤 음역대별을 오가며
노래 부르는 모습이 오버랩으로 겹칩니다.
곡목이 '장자유 유경장'입니다

장자유長慈幼 장자유
어른은 어린이를 자애로 이끌고
어른은 어른은 어린이를~
유경장幼敬長 유경장
아이는 어른을 공경히 모시고
어린이는 어린이는 어르신을
공경으로 모시지

두 분이 부르는 듀엣곡

장자유 유경장과

막모소 무능장에 흠뻑 빠져

시간 가는 줄을 몰랐는데

어느새 밤이 물러가고

새벽이 옵니다


시나브로 정신을 차리고 보니

아! 한바탕 꿈이었습니다.

구×팔=은 칠십이인데

팔+구+육=얼마?

스물셋입니다.

[여섯]

형제간과 남매간은 동기간이라
부모님의 기와운을 나눈사이요
뼈와살을 서로나눈 가까운관계
그러므로 우애있게 믿어야한다


而況兄弟는 同氣之人이라 骨肉至親이니 尤當友愛
요
이황형제는 동기지인이라 골육지친이니 우당우애
요


형제는 한가지 기운同氣입니다. 기운氣運이 같지요. 아빠로부터 엄마로부터 DNA를 물려받은 동기연지同氣連枝입니다. 한가지 기운으로 이어진 가지지요. 같은 이름씨 브라더 brother에 그림씨가 영거a younger냐 엘더an elder냐에 따라 형제가 구분이 되듯 동기나 브라더나 같은 말입니다. 하나입니다.

한가지同라니 무엇일까요? 아무리 멀리冂 있더라도 동일한 ― 기운을 토해口 냅니다. 氣DNA의 움직이運는 모습이 같은 꼴pattern입니다. 자매姉妹도 남매男妹도 소중한 동기입니다.

DNA가 실려 있는 뼈骨와 더불어 살肉을 같은 엄마 아빠에게서 받았으니 더또 가까울親 게 무엇이며 아우의 왼손ㅅ과 형의 오른손又이 서로서로 맞잡았友으니 사랑하지愛 않을 수 있습니까?

이제서야 비로소 알았습니다. 이러한 마음을 지녔다면 우리는 다 동기입니다. 여與 야野가 형제고 좌左와 우右가 자매며 남매입니다. 어찌 하물며 친 동기同氣며 소위 골육지친骨肉至親이겠습니까?

[일곱]

속으로는 노여움을 깊이감추고
원과한을 오래도록 묵히지말라
그리하여 하늘땅의 떳떳한도리
한치라도 무너지지 않도록하라


不可藏怒宿怨하야 以敗天常也니라
불가장노숙원하야 이패천상야니라


봄기운이 참 따스합니다. 가까이 불러 묻습니다.
어디에서 왔어?
겨울왕국에서 왔지
한데 왜 차갑지가 않아
난 추위를 묵혀 두지 않거든.
하얀 벚꽃 흐드러진 개나리
붉은 진달래에게 묻습니다.
너희 아름다움의 비법이 뭐야?
꽃들이 와락 답합니다.
우리! 우리는 말이야.
미소와 사랑을 간직했거든.

그렇습니다. 미소와 사랑입니다. 미소와 사랑과 함께 지혜는 시간이 오랠수록 좋습니다. 오염汚染이 아닌 발효醱酵니까요. 용서와 포용도 마찬가지입니다. 몸과 마음의 좋은 에너지는 왕성할수록 좋으니까. 꽃은 열매를 잉태하고 잎을 더욱 풍성하게 합니다. 잎과 열매가 더욱 풍성해지면서 생명붙이를 먹여 살립니다. 자기 자신을 포함하여 자연을 살립니다. 이것이 다시 말해서 천상天常입니다. 하늘이 정한 질서며 인간이 지닐 도리입니다.

## [여덟]

자치통감 집필자인 사마온공이
그의형인 사마강과 우애롭기로
부모님을 공경하듯 깍듯이하고
어린이를 사랑하듯 보호하였네

그러므로 형과아우 오빠와누이
서로서로 우애함이 이와같을때
부모님을 봉양하는 아들딸로서
바야흐로 효도한다 말할 수 있다

昔者에 司馬光이 與其兄伯康으로 友愛尤篤하야 敬
之如嚴父하고 保之如嬰兒하니 兄弟之道가 當如是
也니라

석자에 사마광이 여기형백강으로 우애우독하야 경
지여엄부하고 보지여영아하니 형제지도가 당여시
야니라

학자들은 원문의 '석자昔者'를 두고 여러 가지로 새기고 있
습니다. 예 석昔에 놈 자者 자로서 옛사람, 옛것으로 새깁니
다. 하나 동몽선습에서는 옛사람이나 옛것보다는 뒤에 인칭

이 따라나오므로 예전, 옛날로 푸는 게 부드럽습니다.

우리말에는 끝난 완료형完了形과 시작도 안 된 미연형未然形과 현재 진행형進行形이 있지요. 영어, 일본어, 중국어에도 과거, 현재, 미래를 가르는 부사副詞가 있습니다만 한문漢文의 문어체는 구별이 잘 안 되는 까닭에 앞뒤 문장을 보고 이해합니다.

지금은 병원에서 아기를 낳지만 불과 5~60년 전만 하더라도 집에서 아기를 낳았습니다. 산모가 출산의 기미를 보이면 부정不淨을 방지하기 위해 새끼로 금줄神繩을 쳤습니다.

하기는 장을 담글 때도 생각지 못한 질병에도 가정에서는 금줄을 쳤습니다. 금줄은 보통 볏짚으로 꼰 새끼에 솔가지나 까만 숯을 꿰었으며 만약 남자 아기를 낳았으면 빨간 고추를 매달았습니다.

그렇게 스무하루가 지나면 그동안 쳤던 금줄을 거두었지요. 예 석昔 자는 스무卄 한一 날日입니다. 삼칠일三七日, 곧 스무하루 동안 부정한 것들이 범접하지 못하게 결계結界하는 풍속이 있었습니다.

바로 여기서 옛昔者이란 말이 나옵니다. 스무하루昔를 옛날로 보는 것처럼 열十 사람 입口을 거치는 시간을 문헌은 옛 古이라 하였습니다.

어린이집, 유치원 아이들이 "나도 옛날에는 그랬어."라며 옛날을 들먹입니다. 두서너 살배기 아기 얘기가 참 깜찍하고 귀

엽습니다.

일설에는 예 석昔의 '날 일日'자가 날日을 가리키기에 하루 지만 때로는 해歲를 가리키기에 한 해이기도 했습니다. 따라서 날짜로 스무하루가 아닌 스물한 해를 예昔로 치기도 했습니다. 스물한 해와 스무하루를 견주면 실로 365배 차이가 납니다. 짧은 시간이 아닙니다.

예와 이제를 구분하는 시간 개념에서 짧은 편에 속하는 일이 있습니다. 멀쩡하던 자가 세상을 떠나면 따라붙는 용어라고 할까요? 바로 '고인故人'입니다. 고인이란 세상을 달리한 옛사람에게 쓰는 용어지요.

삶과 죽음은 호흡에 달렸는데 어느새 현재와 옛이 된 것입니다. 나의 이 설은 억지가 아닙니다. 휘뚜루마뚜루가 아닙니다. 아무 근거도 없는 설을 함부로 풀어놓지는 않지요.

중국 북송北宋(960~1127) 때 사마온공(1019~1086)이 있었는데 온공은 공작公爵의 이름입니다. 성이 두 자로 된 사마司馬고 이름이 외자 광光이지요. 사마지司馬池의 아들입니다. 자치통감資治通鑑을 저술한 역사학자 사마온공입니다.

자치통감은 방대한 역사물입니다. 오죽하면 자치통감을 읽었느냐 아직 읽지 못했느냐에 따라 상대를 바라보는 눈이 달랐으니까요. 이 자치통감은 편년사編年史의 본보기가 된 소중한 책입니다.

사마광에게는 자상한 형伯으로 사마강司馬康이 있었습니

다. 두 형제는 우애가 유類달랐습니다. 형은 아우를 자식처럼 아끼고 아우는 형을 부모님처럼 모셨지요.

[아홉]

맹자가 말하길
천진스런 두서너살 어린아이도
엄마아빠 깊은사랑 스스로알듯
그아기가 성장해서 어른이되면
그의형을 공경할줄 저절로안다


孟子曰 孩提之童이 無不知愛其親이며 及其長也하
얀 無不知敬其兄也라하시니라
맹자왈 해제지동이 무부지애기친이며 급기장야하
얀 무부지경기형야라하시니라

해제지동孩提之童은 아이입니다. 어린이를 가리키는 말입
니다.

'삼척해제'란 말이 있습니다. 삼척三尺은 예닐곱 살 아이고
해제孩提는 두세 살 아이입니다. 이를 일러 '삼척해제'라 하
고 또는 '삼척동자'라 합니다. 앞서 얘기했듯 '동몽童蒙'이 요
즘 유치원생 아이라고 한다면 해제는 그보다 더 어린아이입
니다.

두세 살 아기가 이미 사랑을 압니다. 이는 곧 맹자의 이야
기입니다. 알고 보면 두세 살이 아니라 그 전부터 이미 사랑

을 압니다. 첫돌 전 옹알이를 할 때부터 사랑과 미움을 스스로 느낍니다. 아기 발바닥을 간질이면 까르르까르르 웃을 줄 알듯이 배가 고프거나 졸리거나 불편하면 울음으로 표현합니다.

〈근본설일체유부비나야잡사〉의 부처님 말씀에 따를 것 같으면 태어나기 전부터 느낍니다. 태중胎中에 있을 때부터 엄마 아빠의 사랑을 느낍니다. 사랑뿐 아니라 미움까지도 압니다. 뜻하지 않게 아기가 생기면 태아를 지우기 위하여 온갖 방법을 다 동원합니다. 태중 아기는 마음을 읽어냅니다.

그러다가 세상에 태어나면 아기는 태중에서 받은 미움을 엄마 아빠에게 되돌립니다. 이것이 그대로 현실이 되어 짧게는 한 생애에서 끝나지만 길게는 여러 생에 원한을 품습니다. 자식은 전생의 빚쟁이라 합니다. 이는 단지 부모의 입장에서고 만일 자녀 입장에서라면 어떤 생각을 하고 있을까요?

불교는 삼생三生을 얘기합니다. 전생과 현생과 내생입니다. 현생은 금생今生입니다. 이미 모태母胎에서가 아니라 전생부터 맺어진 인연의 생입니다. 내생은 금생 다음의 생입니다. 곧 죽음 이후의 생이지요.

금생이 전생의 이어짐이라면 내생은 금생의 연속성의 삶입니다. 금생을 떠나 내생이 있지 않습니다. 내생來生은 기나긴 후생後生입니다. 삼생 중에서 금생인 현생現生이 가장 짧은 생에 해당한다면 전생과 내생은 상상외로 깁니다. 생生이란 이어집니다. 이러한 끊임없는 이어짐 속에서 사랑과 미움, 효와 불효가 있습니다.

삶이라는 거듭된 시간 속에는 가속도acceleration 법칙과 눈사람 효과를 지니고 있습니다. 눈사람은 굴러갈수록 커집니다. 커지는 속도가 빨라집니다. 하나 날씨가 따뜻하다면 삼시간에 녹아버리고 맙니다. 사랑이 쌓이고 미움이 쌓이는 게 불어나는 눈사람과 같다고 한다면 사랑과 미움이 녹아내림도 봄눈 슬어 없어짐과 같습니다. 마음을 어떻게 지니느냐에 따라 이처럼 확연히 달라집니다.

생명이 '아기집子宮'에 착상한 뒤로 태어나기까지 생의 모든 시간과 태어난 뒤 성장하는 과정에서 엄마 아빠의 사랑을 받으면 받는 만큼 효도합니다. 만일 전생에 진 빚이 아니라면 금생은 걱정할 것이 없습니다. 빚이 있다면 갚아야겠지요. 그럼 무엇으로 갚을까요? 오직 사랑하는 마음 하나입니다.

멍쯔孟子Mèngzǐ/Mencius 선생은 기원전 372년 중국에서 태어나 기원전 289년에 세상을 떠났으니 여든세 해를 산 현인賢人입니다.

이에 견주어 석가모니釋迦牟尼는 기원전 645년 북인도에서 태어났으니 맹자보다 273년이나 앞서지요. 하나 요즘과 달리 예전에는 273년 차이라 하더라도 영향은 대단히 컸을 것입니다.

중국의 지성至聖으로 잘 알려진 위대한 선생 콩쯔孔子의

생몰 연대가 기원전 551~479년이라 할 때 인도의 거룩한 성자 싯다르타보다 자그마치 94년이나 뒤집니다. 공자가 석가의 명성을 들었다면 맹자도 석가를 알았을 테고 공자가 석존을 성자로 존경했듯 맹자도 석존을 존경했을 것입니다. 이는 불을 보듯 뻔한 사실입니다.

동몽선습의 이 대목이 불교 경전 말씀과 닮아있습니다. 역사의 영향은 물의 흐름과 같아서 과거, 현재, 미래로 흐릅니다. 아기가 성장해서 어른이 되면 형을 존경할 줄 저절로 안다 했는데 아우가 형 존경하는 것뿐일까요 형도 아우를 사랑할 줄 압니다. 이는 가르쳐주지 않더라도 저절로 아는 본능입니다.

자동차를 운전하여 가는 길에 장애물이 없다면 문제가 없습니다. 이른바 음주운전과 졸음운전은 도로의 장애물과 상관이 없습니다. 이는 운전자에게 달려있습니다.

삼생에 죄짓고 지은 죄를 받으며 미워하고 미움을 받으며 사랑을 쌓고 사랑을 받는 것이 이른바 전생과 금생과 내생이라는 시간 속에 속해 있지 않습니다. 그 모든 게 스스로에게 있습니다. 졸음이 오면 쉬었다 가고 술을 마셨다면 술이 깰 때까지 단지 운전석에 앉지 않으면 됩니다.

## (5) 벗은 믿음이다

[하나]

벗과벗은 같은부류 같은사람들
도움되는 벗으로서 셋이있으며
해가되는 벗으로서 셋이있으니
어떤이를 도움되는 벗이라할까

곧고또한 바른벗이 첫째가되고
살필줄을 아는벗이 둘째가되며
많이들어 아는벗이 셋째가되니
이를일러 도움되는 벗이라한다

朋友는 同類之人이라 益者三友요
붕우는 동류지인이라 익자삼우요

　　동아프리카 탄자니아를 비롯하여 케냐 등 12개 나라에서 쓰
는 스와힐리어kiswahili에 '라피키rafiki'란 말이 있습니다.
파생된 단어로 키라피키kirafiki 우라피키urafiki 따위가 있
는데 단수형과 복수형이 다 동일하며 친구, 동무, 동료를 뜻

하고 있습니다.

여남은 살 박이 어린이가 다정하게 손짓을 하며 부릅니다. 손바닥을 위로하여 부릅니다. '라피키 은조 하파 rafiki njoo hapa' '이리 오세요, 친구!'라는 뜻입니다. 우리나라에는 없는 문화입니다. 여남은 살 안팎의 어린이가 할아버지뻘 외국인에게 쉽게 던지는 말이지요.

우리는 손짓하여 사람을 부를 때 손등이 위로 가게 하지요. 한데 우리와 좀 다르더라고요. 탄자니아는 손을 뒤집어 손바닥이 위로 향하게 합니다. 물론 우리도 닮은 손짓이 있습니다. 개나 강아지를 부를 때는 손바닥을 위로 향하게 합니다. 이런 동작을 탄자니아에서는 어린이조차 자연스럽게 합니다. 손짓을 떠나 우리나라 같으면 아마 당장 화부터 낼 것입니다.

"이놈! 내가 네 친구냐?" 분명 무슨 사달이 나고 말지요. 친구를 뜻하는 '라피키' 말고도 은두구ndugu가 있습니다. 같은 세대 친척들이나 친구, 또는 시민의 뜻입니다. 단수형과 동일한 복수형으로 형제, 자매, 사촌 등을 의미합니다.

조심스러운 말이기는 하지만 친구의 뜻 '웬지wenzi'라든가 사람 따위에게 붙이는 관사 'm'을 얹어 대부분 므웬지 mwenzi라 하는데 친구, 지기, 동반자, 동료 동지로 소유격 어미와 함께 씁니다. 왜 조심스러우냐 하면 '공범'의 뜻이 든 까닭입니다. 그렇기는 하나 친한 사이에서는 쉽게 쓰는 용어에 해당합니다.

(5) 깊은 믿음이다

스와힐리어로 친구란 말에 소모somo가 있습니다. 접두어 m을 명사 앞에 얹어 마소모masomo라고도 하는데 친구와 같은 또래 동료와 문화어 '동무, 동지'를 가리킵니다. 탄자니아는 우리 대한민국보다도 북한과 먼저 국교를 맺은 까닭에 문화어가 널리 퍼져 있습니다. 그래서 말을 조심합니다.

이 밖에도 쇼가shoga라든가 우쇼가ushoga를 쓰고 있는데 이 역시 벗, 친구를 뜻하는 말입니다. 이 말은 남성들은 잘 쓰지 않고 주로 여성들 사이에서 쓰는 말로서 우정, 애정의 뜻이 담겨 있지요. 이를테면 감탄사로서 '어머, 어머머'가 여성 언어듯 남자들 사이에서는 잘 쓰지 않는데 쇼가, 우쇼가도 같은 말입니다.

친구를 한자로 표기하면 친할 친親에 옛 구舊 자를 쓰지요. 또는 오랠 구久 자를 쓰기도 합니다. 친親이 공간적 거리라면 구舊는 시간적 거리입니다. 친함 중에서 가장 가까운 사이로는 어버이親를 넘는 게 없습니다. 자식이 찾아오거나 집을 떠날 때 나무木 위에 높이 올라서서효 끝까지 보는見 이가 어버이입니다.

갈대털**과 같은 매서운 눈썹에 짧은 꼬리를 지닌 새隹가 올빼밋과 수리부엉이崔입니다. 올빼밋과 새들은 끈질깁니다. 몇 시간에서 며칠이 걸리든 먹을거리가 앞에 나타날 때까지 한자리를 굳건히 지킵니다. 꼼짝하지 않는 절구통臼 처럼요.

구舊나 구久의 뜻이 무엇입니까? 벗은 옛舊 사람일수록 좋고 오랜 久 사람이 좋습니다. 벗이란 나이를 초월합니다. 마음의 교류交流입니다. 영어 친구의 뜻 friend의 fri와 자유를 뜻하는 freedom의 free가 철자는 비록 다르다고 하지만 발음이 닮지 않았나요? 나는 지금도 탄자니아 아이들의 맑은 눈망울을 잊지 못합니다.

"이리 오세요 친구"

"은조 하파 라피키njoo hapa rafiki"

친구와 관련된 명언이 있습니다. 플라톤은 친구는 모든 것을 나눈다고 했고 벤자민 프랭클린은 친구를 고르는 데는 천천히 친구를 바꾸는 데는 더 천천히 하라 하였습니다.

아리스토텔레스는 불행은 누가 진정한 친구가 아닌지 보여준다 했고 존 철튼 콜린스는 풍요 속에서는 친구들이 나를 알게 되고 역경 속에서는 내가 친구를 알게 된다고 얘기했습니다. 중국의 고대 교육자면서 철학자인 공부자孔夫子는 간결하면서도 의미가 깊은 글을 남겼습니다. '자기보다 못한 자를 벗으로 삼지 말라'고.

(5) 벗은 믿음이다

[둘]

벗으로서 올곧음이 첫째가되고
벗으로서 헤아림이 둘째가되며
벗으로서 많이앎이 셋째가되니
이를일러 도움되는 벗이라하고


벗으로서 궁벽함이 첫째가되고
벗으로서 아첨함이 둘째가되며
벗으로서 사나움이 셋째가되니
이를일러 해가되는 벗이라한다

益者三友요 損者三友니 友直하며 友諒하며 友多聞
이면 益矣요 友便辟하며 友善柔하며 友便佞이면 損矣
리라
익자삼우요 손자삼우니 우직하며 우량하며 우다문
이면 익의요 우편벽하며 우선유하며 우편녕이면 손의
리라


이익利益에 담긴 뜻을 볼까요? 이로울 이利 자에 더할 익
益 자입니다. 이에 관한 얘기를 꺼내려면 〈맹자孟子〉 맨 첫

머리에 놓인 양혜왕장梁惠王章을 볼 수밖에요. 왕과 맹자가 주고받는 대화 주제로 이利가 등장합니다. 한 나라를 다스리는 데 있어서 뭐니뭐니해도 이利가 중요합니다. 인의예지仁義禮智 못잖습니다.

아전인수我田引水란 말이 있습니다. 제 논에 물대기로 풀이합니다. 물이 얼마나 소중할까요? 공기 다음으로 소중합니다. 불교는 지수화풍을 얘기합니다. 흙地, 물水, 불火, 바람風인데 이들 네 가지 요소要素는 생명에게는 필수必需입니다. 땅 없이 사람이 살 수 있을까요? 물이 없으면 박테리아도 없습니다.

어디 그뿐인가요? 불, 곧 에너지 없는 세상을 상상이라도 해 보셨나요? 당연히 불가능입니다. 산소風 없는 세상이 있을까요? 으레 세상은 있을 수 있을 것이나 생명체는 있을 수 없습니다. 그만큼 지수화풍이 소중합니다. 평생 동안 얘기하더라도 물의 공덕을 다할 수는 없지요.

얘기가 엉뚱한 곳으로 샜습니다만 익우益友의 '익'을 새김에 있어 첫째 더할 익益이 있고, 둘째 넘칠 일益이 있습니다. 그릇皿 위에 누운 물水이지요. 누운 물이란 곧 넘침을 뜻합니다. 그만큼 물이 철철 넘침益은 농경사회뿐만이 아니라 산업사회에서도 중요합니다. 물 없이 기계를 돌릴 수는 없지요, 아전인수는 욕심 너머의 세계입니다. 이 물만큼 소중한 게 있는데 그것이 곧 이로움利입니다.

맹자는 철학자이지 왕은 아닙니다. 인의예지仁義禮智는 얘기하겠으나 경제利 만큼은 실로 뒷전입니다. 양혜왕이 그저 평범한 사람일까요? 한 나라 백성의 삶을 책임진 왕입니다. 경제禾와 국방/치안/刂을 다스립니다. 가령 벼禾가 한 나라의 경제라면 칼刂은 국방이며 치안입니다.

아무리 치안과 국방이 튼튼하더라도 나라와 백성의 경제禾가 엉망이면 왕의 국치國治가 부족함이며 경제가 부유하다 하더라도 치안과 국방이 부실하면 왕의 할 일을 다 한 게 아닙니다. 철학자 맹자의 인의예지 못잖게 양혜왕의 이利는 소중합니다.

경제와 더불어 치안/국방은 왕에게 실로 귀한 과제입니다. 익자삼우益者三友와 함께 손자삼우損者三友에 담긴 뜻은 매우 직접적인 영향에 속합니다. 상형문자 더할 익/넘칠 일益이 그릇皿 위로 물水이 넘침이라면 덜 손損 자를 파자해 보면 관원口의 급여貝에 손扌 대는 행위와 거의 같습니다.

모든 생명은 경제가 본능입니다. 따라서 도와주는 벗이 익우益友이고 손실을 안김이 손우損友입니다. 이들 경제적 이익을 따지는 벗에게 끝내 손해를 끼치는 세 부류가 손자삼우損者三友입니다. 곧 손해를 끼치는 세 벗이지요. 벗朋友은 함께하는 자입니다. 벗 붕朋의 파자 월月은 달이 아니라 고기의 결彡을 표현한 글자입니다. 고기月를 서로 나누朋며 오른손又과 오른손又이 서로 맞잡아 악수하는 게 벗 우友 자에 담긴 뜻입니다.

올곧直은 벗友이 아닙니다. 벗友에게서 올곧음直을 찾고 이리저리 살필諒 벗友이 아니라 벗友에게서 믿음諒을 찾을 것이며, 많이多 들어聞 줄 벗友이 아니라 벗友에게서 많이 들을 일입니다. 따라서 사람友을 먼저 놓은 뒤 나중에 그의 특질을 찾습니다. 하여 직우, 양우, 다문우가 아니라 우직, 우양, 우다문으로 씁니다.

벗으로서 손해가 되는 이들은 첫째 우 편벽이니 벗으로 상당히 후미지고 으슥한 성격을 지닌 사람이며, 둘째는 우선유友善柔니 벗으로서 마음이 착하기는 하나 줏대가 없고 곰상스러운 자입니다.

셋째는 우편녕友便獰이니 벗으로서는 좀 지나친 데다가 매우 사나운 성격을 지닙니다.

이 말은 매우 중요합니다. 예로부터 이익되는 벗이 있고 손해 끼치는 벗이 있다고 했는데 일차적으로는 사람 그 자체에서 익우益友와 손우損友를 가렸으나 동몽선습의 인용 글에 따르면 우익友益, 우손友損처럼 형용사 뒤에 목적어가 아니라 벗友을 주어로 하여 앞에 둡니다. 그래서 새기는 데 재미가 있습니다.

처음부터 이익을 주는 벗이 따로 있고 손해를 끼치는 벗이 있는 게 아니라 벗이 될 사람이 먼저고 나서 그를 내가 어떻게 바라보고 어떻게 대하느냐에 따라 도움을 주는 벗이 되고 손해를 주는 벗이 됩니다. 이는 매우 중요한 해석입니다. 붕우유신朋友有信입니다. 내가 먼저 믿음을 줄 때 벗이 됩니다.

요즘은 생활의 짝짝 반伴 짝, 려侶 반려를 둡니다. 모두 사람인변亻 반려伴侶이지만 여기서는 동물animal입니다. companion animal 많이들 반려동물을 키웁니다. 키우는 데서 한걸음 더 진보하여 아예 한가족으로 지냅니다. 한 자리에서 같이 먹고 같이 운동도 하고 심지어 같이 잡니다.

반려는 키우는 자의 몫입니다. 주인으로서 사랑을 주면 사랑하는 만큼 반려는 그대로 애완愛玩이 됩니다. 만일 주인이 사랑을 주지 않고 혹 귀찮아하거나 홀대하면 그때까지 착하기만 하던 반려도 순식간에 다 사나워지고 마침내 주인을 다치게 합니다. 이 또한 중요한 얘기가 아닐까요?

[셋]

좋은벗을 사귐에는 틀이있나니
그사람의 덕을보고 가까이하며
천자에서 제후에서 서민까지도
벗을통해 모든것이 이루어진다


友也者는 友其德也니 自天子로 至於庶人히 未有不
須友以成者하니
우야자는 우기덕야니 자천자로 지어서인히 미유불
수우이성자하니

며칠 전이었습니다. 아프리카 탄자니아 잔지바르에서 개인택
시를 몰던 젊은 친구 Mr.모데Mode에게서 전화가 왔습니다. 내
가 아프리카에 있을 때 수양아들로 삼은 친구입니다.

"스님, 안녕하세요?"

인사를 우리말로 한 뒤 스와힐리어로 바꾸었습니다. 내가
물었습니다.

"이거 모데 전화 아니니?"

잠시 머뭇거리는 듯싶더니

"네, 며칠 전에 길을 떠났습니다."

이야기를 듣고 나서 깜짝 놀라 되물었지요.

(5) 벗은 믿음이다

"떠나다니 그게 무슨....."

심호흡을 하는 게 느껴졌습니다.

"네, 스님. 저는 모데 친구인데 친구가 스님 얘기를 많이 했습니다. 언젠가 또다시 인연이 닿으면 스님을 뵙고 스님과 함께 남극 대륙에 가고 싶다고요. 스님께서 여기서 늘 말씀하신 대로 함께 과학 학교를 세우고 싶다고 그게 마지막이었습니다."

내가 다급하게 물었습니다.

"모데가 왜 그리 급히 간 거지"

"네, 그만 말라리아로요"

지금은 거의 마음을 접었지만 내가 탄자니아에 머물 때는 말라리아 구제 활동을 폈습니다. 한데 지금도 말라리아로 떠나는 자가 있구나 싶습니다. 누가 옆에 있으면 나를 스님으로 부르다가 단둘이 있을 때는 다정하게 은두구 양구Ndugu yangu라며 '제 친구'로 불렀습니다.

마음이 통하면 나이를 떠나 소중한 벗이고 귀한 친구입니다. 말라리아로 인해 나는 수양아들이자 친구를 보냈습니다. 그냥 마음 한구석이 텅 비었습니다.

우리 속담에 빈손으로 왔다 빈손으로 가는 게 인생이라지만 사실 알고 보면 빈손으로 가는 것도 하나의 거추장스러운 모습입니다. 화장火葬한 뒤 다 뿌리고 나면 빈손마저도 아예 없습니다. 모태에 들 때 손이 없었듯 세상 떠날 때 뭔가를 지님은 고사하고 손 자체도 한 줌의 재로 날아갑니다.

[넷]

무엇보다 좋은벗을 사귀는것이
세상에서 으뜸가는 행복이나니
소원한듯 느껴지는 관계이지만
지친보다 소중한게 다시있으랴


其分이 若疎나 而其所關이 爲至親하니
기 분이 약소나 이기소관이 위지친하니


　　무엇보다 좋은 벗을 사귀는 것이 세상에서 최상의 행복이라
며 말로는 쉽게 얘기하지만 누가 좋은 벗이지요? 〈나는 좋은
벗〉이라며 광고하며 다니면 좋겠는데 벗에게는 그런 것이 없
습니다. 찾는 일이 그리 쉽지가 않습니다.

　　벗은 생명을 지닌 존재입니다. 벗은 생각하는 까닭입니다.
벗은 환경을 따릅니다. 벗은 움직입니다. 벗은 정물이 아니라
고유固有가 없습니다. 벗에게는 그 흔하디흔한 운동의 법칙
조차도 없습니다.

　　한 번 자세히 느껴 보세요. 장미에는 열정이 있으며, 백합에
는 순수가 있고, 연꽃에는 정갈함이, 라일락은 향기가, 벚꽃
에는 화려함이, 민들레는 속살이 보이나 오래 두고두고 볼 수
없으니 또한 아쉬움일 수밖에 없습니다.

(5) 벗은 믿음이다

책 읽는 모임 책 벗이 있고 차 마시는 벗이 있고 춤추고 노래하고  연기하고 조깅하고 서예하고 그림 그리고 시와 수필과 소설을 쓰고 등산하고 꽃을 가꾸고 나무를 심어 나무를 가꾸고 정서로 만나는 벗이 있습니다.

그러나 '나는 좋은 벗'이라며 도통 쓰여 있지 않으니 언제 어디에서 좋은 벗을 만날까요? 하나 걱정하지 마십시오. 좋은 벗은 늘 함께하고 좋은 벗은 어디나 있습니다. 벗은 거울의 법칙을 따릅니다. 있는 대로 비춰 주는 거울입니다. 야보冶父 선사가 일갈합니다. 마음은 거울과 같다고요. 검은 것이 오면 검은 대로 비추고 흰 것이 오면 흰 대로 비추는  꾸밈없는 거울처럼 마음에는 먼지도 금가루도 덮혀 있지 않도록 하라 합니다.

마치 눈에는 먼지도 금가루도 들어가지 않아야 제대로 사물을 볼 수 있는 것처럼 태어날 때의 순수 마음 거울에 티끌이 앉지 않게 하세요.선善의 깨끗한 가루도 악惡의 거친 먼지도 끼지 않게 하세요.

좋은 벗은 어디에나 있습니다.. 으뜸가는 행복이 있습니다. 조금은 소원한 듯싶지만 지친至親은 있습니다. 페이스북에도 카카오톡에도 북카페에도 밴드에도 마음에 앉은 티끌만 닦아주면 지친을 만날 수 있는 길이 보입니다.

[다섯]

그러므로 좋은벗을 사귈때에는
무엇보다 단정함을 첫째로꼽고
그리하여 좋은벗을 가릴때에는
자기보다 나은이를 고를지니라

모름지기 선한벗을 신뢰하면서
시시때때 진솔함을 바탕에두고
충고하고 좋은길로 이끌어가되
만일싹수 노랗다면 마음접으라


是故로 取友를 必端人하며 擇友를 必勝己니 要當責
善以信하며 切切偲偲하야 忠告而善道之하다가 不可
則止니라

시고로 취우를 필단인하며 택우를 필승기니 요당책
선이신하며 절절시시하야 충고이선도지하다가 불가
즉지니라

옛 교과서 〈소학小學〉을 펼치면 '택우교지유소보익擇友交
之有所補益'이란 긴 관용구가 있습니다. 한문학에서는 관용
구라 하지 않고 고사성어故事成語로 달리 부르지요. 그렇다

면 '택우교지유소보익'은 어떤 의미를 담고 있을까요? 생각보다 내용은 간단합니다.

벗을 사귈 때 반드시 잘 가리면 도움과 이익이 있다는 의미입니다. 아버지께서는 가끔 이렇게 말씀하셨습니다.

"치 사귀고 내리 사랑하라"

만일 사람을 사귀려 한다면 자신보다 높게 사귀고, 다른 이를 사랑하려 한다면 자신보다 낮은 사람을 사랑하라며 이 말씀 뒤에 사설私說을 덧붙이셨지요.

이게 무슨 뜻일까요? 아버지 말씀에 따르면 높은 사람에겐 배울 것이 있고 낮은 사람은 사랑을 고파한다는 것입니다. 사람의 생각은 거의 비슷합니다.

배움이 높으면 풍김이 있고 경제적으로 넉넉하면 무엇인가 베풀 게 있습니다. 가진 것이 없는 사람은 주고 싶어도 줄 게 없지요. 만약 여유가 있는 사람이라면 얼마든 남을 도울 수가 있습니다.

이는 학식도 마찬가지입니다. 배운 게 있어야 가르칠 수 있으니까. 벗을 사귀려면 사귈 벗에게서 단정함을 찾아내야 합니다. 단정에는 드러난 단정이 있고 드러나지 않은 단정이 있습니다. 겉으로 드러난 단정은 표정과 언어와 몸가짐에서 찾고 겉으로 드러나지 않은 단정은 마음의 씀씀이에서 찾습니다. 위로 얼마나 정중하고 아래로 얼마나 겸손하느냐지요.

은법사恩法師이신 고암 대종사께서 열반에 드시기 두 해

전이니까 벌써 36년 전 일입니다. 그때가 1986년 여름이었지요. 서울 종로 3.1독립 성지 대각사에 잠시 주석駐錫하실 때였습니다. 큰스님은 88세 늙은 몸을 이끌고 새로 지은 3층 법당으로 오르셨지요. 어린 상좌의 손을 꼭 잡으신 뒤 마루에 앉아 말씀하셨습니다.

"불교가 어디에 있는지 아느냐?"

큰스님의 뜬금없는 질문에 나도 모르게 잘난 체를 했습니다.

"네, 스님. 바로 이 마음에 있습니다."

큰스님의 표정은 담담하셨으나 말씀은 매우 다르셨습니다.

"자네 말도 맞긴 맞으나 불교의 미래는 벗에게 있지"

나는 어리둥절한 채 큰스님께 여쭈었습니다.

"벗에게 달렸다니 무슨 말씀이신지..."

"도반의 힘이 8할八割이니라"

큰스님 말씀이 그대로 이어졌지요.

"도반道伴이 곧 '길벗'이니라."

내가 여쭈었습니다.

"위로는 불보살님이 계시고 역대 조사, 천하 종사와 큰스님께서 계시지 않습니까? 어찌하여 도반을 말씀하시는지요?"

그 당시 우리나라 불교계에서 자비제일慈悲第一로 일컬어지던 분이 바로 고암古庵 스님이셨는데 미소를 지으며 말씀하셨습니다.

(5) 벗은 믿음이다

"삼천대천세계 불보살이 벗이고, 천하 종사와 역대 조사가 벗이며, 먼저 가신 선지식이 벗이고, 함께 닦는 동료가 벗이며, 후학이 두루 다 벗이고, 화주 시주가 다 벗이다. 이들 어깨에 불교가 있느니라."

그러면서 한마디 더 덧붙이셨습니다.

"나이를 떠나 같은 길을 걷는 자는 한결같이 모두가 벗이니라."

큰스님 말씀을 빌리면 8할, 곧 80%가 도반의 힘이고 1할인 10%가 스승의 가르침이며 나머지 10%가 제 힘自力입니다. 이 말씀은 매우 중요합니다. 출가자들끼리 도반인 곳이 남방불교요, 초기불교라면 북방불교며 대승불교권에서는 생명을 가진 자 모두가 스승이고, 준동함령蠢動含靈이 곧 도반입니다.

벗에 좋은 벗이 따로 있고 나쁜 벗이 따로 있지 않습니다. 한 녘에서 보면 믿음을 등진 듯싶은데 나중에 보면 그가 좋은 벗이었고, 어찌 보면 그리 좋을 수 없는데 아첨이 되고 배신이 되는 요즘 정치인들을 보며 취우取友와 함께 택우擇友가 얼마나 어려운가 짐작하게 합니다. 이런 글을 동몽에게 가르쳤으니 동몽선습에서는 말합니다.

'싹수가 노랗다면 애초에 접으라'고.

불교, 특히 대승불교와 다른 점이 바로 여기에 있을 것입니다. 대승불교는 다 벗이고 스승입니다. 그렇다고 대승불교는

위대하고 초기불교와 유교의 가르침이 초졸憔猝한 게 아닙니
다. 그런 논리라면 어른은 장하고

　어린이는 초졸하게 보일 것입니다.

　그럼에도 불구不拘하고 세상에는 귀인貴人이 있습니다. 이
귀인이 어디에 나오는 글일까요? 동몽선습 첫머리에 있습니
다.

[여섯]
그리하여 벗으로서 사귈때에는
절차탁마 옥을잘라 줄로다듬고
끌로쪼고 돌을갈아 광택을내듯
부지런히 연구하고 닦을지니라

장난하고 농담하고 몰려다니며
허송세월 공부하지 아니한다면
오랜세월 두고두고 사귀더라도
서먹하지 않을수가 있을것인가

苟或 交遊之際에 不以切磋琢磨로 爲相與하고 但以
歡狎戱謔으로 爲相親이면 則安能久而不疎乎리오
구혹 교유지제에 불이절차탁마로 위상여하고 단이
환압희학으로 위상친이면 즉안능구이불소호리오

절차탁마를 아시나요? 끊을 절切 자에 갈 차磋 자와 쪼을
탁琢 자에 갈 마磨 자입니다. 단단하기 짝이 없는 옥을 자르
고 줄로 쓸고 끌로 쪼고 돌을 갈아 광택을 내는 것이 생각처
럼 쉬운 일일까요?

굳기硬度에서는 옥을 뛰어넘는 것이 없고 돌보다 더 단단한 게 없습니다. 그러나 세기強度에서라면 나무망치만 못합니다. 진짜냐 묻는다면 진짜입니다.

날카로운 유리 조각으로 축구공을 긋는다면 공이 찢어지나 강속으로 던진 공이 유리창에 부딪힌다면 깨지는 것은 유리창이지요. 윗사람이 내는 격노激怒가 당장은 대단하겠지만 부드러운 언어와 미소微笑를 이길 수는 없습니다. 생각해 보세요. 옥을 잘라 줄로 쓸고 끌로 쪼고 돌을 갈아 광택을 내는 것은 겉으로 드러난 훈련이기에 언젠가는 완성을 볼 수 있습니다.

그런데, 그런데 말입니다. 눈에 보이지 않는 마음은 아무리 자르고 쓸고 쪼고 또 갈더라도 끝을 모릅니다. 희한합니다. 몸으로 단련하는 것은 경지에 이르지만 마음의 단련은 정도를 알 수 없습니다. 하여 친구를 사귐에 있어서는 행동身과 말口과 마음意 이들 세 가지 요소를 모두 요구합니다.

[일곱]

춘추시대 안평중은 남과사귀되
오래도록 사귄이를 공경했으니
벗과벗의 도리란게 이와같아야
바야흐로 벗이라고 말할수있다


昔者에 晏子 善與人交하되 久而敬之하니 朋友之道
가 當如是也니라
석자에 안자 선여이교하되 구이경지하니 붕우지도
가 당여시야니라


공자의 말을 빌리면 이러합니다.

착한 사람이 머물다간 자리는 선의 향기로 그윽하고, 악한 사람이 머물던 자리는 고약한 냄새로 꽉 차 있다고요. 향긋한 난이 있는 방안에는 문을 열고 들어서는 순간 아름다운 향기와 동화되고, 못된 사람이 머물다 간 자리는 고약한 구린내로 하나가 됩니다.

고약한 냄새는 들어서기 무섭게 긴 시간을 맡은 것도 아닌데 곧바로 구린내에 동화同化됩니다.

따라서 착한 사람과 함께 있으면 함께하는 그도 같이 착해지고, 못된 사람과 함께하게 되면 따라서 불량해집니다. 붉은 것을 지니면 붉어지고, 옻을 지니면 검어진다는 것이 바로 이러한 논리에서 기인합니다.

공자는 이에 한 마디를 덧붙입니다.

"그러므로 반드시 군자君子는 있는 곳을 삼가야 한다."

공자 가문에 전해지는 애기를 엮은 공자가어孔子家語가 있습니다. 논어를 읽기 전 읽을 만하며 나중에라도 꼭 읽기를 권합니다. 논어論語만큼 알려진 것은 아니나 내용은 논어 못잖게 중요하지요. 거기에 이런 말씀이 있습니다.

좋은 사람과 동행하는 것은 밤안개와 새벽이슬이 자욱한 길을 몸소 헤치고 걸어가는 것과 같아 비록 옷은 바로 젖지 않으나 습기로 인해 점차 촉촉해짐이 있고, 만약 배움이 없고 예를 모르는 무지한 이와 함께 걷는다면 뒷간에 앉아있는 것과 같아서 옷은 비록 더럽혀지지 아니하나 그때그때 구린내를 맡게 된다고요.

안자晏子는 공자孔子처럼 그의 이름 안평중의 높임말입니다. 공자도 원이름은 공구孔丘지요. 그는 공자보다 대략 서른 살 위입니다. 그는 벗을 잘 사귀지 않았지만 가령 한 번 사귀었다 하면 중간에 마음이 변함이 없었고 예와 신뢰가 처음과 늘 같았습니다. 그의 벗은 다른 사람이 아니라 영공靈公, 장공莊公, 경공景公입니다.

이들이 반드시 왕이어서가 아니라 그 비록 평범한 사람이라 하더라도 벗을 예로써 존경하였습니다. 그리고 그 마음은 끝까지 갔지요. 하여 명심보감明心寶鑑이나 바로 이 동몽선습에서도 공자가어의 말씀을 이끌어 안평중은 사람 사귀기를 잘하며 오래도록 공경하는 마음을 지녔다며 안자의 교우交友를 얘기합니다.

나는 어려서 명심보감을 읽을 때 '사람 사귀는 것이 뭐 대수라고 이런 글까지 책에 올렸을까?' 하고 생각했습니다. 한데 종심從心에 이르러 사람 사귀는 일이 얼마나 중요한지 비로소 이해가 될 듯싶습니다. 이런 말도 떠오릅니다.

'상식이 만천하相識滿天下한데 지심이 능기인知心能幾人고'

모습을 아는 이는 천하에 가득한데 마음을 아는 이는 몇이나 될까?

아시겠지만 레임 덕/a lame duck이라고 어디서 많이 들어본 단어 아닌가요? 집권 말기 권력 누수 현상입니다. 시의원이 되고 지자체장이 되고 광역단체장이 되고 국회의원이 되고 최고지도자가 되면 얼마나 열심히들 합니까? 한데 시간이 흐르면 달라지지요. 이를 매너리즘이라 하지 않고 레임 덕이라고들 합니다.

매너리즘보다 더 안 좋은 게 레임 덕 현상일 것입니다.

공자의 안평중에 관한 찬사는 바로 이 시종일관의 덕일 것입니다. 세상은 온통 짜임 현상입니다. 불교에서는 그물로 표현하는데 이른바 '인타라망 현상'입니다. 정확히 '인타라망경

계문'으로 우주에서 짜임이 무너지면 끝내 궤멸로 접어듭니다.

레임 덕 현상은 자연스럽습니다. 한 번 먹은 음식이 다 소화되는 데는 일정한 시간을 필요로 합니다. 섭취와 소화뿐이겠습니까? 살아있는 몸은 휴식을 요합니다. 10시간이고 20시간이고 쉼 없이 장거리 운전을 하는 것은 몸에 무리가 오고 사고를 유발하지요. 늘 적절하게 에너지를 공급하고 또한 반드시 쉬어야 합니다.

바로 이 현상을 바탕으로 하여 임기제를 정했을 것입니다. 어쩌면 인간에게 주어진 평균수명이 대략 100세를 넘기지 않는 것도 소위 '성주괴공成住壞空'이란 자연법칙에 순응함이며 생로병사, 생주이멸生住異滅에 적응하도록 하기 위함일 것입니다.

소화는 정상적이어야 합니다. 불건강한 소화는 생명을 망칩니다.

벗은 신의信義가 바탕입니다. 사람亻 말言은 믿음입니다. 거짓 없는 말言입니다. 벗은 불을 피울 때 불씨에서 불이 옮겨붙는 장작이나 숯을 가리킴이며 염전의 소금 굽는 가마입니다. 또한 벗은 소금 굽는 시설입니다. 장작이나 숯에 거짓이 있나요? 벗의 바탕은 그래요. 지실眞實입니다.

[여덟]

그러므로 공자께서 말씀하였다
친구에게 참된믿음 주지못하면
다른이의 신뢰감을 얻지못하고
윗사람의 인정마저 얻지못한다


孔子曰 不信乎朋友면 不獲乎上矣리라
공자왈 불신호붕우면 불획호상의리라


　자정子正에 일어나 앉아 고요히 선정에 듭니다. 쑤아아~
쑤아~ 쑤~ 부딪히고 부딪는 소리뿐 지구촌 생명 절반이 깨
어 있고 또한 절반이 쉬고 있는데 마그누스 효과 따라 자연自
스레 구르轉면서 약속公대로 달리轉는 지구입니다.

　믿음은 곧 약속의 이행입니다. 자연에는 거짓이 없습니다.
지구 위 어떤 생명체도 믿음을 저버리지 않습니다. 동방규東
方叫 시인은 왕소군王昭君의 원怨을 시로서 읊조려 위로합
니다. '봄이 왔으나 봄 같지 않다'고요. 그러나 대자연의 세계
는 어김이 없습니다. 화사하게 꽃을 피우고 푸른 나뭇잎 그늘
로 뭇 생명의 터전을 만들어 씨를 뿌리고 열매를 맺습니다.

　약속을 지키지 않는 존재는 사람이 있을 뿐입니다. 지위가
높다거나 힘 있는 자는 지위와 힘을 이용해 약속을 쉽게 저

버립니다. 보십시오! 우리 지구가 자전自轉 없이 공전公轉만 한다거나 공전revolution은 쉰 채 자전rotetion만을 하던가요?

믿음 가는 친구를 찾기보다 친구에게 믿음을 주고 흠을 친구에게서 찾기보다 자신에게서 찾는 이 그가 멋진 친구입니다. 하물며 친구의 신뢰이며 윗사람上의 인정이겠습니까? 예로부터 멋진 성군聖君은 크고 작은 모든 허물을 다 자신에게 돌렸습니다. '부덕不德의 소치所致'라고요.

그리고 태평성대의 덕은 백성에게 돌렸습니다. 백성이 있으므로 왕이 있다고요. 정진 중에 귓속말로 속삭입니다.

'태양은 당신 열원의 덕을 고스란히 살려내는 지구에게 돌리고 부처님은 성불의 공덕을 중생에게서 돌립니다.'

[아홉]

친구에게 신뢰감을 얻는데에도
정해진바 예와의와 법이있는데
부모님께 효도하지 아니하면서
친구에게 신뢰감을 얻을것이랴

信乎朋友 有道하니 不順乎親이면 不信乎朋友矣라
하시니라
신호붕우 유도하니 불순호친이면 불신호붕우의라
하시니라

출처가 명심보감인데 이러한 명언이 있습니다.

군자의 사귐은 물처럼 담백하고
소인의 사귐은 단술처럼 달달하다

군자지교담여수君子之交淡如水
소인지교감약례小人之交甘若醴

깊이 생각하게 하는 글이지요. 술친구 얘기와 함께 밥 친구
얘기가 있으며 보증 친구 얘기도 있습니다. 매일 만나는 가까

운 친구입니다. 친구가 한 마디 던집니다.

"이따가 저녁에 만나"

"무슨 일이 있어?"

"꼭 무슨 일이 있어야 만나니?"

"그냥 한잔하자는 거지"

"좋아, 알았어. 거기서 보자"

"형, 오늘 시간 나?"

"남는 게 시간인데 왜?"

"으음, 우리 밥 한번 먹자고."

"네가 살래?"

"알았어. 이따가 보자"

간도 쓸개도 달라고 하면 주저없이 다 떼어 줄 친구입니다.
밥 먹고 술도 한잔 걸치고 집으로 돌아오는 길 혼잣말로 중얼
거립니다. '참으로 괜찮은 녀석들이야, 한 녀석도 싫다고 하지
않으니 나도 저들한테 잘했지. 밥 사라면 밥 사. 술 사라면 술
사. 나 같은 친구 쉽지 않지. 암'

다음날 한낮입니다. 손에 든 핸드폰이 울립니다.

"어, 친구 나야, 왜?"

"너 나와 둘도 없는 친구 맞지?"

그 말에 기분이 스산합니다.

"맞지 그럼, 무슨 일 있어?"

"용건만 말할게."

벌써 경계심이 울짱을 칩니다.

"그래, 얘기해 봐, 돈 얘기만 빼고"

"돈은 말고 보증 좀 서주라~"

뚜둑~ 전화 끊는 소리

'돌아보면 술친구 밥 친구는 실로 수두룩벅쩍하다. 한데 다 급할 때는 어찌 된 게 한 녀석도 없다' 역시 명심보감 글입니다.

　　주식형제는 천개유酒食兄弟는 千個有로되

　　급난지붕은 일개무急難之朋은 一個無로다

　좋은 친구를 찾는다는 것이 쉽지는 않을 것입니다. 이와 마찬가지로 좋은 친구가 되는 일이 생각보다 쉬운 일이던가요? 문제의 요구 조건이 보증이라면 이를 거절하는 친구보다도 요구 자체가 문제지요.

　당신이 나의

　좋은 친구이거나

　내가 당신에게 있어서

　얼마나 좋은 친구이냐겠지요.

# 제3. 총론總論

[하나]
부자유친 군신유의 부부유별과
장유유서 붕우유신 다섯가지는
하늘땅이 펼쳐보인 법전이되고
사람으로 지녀야할 진리이나니

사람이면 누구든지 닦을윤리로
다섯가지 인륜의덕 있다하지만
그중에서 부모님께 효도하는게
일백가지 모든행의 근본이된다

此五品者는 天敍之典而 人理之所固有者라 人之
行이 不外乎五者而 唯孝爲百行之源이라
차오품자는 천서지전이 인리지소고유자라 인지
행이 불외호오자이 유효위백행지원이라

오륜五倫은 다섯 가지 인륜입니다. 이를 다섯 가지로 구분
한 것은 관계 기둥의 설정입니다. 알고 보면 인간의 삶은 반

드시 관계를 바탕으로 삼습니다.

1). 부모와 자녀의 관계

2). 왕과 신하의 관계

3). 남편과 아내의 관계

4). 어른과 어린이의 관계

5). 친구 사이의 관계


이와 같은 다섯 가지 기둥에서 오륜으로 표현한 것이지요. 다섯 은 교차メ입니다. 왼쪽 위에서 오른쪽 아래로, 오른쪽 위에서 왼쪽 아래로 서로 교차하는 관계를 표현하다가 위一와 아래一를 분명히 설정하면서 오늘날의 교차五가 된 것입니다.

하나一 둘二 셋三 넷三이 자연수라면 다섯五부터는 기하입니다. 이들 다섯五 가지 인륜倫 중에서 뿌리根 남상源이 무엇일까요? 본문에서 표현한 대로 효孝입니다. 닦아갈 모든 행의 근본이지요.

여섯六 가지 바라밀度 중에 보시를 맨 앞에 두는 불교처럼 실천해야 할 일백 가지 인륜 중에서 부자유친이 곧 으뜸입니다. 부모와 자녀 관계가 설정되고 나서 나아가 벗의 신뢰로 마감합니다.

모든 생명은 낳은 자와 함께 대를 이은 자가 있게 마련입니다. 내게는 반드시 아버지 어머니가 있고 나를 낳아 준 아버지 어머니에게는 그 위로 아버지 어머니를 낳으신 할아버지 할머니가 있습니다. 이렇게 계속 거슬러 오르다 보면 과연 어디까지 올라갈까요? 지금까지 밝혀진 바에 따르면 결국 38억 년 전까지 오릅니다.

물론 고대로 올라가게 되면 원시 대기에서 유기물 합성으로 생명이 시작되었다는 설이 있는가 하면 유기물의 외계 유입설이 있으며 아주 깊은 바닷속 열수분출공에서 생명이 시작되었다는 설이 있습니다. 이는 생물학적 차원에서 본 것이고 이슬람이나 기독교 등에 따르면 하느님이 창조했다고 합니다. 불교는 으레 인연설이지요.

원시 대기 유기물 합성이든 우주 밖에서 유입된 유기설이든 열수분출공에서 기인된 생멸설이든 창조주 신神이 창조하였다거나 인연설 윤회설이거나 할 것 없이 낳은 자가 있고 이은 자가 있습니다.

낳은 자는 아빠 엄마 곧 부모요, 이를 이은 자는 자녀입니다. 이는 동물계뿐만 아니라 식물계도 균계도 그러합니다. 그러기에 다섯 가지 인륜설에서 부자유친이 앞에 놓입니다.

엄마와 자녀 관계는 왜 뺐을까요? 아비父에 어미母가 포함되고 아들子에 딸女이 들어 있듯 부자유친에 뜻으로 숨어 있습니다. 부모와 자녀 관계는 소중합니다. 본능에 기인하기 때문이지요. 어떤 생명체도 본능을 따릅니다. 생명을 계속 이어가려는 본능입니다.

유전자 검사를 했을 때 새로운 생명의 DNA에서 보면 아빠 엄마에게서 절반씩 얻습니다. 이는 사람에 국한되지 않으며 뭇 생명이 같은 패턴입니다. 사람의 성은 아빠를 따릅니다. 물론 엄마의 성을 쓰거나 엄마 아빠의 성을 함께 쓰는 그런 곳도 더러 있기는 하지만 거의 모두 아빠의 성을 따릅니다.

여기서 시작된 게 '부자유친'인데 모녀유친母女有親으로 써도 아무런 상관이 없습니다. 인류의 초기 역사는 모계였고 나중에는 점차 부계로 바뀌는데 여기에 한몫을 한 게 기독교입니다. 이는 사람을 그 근원으로 하여 뭇 생명으로 퍼져 나갑니다. 생명을 창조한 창조주 하느님이 여신女神이 아니라 남신男神입니다.

어디에도 '하느님 아버지'는 있는데 '하느님 어머니'가 없습니다. '창조주 하느님'이 아니라 '창조주 부모님'처럼 두 가지 이상의 낱말이 만나 하나의 뜻을 이루는 숙어熟語는 어디에서도 찾아볼 수가 없습니다.

창조주와 피조물의 관계가 종교적으로 소중하게 설정되듯 '부자유친'도 곧 하나의 종교입니다.

최첨단 과학이 발달된 오늘날에도 창조주와 피조물을 얘기하면서 보다 확실한 생명의 존속 부자유친을 입에 올리면 어떨까요? 케케묵은 얘기라 하지 않습니까? 어떤 종교보다 확실한 진리가 오륜에는 깊숙이 깃들어 있습니다. 성서를 손에 들면 깨어 있고 논어 맹자를 손에 들고 있다면 역사를 거꾸로 되돌리는 자일까요?

부자유친에서 종교를 찾아내듯이 군신유의에서 정치를 배우고 부부유별에서 가정을 이끌고 장유유서에서 인문을 익히며 붕우유신에서 사회학을 건집니다.

오륜에서 효행이 근본이라면 이 오륜 속에서 생명과학을 하나하나 꼼꼼히 찾아낼 일입니다. 성서 못지않게 거룩한 종교가 인륜에 내재해 있습니다.

[둘]
그러므로 그대에게 간고하나니
효도로서 어버이를 섬길때에는
첫닭울면 세수하고 양치를하고
부모님이 계신곳을 찾을지니라

효도하는 마음으로 기운낮추고
부드러운 음성으로 가라앉힌뒤
더위추위 하나하나 살필것이요
드시고픈 음식있나 여쭐지니라


是以로 孝子之事親也는 鷄初鳴에 咸盥漱하고 適父
母之所하야 下氣聲하야 問衣燠寒하며 問何食飮하며
시이로 효자지사친야는 계초명에 함관수하고 적부
모지소하야 하지성하야 문의오한하며 문하식음하며

제3. 야□□□□

효자孝者의 하루입니다. 효도하는 사람의 하루입니다. 효
자孝子는 효도하는 아들이고 효녀孝女는 효도하는 딸입니다.
그렇다면 효자孝者는 또 누구일까요? 신분에 구분 없이 효도
하는 사람입니다.

여기에는 효손孝孫이 포함되고 으레 효부孝婦도 들어갑니다. 어른을 잘 모시는 이에게 붙이는 아름다운 이름이 효자孝者입니다.

동몽선습에서 표현하는 '효자'는 으레 효도하는 딸이 아닌 효도하는 아들입니다. 하지만 이 글 속에는 효자孝者가 스며 있습니다. 아버지 어머니가 먼저 가시고 손자 손부라든가 손녀 손서가 남아 할아버지 할머니를 모십니다. 이가 효도하는 사람으로 곧 효자孝者입니다.

우리는 효孝를 얘기할 때 도道를 붙여 효도孝道라 합니다. 효가 곧 길이요 진리며 생명입니다. 백百 가지 닦아 갈行 길 중에서 효가 곧 뿌리根며 남상濫觴입니다. 남상은 잔觴이 넘칠濫 정도의 작은 샘물源을 가리키지요. 자동차를 운전하여 달려갈 때 정지 상태에서 첫 바퀴를 건너뛴 채 다음 바퀴로 바로 굴러갈 수는 없습니다.

247

지구의 중력으로부터 벗어나려면 탈출 속도 이상이어야 합니다. 지구 탈출 속도가 11.2km/s지요. 인공위성이나 우주선을 쏘아 올릴 때 이 정도로 튕겨 나가지 않고는 중력 때문에 벗어날 수 없습니다.

효는 끄는引 힘力 내에 있습니다. 왜냐하면 효는 기계가 아니며 첨단 과학이 결코 아닙니다. 효는 곧 인륜倫인 까닭입니다.

첫닭울이를 축시丑時로 보지만 축시는 너무 이른 시간이고 인시寅時로 보아야 맞을 것입니다. 인시라면 새벽 3시에서 5

시인데 만일 인시 초에 일어나려면 너무 이른 시간일 것이고 인시 말쯤은 되어야 하겠지요.

인시寅時는 '인날' 때며 '인날'은 '일어날'의 불규칙 동사로서 인시가 되면 일어나란 뜻입니다. 일어나면 관수盥漱부터 합니다. 관盥은 '낯 씻을 관'자로서 그릇皿에 담긴 물水을 가져다 두 손臼으로 움켜 낯을 씻음이고 수漱는 '양치할 수'자로서 물氵머금束어 이를 헹굼欠입니다. 낯 씻음은 외형을 다듬음이고 이 헹굼은 속을 정갈하게 함이지요. 요즘은 칫솔 치약이 좋아졌으나 옛날에는 집게손가락에 소금을 묻혀 이와 잇몸을 문지르곤 했습니다.

내가 어렸을 때 일입니다. 강원도 깊고 깊은 두메산골입니다. 한겨울 물을 끓이고 거기에 맹물을 타 이를 바가지에 조금 떠서 이를 닦고 대야의 절반 아래로 물을 담아 그 물로 손과 얼굴을 씻었습니다. 혹시라도 물을 많이 쓰게 되면 어머니 아버지가 말씀하셨지요.

한 분이 말하면 한 분은 거드셨습니다. 마실 물 외에 이승에서 허비한 물은 저승에서 다 마셔야 한다고 말입니다. 그 말씀은 지금도 생생합니다. 물을 마구 쓰지 말라는 말씀이지요. 뭔가를 금지하거나 절제시키고자 할 때 옛 어른들은 인과를 말씀하셨습니다.

가령 동네에서 소중하게 여기는 소위 '보호수里樹'가 있다면 이를 오래도록 잘 보전하기 위해 건드리면 동티動土난다고 했습니다. 이는 함부로 베지 말라는 말씀인데 미신이 아닌 방편 과학입니다.

낯을 씻고 이를 닦고 난 뒤에 가장 먼저 찾는 곳이 부모님입니다. 문후問候를 여쭙기 위함입니다. 문후란 다름 아닌 안부를 물음인데 편안安하신가 어떠신줌가지요.

목적어 후候는 기후를 얘기합니다. 보통은 닷새를 한 후候라 하고 세 후를 한 절節이라 하며 여섯 절이 한 계季요, 네 계가 한 해歲입니다. 문후는 고유명사가 아닙니다. 우리나라만 쓰는 게 아니라 온 세계가 다 같이 쓰고 있습니다.

영어는 특히 세부적입니다. 우리는 '안녕하세요' 한마디로 밤낮없이 어디서나 쓸 수 있지만 영어에서는 아침이 다르고 오후와 저녁 인사가 또 다릅니다. 굿모닝goodmorning이란 인사말은 오전까지는 가능하지만 오후나 저녁에는 쓰지 않습니다.

매일 '문후'를 여쭈라고 하면 지금이 조선 시대냐고들 하겠지만 어떻게 지내시는지 건강하신지, 춥거나 덥지는 않으신지, 평범한 일상을 묻는 것입니다.

옛날에는 아버지 어머니를 찾아 절을 올리고 문안을 드렸습니다만, 요즘은 누구나 스마트폰이 있고 게다가 영상폰이 있는 까닭에 언제든 어디서든 문후가 가능합니다.

'바빠서'란 말이 따라다닙니다만 사실은 꼭 바빠서가 아닙니다. 마음이 내키지 않아서지요. 나의 문후처는 독자분들입니다.

여덟 해 반 전인 2014년 2월 말 오래 머물던 병실을 벗어나면서 나는 글詩을 쓰기 시작하였습니다. 그 후 2015년 1월 1일부터는 아예 '기포의 새벽편지'라는 타이틀로 하루도 거르지 않고 끼적거립니다. 나는 불도를 닦는 수행자입니다.

수행자가 할 일 중의 하나가 스스로自 닦음利도 중요하지만 부처님 말씀을 전하는 일이 이타利他의 한 축이지요. 한데 지금은 위치가 바뀌었습니다. 하루라도 올리는 글이 늦어지면 페북이나 카톡의 독자분들이 내게 안부를 물어오십니다.

"무슨 일이 있는 건 아니냐?"고요. 겨울에 "춥지 않으냐?"에서 여름에는 "덥지 않으냐?로 이어지고 "드시고 싶은 게 있느냐?" 할 때는 마음 한구석이 뜨거워집니다.

불자님/독자님들께 감사합니다. 나는 깊은 산사의 불교 수행자인데 스님네는 으레 말할 것도 없고 정치인 연예인 시인 작가 선생님과 멋진 마음을 지니신 목사님과 신부님까지 함께 하십니다. 문후問候가 결국 문후聞候로 자리바꿈을 한 셈입니다.

효자孝慈란 말이 있습니다. 아랫사람이 효도孝를 하다 보니 윗분의 사랑慈이 넉넉해지고 아들 며느리와 딸과 사위가 어르신께 관심을 가지니 어르신들 사랑이 번져갑니다. 이 사랑이 아들에게 가고, 며느리에게 가고, 딸 사위 손자 손녀에게로 번집니다. 어때요? 세상이 정말 아름답지 않나요?

제3. 야긴擧論

[셋]

겨울이면 따뜻하게 불을지피고
여름이면 시원하게 마음을쓰라
저녁에는 잠자리를 돌봐드리고
새벽에는 아침문안 놓치지말라


冬溫而夏淸<sub>하며</sub> 昏定而晨省<sub>하며</sub>
동온이하청<sub>하며</sub> 혼정이신성<sub>하며</sub>


한자로 겨울은 동冬이라 쓰고 여름은 하夏라 씁니다. 겨울
동冬이고 여름 하夏니까요. 그런데 이 겨울이나 여름을 이렇
게 부르는 데는 까닭이 있습니다. 여름 겨울 표현이 우리말에
서는 형용사로 시작되는데 중국어는 의성어입니다. 혹은 의
태어에서 왔다고 강하게 고집하는 학자도 있습니다.

물이 꽁꽁 얼어있을 때 두드리면 어떤 소리가 날까요? 아마
'동dong'하고 울릴 것입니다. 오랫동안夂 언冫 상태가 겨울冬
이고 겨울이 되면 모든 사물들이 얼어 동동冬冬하고 소리가
나기에 겨울을 동冬이라 발음한 것입니다. 그럼 여름은 왜 하
夏라 했을까요? 하夏의 중국어 발음은 샤xia입니다.

샤와 여름이 무슨 관계냐고요? 겨울이면 모든 게 꽁꽁 업니
다. 동동冬冬 소리밖에 나지 않습니다. 그러나 생명의 발아

251

시기 봄春을 지나 여름이 되면 기후 따라 비가 내리고 개울마다 흥건하게 물이 흐르지요. 샤샤夏夏xiaxia 하면서 흐릅니다. 그래서 중국어로는 의성어이고 우리말로는 형용사/의태어입니다.

우리말로는 동冬이 겨울이고 하夏는 글자 그대로 여름입니다. 우리말 겨울은 껍질을 뜻하는 겨와 두루 에워싼 울짱에서 왔습니다. 겨울이면 옷을 두껍게 입고 외풍을 막기 위해 벽을 바르며 심지어 새롭게 창호지를 바릅니다. 따라서 겨울은 활동을 줄이고 일부 생물은 겨울잠에 들어갑니다. 낙엽과 흰 눈으로 덮개를 삼고 배려가 넉넉한 단란團欒으로서 행복한 마음을 키워나갑니다. 그리고 여름夏은 '열음'입니다. 열음에는 몇 가지 뜻이 배어있습니다.

첫째는 마음을 열고 삶을 엶이며

둘째는 열매를 맺는 엶이고

셋째는 문을 열듯 열어젖힘입니다.

겨우내 움츠렸던 한정된 삶에서 봄이면 보여 주려 울 밖으로 스프링처럼 튀어나옵니다. 그리하여 여름을 거친 뒤에는 가부터 접어 안쪽으로 되돌아가는 소위 가을을 맞이하기에 가을이지요.

겨울은 매우 춥습니다. 이때 필요한 것이 곧 화톳불입니다. '겨울 화롯불은 어머니보다 낫다'며 전해지는 우리의 속담만큼이나 겨울은 따스한 게 으뜸입니다. 겨울이 되면 보일러를

놔드리고, 찌는 듯한 한여름 삼복에는 부채나 선풍기를 준비하고, 시원하게 물을 끼얹는 등목보다 좋은 게 없습니다.

혼정이신성昏定而晨省에서 혼昏은 '어두울 혼' 자로 새기고 신晨은 곧 '새벽 신' 자로 새깁니다. 저녁이 되고 날이 어두워지면 뿌리氏 아래로 해日가 잠깁니다. 백성民은 해日를 베昏고 잠들지요.

이때 어버이를 위해 자리를 정定하고 새벽晨에는 문후를 여쭙省습니다. 잠들려면 고요定가 필요하듯 새벽晨이면 하루를 내다봅省니다. 해日가 별辰 위로 오를晨 때가 새로운 세상 곧 '새벽'입니다.

보통 오늘이 어제의 연속이라 보지만 실로 오늘은 오늘의 시작입니다. 어제는 어제로 마감되었으며 오늘은 새롭게 주어진 선물입니다. 이것이 우리말의 '새벽'입니다. 오늘이 어제의 이어짐이 아니듯 내일은 그대로 '올來 날日'이지 오늘의 이어짐이 아닙니다.

그러므로 하루하루가 소중하며 한때 한때가 다 소중합니다. 이 한때도 중요하지만 결국 찰나 찰나가 중합니다. 우리에게 주어진 삶의 시간 중 한 찰나도 다시 오지는 않습니다.

삶은 흐르는 물과 같은 까닭입니다. 삶을 마감한 뒤 아무리 아쉬워한들 이생에서 살아보지 못한 삶을 결코 다시는 살지 못합니다.

여기 원문 '혼정이신성'이란 기록을 소학小學과 사자소학四

字小學 또는 천자문千字文이라든가 명심보감明心寶鑑에서
는 '말이을 이而'자를 생략한 채 단지 '혼정신성'만으로 표기합
니다. 마찬가지로 위의 '동온이하청'은 이而를 뺀 '동온하청'입
니다.

　겨울은 따스하게

　여름은 시원하게

　이 말이 문후問候의 배경입니다.

[넷]
외출할때 가는곳을 미리고하고
돌아오면 있던일을 아뢸것이니
부모님과 마주하면 꾸밈이없이
아름다운 사건만을 고할지니라

**出必告**하고 **反必面**하며
출필고하고 반필면 하며

코로나바이러스 감염증인 COVID-19로 인하여 비대면非對面이 세상을 차지합니다. 사회적 거리두기 세상이라 누가 누군지 알 수가 없습니다. 입과 코를 가린 것뿐인데 음성을 듣고서야 알아차립니다.

히잡hijab은 곧 가리개입니다. 이슬람의 무슬림 여성들이 외출할 때 얼굴을 가리는 베일veil의 일종이죠. 히잡 외에도 니캅, 부르카, 아바야 차도르 등이 비대면 문화를 이끕니다.

우리나라라 해서 예외일까요? 소위 지삿갓에 해당하는 전모氈帽와 함께 조바위를 쓰곤 했는데 조바위는 오늘날에도 많이들 쓰고 있습니다. 뒷모습을 살짝 감추는 쓰개와 쓰개치마가 있습니다. 신분 따라 긴 치마 장옷長衣을 입었습니다. 그건 비대면 문화가 아니라 한마디로 비노출 문화라고요?

이처럼 비대면 문화가 우리나라도 있어 온 지 이미 오래입니다. 동몽선습의 출필고出必告와 반필면反必面은 히잡이나 쓰개에서처럼 여성들이 아니라 주로 남성들을 위한 이른바 '나들이 문화'였습니다.

문화가 마침내 세상을 바꾸어 놓습니다. 손안에 쏙 드는 스마트폰으로 인하여 가령 필고必告가 아니더라도 폰phone주가 허락한다면 어디 있는지 위치를 알 수 있고 역시 필면必面이 아니라 하더라도 대화 상대가 허락한다면 영상 통화가 됩니다. 이것이 곧 인스턴트 문화지요.

'출필고出必告요,
반필면反必面이라
나갈 때는 필히 알리고
돌아와서는 반드시 대면하라'
그래도 간직하고 싶은 문화입니다.

[다섯]
할일없이 멀리나가 놀지않으며
나가놀되 일정한곳 알릴지니라
이내몸은 부모에게 물려받은것
사사로이 딴주머니 만들지말라

不遠遊하고 遊必有方하며 不敢有其身하며 不敢私
其財니라
불원유하고 유필유발하며 불감유기신하며 불감사
기재니라

청소년 시절로 되돌아갑니다. 아침이 밝아오면 아버지는 산
통을 흔들어 뽑힌 산가지의 음각된 숫자를 살펴보신 뒤 하루
일과를 점치셨습니다. 자세하게 여쭈어보지 않았기에 어떤
수가 어디에 해당하는지 모르나 그런 날은 늘 집을 비우셨습
니다. 하루는 아버지 옆에 다가가 한 마디 툭 던졌습니다.

"아부지, 지금 점치시는 거예요?"

그러면서 표정을 살폈습니다. 아버지가 내 입술에 손가락을
대시며 짧게 한마디로 '쉿!'을 하셨습니다. 나는 그때 속으로
생각했지요. '무슨 비밀이 숨어 있을까?' 나는 곧장 되물었습
니다.

"왜유, 아부지, 비밀이 있나유?"

아버지는 재빨리 당신의 입술에 집게손가락을 세우셨습니다.

나는 아버지의 진지한 표정을 보면 '더는 물어서는 안 되겠구나' 하고 마음을 거두었습니다. 무엇인가 비밀이 숨어 있습니다. 캐묻지 않는 것이 좋을 듯싶었지요.

아버지 표정이 가장 진지할 때가 밝은 해가 뜨기 전이었는데 그런데 아니나 다를까 아버지는 밖으로 나가시며 우물가로 걸음을 옮기셨습니다. 보나마나지만 세수를 하신 뒤에 우물가에 거울은 없겠지만 손가락으로 머리를 빗으시고 매무새를 다듬으셨을 것입니다.

그렇다고 나는 아버지에게 집을 나가시면 어디로 가시는지 그리고 언제쯤 돌아오실 지 단 한 번도 여쭌 적이 없습니다. 아버지는 어려우니 그렇다 치고 어머니에게도 여쭙지 않았습니다. 그럴 때 어머니는 한숨을 쉬셨고, 단답으로 "글쎄다"라든가, "내가 아니, 니가 아니?" 정도가 내 물음에 답한 답의 전부였습니다.

성장과 발육이 늦은 편이지만 열예닐곱 살 사춘기였지요. 짐작은 했지만 입을 다물었고 아버지를 믿는 내 마음이었습니다. 친구를 만나 어떻게 하면 가난으로부터 벗어날 수 있을까? 오로지 이 생각뿐이셨을 것입니다.

더러는 빗나가기도 하였지만 내가 믿는 아버지만큼은 멋진

아버지셨습니다. 나는 아버지의 산통에 깃든 예지력을 여태
까지도 모릅니다. 산통을 흔들어 산가지를 뽑으시고 때로는
명리학자命理學者처럼 손가락을 하나하나 꼽아가며 미래를
점치시던 아버지에 관해 나는 고개를 그냥 갸웃할 뿐입니다.
그때 아버지는 홀로 중얼거리셨지요.

동남은 막히고 서남이 트였네

북쪽으로 가면 귀인을?

아버지는 당신이 가시는 곳을 어머니에게 그대로 알리셨습
니다. 내게까지 전해지지 않았을 뿐 어머니는 길쌈과 바느질
을 하면서 잠시도 쉬지 않고 일하셨지만 실망시키지 않는 아
버지를 믿는 모습이셨습니다.

동몽선습의 뜻은 이러합니다. 적어도 내 몸은 내 것이니 내
마음대로 해도 되지 않겠느냐고요. 실로 얼마나 쉬운 철학입
니까? 이는 쉬운 데서 그치지 않고 깊이가 있는 철학입니다.

곰곰이 생각해 보십시오. 이는 단지 생각일 뿐입니다. 내
몸, 내 뼈, 내 생각이 내 것이라지만 내 것이 아닙니다. 어째
서 내 몸이 내 것이 아닐까요? 이 몸은 곧 빌려온 것입니다.
내가 굴리고 다니는 동안 조심스럽게 사용할 뿐입니다. 임차
기간이 다 지나고 나면 원주인에게 되돌려 줄 것입니다. 그러
니 내 몸에 집착할 게 없습니다.

이는 효경孝經에 기록된 말씀을 더 단순하게 표현한 글입니
다. 한 번 감상해 보실까요?

몸의 터럭과 심지어 살갗까지도
모든 게 부모에게서 받은 것
함부로 훼손하지 않는 게
곧 효도의 첫걸음이고

반듯하게 몸을 일으켜
그 이름을 후세에 드날려
어버이를 드러나게 하는 것이
효도의 마무리가 된다고 말입니다

신체발부身體髮膚 수지부모受之父母
불감훼상不敢毁傷 효지시야孝之始也
입신양명立身揚名 지어후세至於後世
이현부모以顯父母 효지종야孝之終也

내 몸도 곧 내 것이 아닌데 재물이 어떻게 내 것이겠습니까? 다만 내 주머니에 있을 때는 그저 그렇게 쓸 뿐입니다. 몸을 빌리듯 재물도 임차입니다. 이처럼 평생을 빌린 몸과 내 몸을 스치는 빌린 재산에 이자를 보태어 좀 더 풍부하게 되돌려 주어도 시원치 않을 판에 망가진 몸, 부서진 재산이겠습니까?

[여섯]

아버지와 어머니가 사랑하시면
진정으로 기뻐하되 깊이새기고
어머니와 아버지가 미워하시면
속상하되 못된마음 지니지말라

아버지와 어머니가 허물있다면
간언하되 거스르지 않아야하고
세번이나 간했는데 듣지않으면
소리내어 울먹이며 따를지니라


父母愛之어시든 喜而不忘하고 惡之어시든 懼而無怨
하며 有過어시든 諫而不逆하고 三諫而不聽이어시든 則
號泣而隨之하라

부모애지어시든 희이불망하고 오지어시든 구이무원
하며 유과어시든 간이불역하고 삼간이불청이어시든 즉
호읍이수지하라


애오愛惡가 무엇입니까? 사랑이며 미움입니다. 사랑 애愛
와 더불어 미워할 오惡로서 매우 평범한 개념이지요. 엄마 아빠는 아들딸을 사랑하면서 때로 미워하고 미워하면서 동시에 사랑합니다.

사랑은 오직 사랑일 뿐 거기에는 미움이 없다든가, 미움은 그냥 그렇게 미움뿐 사랑이 숨어 있지 않다고 한다면 그런 논리가 성립될 수 있을까요? 이는 아마 태양 얘기일 것입니다.

태양은 항상 스스로 빛을 내기 때문에 오직 밝음이 있을 뿐입니다. 스스로 빛을 내지 못하는 행성은 빛과 그늘이 있게 마련입니다.

태양 빛을 받아들일 때가 일출에서 일몰까지 낮이라면 같은 시간임에도 불구하고 행성의 반대쪽은 밤입니다. 직진성의 빛의 성질 때문이지요.

밤과 낮을 누가 만듭니까? 지구 스스로 그렇게 만듭니다. 낮과 밤을 만든다는 것은 사랑과 미움의 공존만큼이나 매우 다이내믹力動한 모습입니다. 우리는 보통 빛과 그늘을 얘기할 때 빛은 좋은 것 그늘은 안 좋은 것이라는 이분법을 설정해 놓고 있습니다만 밝음은 무조건 좋은 것이고 어둠은 그냥 나쁜 것일까요? 당연히 그렇지 않습니다.

밤과 낮이 서로 번갈아드는 생명의 삶터 지구가 아름다운 것은 빛과 그늘을 함께 지닌 까닭입니다. 불꽃놀이를 본 적이 있으시지요? 얼마나 아름답고 찬란합니까? 그 아름다움이 오직 빛 때문일까요? 말할 것도 없이 빛이 필요하지만 바로 어둠을 바탕으로 하기에 빛이 빛을 발합니다.

제3. 중도론中道論

사랑과 미움은 어디서 올까요? 둘 다 집착執着에서 옵니다. 집착은 있음과 없음에 똑같이 들어있지요. 눈에 보인다고 많고 안 보인다고 적지 않습니다. 눈에 띄는 불상佛像과 눈에 띄지 않는 신神에게 아주 고르게 적용되어 있습니다.

사랑과 미움의 뿌리는 동일한 나무를 줄기로 합니다. 집착의 뿌리를 깊숙이 뻗어 소중한 자양분을 빨아올립니다. 이들 자양분은 어떤 맛일까요? 조금 달면서 약간의 쓴맛이 나는 그야말로 '달곰쌉쌀'입니다. 이것이 부모님의 사랑입니다.

아빠 엄마가 사랑한다고 사랑의 지속이 100%가 아니듯 이처럼 엄마 아빠가 미워한다 해서 미움의 지속이 영원하지는 않습니다. 겨울밤이 아무리 길다 하더라도 24시간 내내 어둡지 아니하고 여름 낮이 길다 하더라도 24시간 내내 이어지진 않습니다. 이게 곧 자연의 이치입니다.

그러나 사랑과 미움이 비록 집착일 뿐이라 해도 이들에겐 중력이 적용됩니다. 사랑하는 마음은 사랑을 부르고 미워하는 마음은 미움을 부릅니다. 사랑과 미움이 유전된다는 데서 우리는 깜짝깜짝 놀랍니다. 명확한 과학 논리 때문입니다.

사람은 누구나 허물과 함께합니다. 한밤중에는 어둠과 함께하고 낮이면 밝음과 함께 하듯이 늘 정갈하기만 했을까요? 아빠 엄마 누구에게도 허물이 있게 마련입니다. 허물을 뜻하는 과過를 '지날 과'와 '허물 과'로 새기듯 시간적으로는 과거가 되지만 삶에서는 허물이 됩니다. 허물에도 강약強弱이 있습니다.

법에 저촉될 정도의 무거움과 권고로 끝날 가벼움이 있습니다. 그러므로 자녀 입장에서 보았을 때 엄마 아빠가 잘못을 저지르면 잘못됨을 간諫해야겠지요. 상황에 따라 간언諫言은 한 번으로 끝날 것이 아니라 적어도 서너 번 하라는 것입니다. 그래도 듣지 않으시면 어쩌겠습니까?

〈동몽선습〉은 이렇게 얘기합니다.

'호읍이수지號泣而隨之하라' 곧 소리내어 울먹이며 따르라고요. 아들딸이 울고불고 간언한다면 어떤 부모도 멈칫할 것입니다. '뭐가 문제가 큰가 보다' 하고요. 방법까지 곁들인 동몽선습이 참으로 멋지지 않습니까? 교과서로서 손색이 없습니다.

[일곱]

격노하신 부모님이 회초리들어
종아리에 매를가해 피가흘러도
성질내고 원망해선 아니되나니
살아계신 부모님께 공경다하라

부모님께 봉양함을 낙으로알고
병환으로 힘드실때 근심다하고
부모상을 당해서는 슬픔다하고
제사에는 엄숙함을 다할지니라

怒而撻之流血이라도 不敢疾怨하며 居則致其敬하
고 養則致其樂하고 病則致其憂하고 喪則致其哀하고
祭則致其嚴이니라

노이달지유혈이라도 불감질원하며 거즉치기경하
고 양즉치기락하고 병즉치기우하고 상즉치기애하고
제즉치기엄이니라

사사오송四四五頌으로 옮김과 달리 원문原文에서는 앞의
석 줄과 뒤의 다섯 줄로 나뉩니다. 한데 한 연을 넉 줄씩 하다 보니 뒤에서 한 줄을 앞으로 당겼습니다. 명심보감 효행편에도 나오는 글이며 콩푸즈孔夫子 선생의 말씀입니다. 명심보감을 읽어나가다 이들 '오치기五致其'에 이르러 상상 밖 감동에 빠져듭니다.

자녀가 부모님을 섬김에 관하여 다섯 가지로 나눈 글이지요. 한마디로 콩즈孔子께서는 머리가 좋은 분이 맞습니다. 요즈음도 아니고 2,500년 전인데 그 당시 어떻게 이런 생각을 했을까? 곱씹어 봐도 참 대단한 분입니다. 여기에 회초리가 나옵니다. 지도 편달指導鞭撻의 편달로 채찍 편鞭 자에 때릴 달撻 자입니다.

채찍鞭은 짧고 가는 막대기 끝에 몇 갈래 가죽을 매단 것입니다. 가늘게 쪼갠 가죽이다 보니 상상 밖으로 따갑고 아프지만 뼈를 다치거나 하지는 않습니다. 채찍이 마소馬牛에게는 그런대로 어울릴지 모르나 사람에게는 쓸 수가 없습니다. 너무나 따갑고 아픈 까닭입니다. 당연히 시늉에서만 그쳐야 하지요.

굵은 몽둥이나 주장자로 때리면 자칫 뼈가 부러질 수도 있고 그렇다고 채찍을 쓴다면 피가 흐를 수 있습니다. 물론 지금은 편달이 없지요. 스승의 언어적 편달은 있으나 피가 나도록 때릴 수는 없습니다. 백 대의 회초리보다는 한마디 칭찬이 더 좋습니다. 채찍을 마구 휘둘러서는 안 됩니다.

법구경에서는 말씀하십니다. 모든 생명은 폭력을 두려워하고 또한 죽음을 두려워한다고요. 소나 말이나 심지어 돼지까지도 죽음 앞에서 눈물을 흘립니다. 미물도 죽음과 폭력 앞에서는 한결같이 두려움에 떱니다. 죽음이 임박했음을 느낌이지요. 동물Animal의 세계에서는 공기의 흐름만으로도 알아차립니다. 칼 쓰기를 좋아하면 칼로 망하듯 회초리나 폭력을 사용하면 그로 인해 몸을 망칩니다.

동몽선습은 얘기합니다. 채찍에 맞아 피가 흐르더라도 미운 마음을 품지 말라고 말입니다. 으레 짜증을 내서도 안 되고 복수심을 품어서도 안 됩니다. 그러면서 콩즈 선생께서는 부모를 섬기는 틀을 세웁니다. 이 틀에 다섯 가지가 있습니다. 첫째는 살아 계신 동안이요 둘째는 봉양奉養함이며, 셋째는 자리보전했을 때고 넷째는 상을 당했을 때며 다섯째는 제사를 모실 때입니다.

첫째 살아 계실 때 필요한 게 뭘까요? 무엇보다 공손과 공경입니다. 공손은 자기 스스로를 낮춤이고 공경은 상대를 높이는 마음입니다.

둘째는 봉양의 즐거움으로 받들어奉 모심養을 가리킵니다. 부모님을 편안羊하게 모시고 끼니食를 거르지 않고 챙기는 것이 모심養에 깃들어 있는 뜻입니다. 부모님을 모시는 그 자체가 세상에서 첫째가는 기쁨입니다. 아무리 좋은 음식을 챙기고 불편하지 않도록 힘쓴다고 해도 부모님 마음은 자녀에게 있으니까요. 살 거居와 살 생生은 같은 뜻입니다. 생로병사 중 생生에 해당합니다. 이 속에 받들어 모심이 있습니다.

셋째는 건강과 질병입니다. 병 질疾은 바이러스요, 병 병病은 몸져누움입니다. 몸져누움이 곧 자리보전이지요. 병이 깊어짐이 근심患이고 심장·心까지 꿴串 아픔患이며 생로병사 중 병病에 해당합니다.

넷째가 독특한 세계 죽음死입니다. '밤새 안녕'이라는 속담처럼 어느一날 밤夕 죽은ヒ 것입니다. 죽음은 달리 변화ヒ를 가리키지요. 숨 쉬고 얘기하고 울고 웃으며 오가고 머물고 앉고 눕던 그 모든 모습이 정지됨보다 더 큰 변화가 있을 수 있을까요?

생명의 세계는 크게 두 모습입니다.
삶과 더불어 죽음이지요.

상喪은 '잃을 상'으로 새깁니다. 죽음과 달리 잃음으로 새긴다는 데 삶居과 죽음喪의 두 축이 있지요. 잃음喪이란 시간丨과 공간一을모조리 다 잃어버림입니다. 흰옷과 검은 옷衣을 입고 곡哭하고 울부짖음㗊입니다.

죽음의 색깔은 지극히 단순합니다. 이승은 컬러가 다양합니다만 저승은 희거나 검습니다. 그러니 상喪을 당하여 울 수밖에요. '상즉치기애喪則致其哀'에서의 '애哀'가 비로소 이해됩니다.

역시 옷衣을 입고 우는口군요. 그래서 죽음을 애사哀事라 합니다. 이처럼 죽음은 슬픈 일입니다.

다섯째가 제사입니다. 옛날에는 삼년상으로 초상, 소상, 대상(만2년)까지를 장례로 보고 대상에 탈상을 한 뒤 돌아오는 기일부터 제사라 하였습니다. 요즘은 짧으면 49재, 길면 100일에 탈상을 하지요. 그 뒤부터 제사祭祀로 모시는데 제사는 애사哀事가 아닙니다. 따라서 동몽선습에서는 제사 때는 엄숙함을 다하라 합니다.

[여덟]

부모님의 인연으로 태어났으나
효도하지 아니하는 그런아들딸
손과발을 움직이길 게을리하여
부모님의 봉양이란 안중에없다

자기부모 사랑에는 관심이없고
다른사람 사랑에는 열을다하며
제부모는 공경하지 아니하면서
다른사람 공경에는 성을다한다

若夫人子之不孝也는 不愛其親이되 而愛他人하며
不敬其親이되 而敬他人이라 惰其四肢하야 不顧父
母之養이라
약부인 자지불효야는 불애기친이되 이애타인하며
불경기친이되 이경타인이라 타기사지하야 불고부
모지양이라

산수傘壽 고개에 오른 할머니가 스마트폰 옆구리를 누릅니
다. 배경 화면이 환하게 뜨면서 손녀가 밝게 웃습니다. 늘 봐

도 항상 반가운 얼굴입니다. 할머니가 혼잣말로 중얼거립니다.

"녀석, 참 이쁘기도 해라! 누굴 닮아 이렇게 참할까! 가만있자, 올해 얘가 몇 살이지?"

고개를 드신 할머니 초점이 흐립니다. 손가락을 펼쳐 꼽아 보니 어느새 서너 해가 지났습니다. 아들, 며느리와 이쁜 손녀가 찾아와 함께 식사한 지 오래네요. 좀 있으면 학교에 입학한다며 유치원에 다닌다는 손녀가 할미 스마트폰 배경 화면으로 꼭꼭 눌러가며 올린 사진입니다. 할머니가 번호를 누릅니다. 누르다 말고 폰을 내려놓습니다.

"에이그! 이 녀석 잘 있겠지 뭐"

할머니 눈이 흐릿해지더니 이내 눈물이 한두 방울 떨어집니다.

"공부하느라 얼마나 바쁠까! 아무럼 없는 시간 뺏으면 안 되지."

전화번호 여덟아홉 자리에서 더 이상 진척이 없습니다. 끝으로 숫자 한둘을 남긴 채 스마트폰을 꺼버립니다. 배경 화면이 혼자 웃습니다.

며칠 전 아들에게서 전화가 왔습니다.

"어무이, 요즘 별일 없으시지요?"

할머니 표정이 아주 밝습니다.

"그럼, 잘 있지. 넌 어떠니?"

"아유, 나야 정신없이 바쁘지."

할머니 생각은 안부가 우선입니다.

"어무이, 낼 모래 TV 한 번 보셔!"

"TV는 왜, 뭐가 나오냐?"

"으음 어무이, 에미가 나와요, 어르신 돌봄상인가 뭔가 탄다네."

아들 전화가 반가운 할머니께선 며느리가 상 탄다는 소식에 자랑거리가 생겼습니다.

"할멈들 앞에서 얘기해야지."

아들 목소리가 급합니다.

"어무이, 나 시간 없어 전화 끊어요, 아셨지? 나중에 또 전화할께."

헛헛하기 짝이 없습니다. 이쪽의 말은 듣지도 않은 채 이미 아들은 전화를 끊었습니다.

어멈의 '어르신 돌봄상' 수상식을 붉은 눈시울로 찬찬히 보시던 팔순 고개의 할머니가 아들에게 전화를 걸다 말고 들었던 스마트폰을 내려놓습니다. 3년 넘도록 전화 한 통화 없는 장한 며느리도 며느리지만 아들이란 녀석이 얼마나 바쁘면 지척인데도 한 번 찾아오지 못할까? 장하다 못해 그냥 야속합니다.

한때는 아들이 상을 탔습니다. 지역 주민을 잘 돌봤다면서 국회의장상인가 뭔가를 받기도 했습니다. 이렇게 장한 아들

며느리가 정작 어미에게는 왜 그리 무심할까. 그게 화두처럼 떠올랐습니다.

TV 화면이다. 신문의 인물 코너다. 또는 무슨무슨 뉴스다 하면 도배를 해대는 아들 며느리입니다.

그런데 알고 보면 이와 같은 현상이 오늘날만의 일이 아닌가 봅니다.

사람 사는 세상이 다 같지요. '적어도 요순堯舜 시절에는 요즘 같지 않았는데'가 아니라 예나 지금이나 거기서 거기입니다.


자기부모 사랑에는 관심이없고
다른사람 사랑에는 열을다하며
제부모는 공경하지 아니하면서
다른사람 공경에는 성을다한다

273

글을 읽는 분들의 이해를 돕기 위하여 원문과 사사오송 우리말 옮김을 약간 섞어 놓았습니다.


부모님의 인연으로 태어났으나
효도하지 아니하는 그런아들딸
손과발을 움직이길 게을리하여
부모님의 봉양이란 안중에없다

다른 이에게 열성을 다하는 것이야 백 번이고 천 번이고 좋습니다. 일반적으로 가족에게보다는 좀 더 관심을 돌리니까요. 하여 순자荀子 선생도 인류 평등을 내세웠겠지요. 인류 평등은 내 부모에게처럼 남의 부모에게도 잘하라는 것입니다. 남에게 잘하는 그러한 마음가짐을 역으로 부모에게도 잘했으면 싶습니다.

[아홉]

장기바둑 술마시길 좋아하면서

부모님을 봉양함엔 관심이없고

돈과재물 아내자식 사랑하면서

부모님을 봉양함엔 관심이없다


博奕好飮酒하야 不顧父母之養하며 好貨財私妻子

하야 不顧父母之養하며

박혁호음주하야 불고부모지양하며 호화재 사처 자

하야 불고부모지양하며


　　놀음에 장기博와 바둑奕이 있으니 둘 다 게임의 종류를 가

리키며 마음을 사로잡는 데 뛰어납니다. 두루 알다시피 장기

와 바둑은 중국에서 비롯된 게임입니다. 다른 말로는 '놀음'인

데 이미지가 좋지 않은 까닭에 게임game으로서 표현합니다.

화투니 파친코니 또는 도박보다 '게임' 하면 뭔가 좀 신선해

보이나요?

　　왜 장기는 박博이라 하고 바둑은 왜 혁奕이라 할까요? 명

사로는 장기와 바둑이라 하면서 형용사로는 넓을 박博 클 혁

奕입니다. 어째서 새김에 있는 형용사를 놀음의 도구 '장기'라

하며 또한 '바둑'이라고 했을까요? 한자에 담긴 의미 때문입

니다. 그 의미를 제대로 파악하면 박혁博奕이 이해가 될 것입니다.

넓기로는 장기를 넘는 것이 없고 크기로는 바둑보다 큰 게 없다 하여 장기를 넓을 박博으로 표현하고 바둑을 클 혁奕으로 썼습니다. 특히 장기에 넓을 박博을 쓴 것은 도박賭博이란 명사에서 기인합니다. 내기賭에는 돈貝이란 녀석者을 걸지 않고는 할 수가 없습니다. 돈 없는 도박이 있나요? 돈 없는 도박이란 없습니다.

세상十의 돈을 다 풀어專야 비로소 내기賭라 할 수 있다 하여 두 글자를 합해 도박이라 한 것입니다. 한데 장기, 바둑, 파친코 뿐일까요? 카드도 화투도 다 도박입니다. 내 컴퓨터에는 게임 프로그램이 없습니다. 스마트폰에도 역시 게임은 담지 않았습니다. 앞으로도 계속 그러할 것입니다. 분명 이유가 없지 않겠지요. 불효不孝 때문입니다.

2003년 5월입니다. 아는 후배 스님이 날 찾아왔다가 내 컴퓨터에 게임 프로그램을 하나 올려 주고 갔습니다. 중국어로 된 마작 게임이었는데 한 번 게임에 재미를 붙인 뒤 도저히 빠져나올 수가 없었습니다. 여름이고 겨울이고 할 것 없이 밤낮이 없고 시도 때도 없었지요.

봄이 가는지 가을이 오는지 내게는 상관이 없습니다. 하루 스물네 시간이 짧을 정도로 오직 마작 게임에 빠져들었지요. 끼적거리기를 좋아하면서도 출판사는 말할 것도 없고 아예 잡지사와 신문사까지 한 해 동안 글을 거절했습니다. 게임이란 게 바로 그러했습니다.

게임에 돈을 거는 것이 아니었으니 이를 도박이 아니라고 할까요? 그러나 전기료는 더 오르고 사람은 점점 피폐해져 갔습니다. 그럼에도 게임을 멈출 수 없었지요. 그만큼 재미있는 게임이었습니다.

그렇게 한 해가 훌쩍 지나고 2004년 5월 하순입니다. 그날도 저녁 예불을 끝내고 노보살님과 함께 차를 마신 뒤 내 방에 들어와 컴퓨터 앞에 앉아 전원을 켰습니다. 화면이 밝아지고 게임 마작이 뜹니다.

화면이 저절로 뜨는 게 아니라 내 손이 완전 자동입니다. 그렇게 밤을 새고 새벽이 왔지요. 새벽 4시 예불을 올리고자 장삼 가사를 수(垂)한 채 나가다가 노보살님 방문을 열었습니다. 노보살님은 나의 어머니십니다. 불명/법명이 정청련화鄭青蓮華신데 나는 늘 '노보살님'으로 불렀습니다. 출가하기 전이야 으레 모셨지만 출가한 뒤 돌아가시기 전까지 아홉 해를 우리절에서 모셨습니다.

평소 같으면 늘 새벽 3시 반 경, 촛불을 밝히고 감로수를 올리곤 하셨는데 침대에 앉으신 채 답이 없습니다. 나는 방문을 닫고 나오다 말고 이상한 느낌에 다시 들어갔습니다.

"노보살님, 새벽 예불 시간이요"

손을 댄 게 전부였는데 노보살님이 뒤로 넘어가셨습니다.

277

아하! 이미 숨이 멎으신 것입니다. 욕실 문은 열렸고 세숫대야에 물이 절반 남짓 담겨 있었습니다. 침대 모서리에 걸터앉으신 채 83세의 삶을 정진하듯 가셨습니다. 그때 내 머리를 스치는 게 있었습니다. '불효막심'이란 한 마디 숙어熟語였지요. 어머니 돌아가실 때 내가 한 것은 출가 수행자로서 정진이 아니라 게임에 빠진 게 전부였으니까 마가스님의 '불효자佛孝子'가 아니었습니다. 진정 불효자不孝子였습니다.

어머니 장례를 치르고 난 뒤 나는 마작 게임을 지워버렸습니다. 아홉 해 동안 매일 15시간이 넘도록 우리절 요사채 2층 인법당因法堂에서 매일 1080배 절을 올리고 차크라를 돌리며 대비주를 외던 노보살님께서 끝내 좌탈坐脫로 돌아가셨습니다.

나를 낳아 기르고 가르치신 나의 어머니입니다. 재가 불자님께서 삶과 죽음을 하나로 꿰시는 동안 자칭 출가 수행자라는 나는 되려 게임에 빠져 있었습니다. 정말이지 그러했습니다.

소위 도박賭博gambling이란 게 물론 좋은 점도 지니고 있겠지만 수행자인 내게는 마구니였습니다. 아니, 다른 말로 바꾸겠습니다. 도박이 마구니는 아닙니다. 이를 수행으로 연결짓지 못하는 어리석은 비구 내가 마구니지요. 그 뒤 오늘날에 이르기까지 나는 한 번도 게임을 싣지 않았고 게이머 곁을 기웃거리지 않았습니다.

그러나 나는 나의 70년 생애에서 가장 소중한 시간을 골라 보라면 마작 게임에 푸욱 빠져 있던 그 한 해 동안일 것입니다. 아니, 다시 바꿔 얘기하겠습니다. 수행자가 공부는 하지 않은 채 도박이 얼마나 헛된 것인가를 깨닫는 바로 그 순간입니다.

칼과 송곳이 위험한 게 아니고 물과 불이 위험한 게 아닙니다. 마찬가지로 게임도 나쁜 게 아닙니다. 도구를 어떻게 다루고 물불을 어떻게 쓰느냐 처럼 게임도 어떻게 이용하느냐겠지요?

[열]

들고보는 모든일에 욕망을좇아
부모님을 위한다며 살육을하고
걸핏하면 화를내고 싸움을걸어
부모님을 위험으로 밀어넣는다

從耳目之好하야 以爲父母戮하며 好勇鬪狠하야 以
危父母니라
종이목지호하야 이위부모륙하며 호용투낭하야 이위
부모니라

　5월은 가정의 달이며 감사의 달입니다. 이미 어린이날이 지
나고 어버이날을 지났으며 스승의 날도 지났지요. 부모님과
선생님, 어르신께 존경과 감사한 마음을 전하는 꽃 카네이션
꽃말이 다양합니다. 색상마다 다른 꽃말이 있거든요.
　첫째 대표적인 붉은색 카네이션은 건강과 밝은 미래를 기원
하며 아울러 사랑과 존경을 뜻합니다.
　둘째 분홍색 카네이션은 어떨까요? 감사하는 마음은 기본
이고요, 아름다움을 의미한답니다.
　셋째 주황색 카네이션은 순수한 사랑이 담겨 있다니 마음에
둔 사람에게 건네십시오.

넷째 노란색 카네이션은요 꽃말이 경멸이라 합니다. 사실이거나 말거나 이런 꽃말은 좀 그렇겠지요? 그러나 다른 색깔과 섞여 있으면 희망이라고 하니 또한 괜찮겠군요.

다섯째 파란색 카네이션은 기쁨과 행복을 뜻한다고 합니다. 아픈 이에게 선물하시고

여섯째 하얀색 카네이션은 죽음을 의미한다고 하니 하얀색 카네이션은 버릴까요? 그렇습니다. 돌아가신 선영에 올리면 좋습니다.

그의행실 착하고와 착하지않음
속속들이 하나하나 알고싶다면
그사람이 부모에게 효도하는지
그것부터 자세하게 살필지니라

그렇거늘 효도하지 않을것이며
조심스레 봉양하지 않을것이랴
그와같이 부모에게 효도함으로
나머지의 인륜까지 미루어보라

噫라 欲觀其人의 行之善不善인대 必先觀其人之孝
不孝니라 可不愼哉며 可不懼哉아 苟能孝於其親이
면
희라 욕관기인의 행지선불선인대 필선관기인지효
불효니라 가불신재며 가불구재아 구능효어기친이
면

선善이냐, 악惡이냐? 선善이냐, 불선不善이냐? 뭔가 비슷
하지만 다른 개념이고 다른 듯싶지만 실로 같은 개념입니다.

선과 악은 본디 존재하지 않습니다. 존재한다면 선과 불선뿐입니다.

그럴 때 우리는 이렇게 반문합니다. 선과 악, 선과 불선에 관하여 뭘 그리 복잡하게 따지느냐고요. 따질 게 있다면 으레 따져야 합니다. 이 논리는 동몽선습을 비롯하여 명심보감 논어에서 언급하듯 이른바 유교 개념입니다.

동몽선습이 조선조에 편찬된 유교의 가르침인 까닭에 이를 해설하는 입장에서도 유교를 얘기할 수밖에 없습니다. 물론 불교 경전을 해설하거나 기독교 성서를 읽을 경우는 으레 답이 달라지겠지만 말입니다.

그렇다면 어찌하여 답이 달라지고 느낌이 달라지느냐는 것이지요. 황금빛 개나리를 보면 예쁘고, 백합을 보면 흰색에 반하고, 라일락을 만나면 향기에 빠집니다. 누구도 황금빛 개나리꽃 앞에서 백합의 순수를 얘기하지 않듯이 라일락 향기에 흠뻑 취한 채 비린내를 떠올리지는 않습니다. 어쩌면 이것이 곧 진리입니다.

정신세계 느낌도 마찬가지지요. 선과 악은 알다시피 불교 개념입니다. 그럼 기독교는 무엇을 얘기할까요? 기독교도 불교처럼 선악입니다. 독특한 점이 있다면 죄罪를 얘기하지요. 태어날 때부터 원죄를 지닌 인간은 누구나 할 것 없이 죄인입니다. 이 죄를 씻어줄 분은 오직 한 분밖에는 없습니다. 사람이 사람의 죄를 씻을 순 없다 합니다.

불교는 원죄原罪라는 게 없습니다. 있다면 거듭된 어느 생인가에 스스로 지은 죄가 있을 뿐입니다. 스스로 지었기에 원죄가 아닙니다. 따라서 죄의 굴레를 벗어남도 몸소 참회하고 공덕 쌓기입니다. 자기 죄를 남이 대신 받을 수 없듯 지은 자가 스스로 참회하며 다시는 더 죄를 짓지 않을 때 마침내 그는 대 자유인이 됩니다.

그런데 여기 동몽선습에서는 새로운 논리를 세웁니다.

선善이냐 불선不善이냐의 세계를 효孝와 불효不孝로써 설명합니다. 선과 불선이 자연에 있던가요? 단언斷言하건대 그렇지 않습니다. 자연계에는 선도 악도 없고 아름다움도 추함도 없으며 안전과 위험이란 게 없습니다. 있다면 인위人爲에서 비롯됩니다.

그러면 이렇게 얘기할 것입니다. 자연계에 아름다움과 추함이 없을 수는 있을지 모르겠으나 안전과 위험은 있지 않겠느냐고요. 안전과 위험은 단지 주관입니다. 새와 벌 나비가 하늘을 날면서 떨어질까를 걱정하고 있겠습니까? 바닷고기가 바다에서 살면서 물의 염도를 걱정하던가요? 그런 걱정은 없습니다.

착함과 착하지 않음의 세계에서 더 나아가 선善이니 악惡이니 좋으好니 나쁘惡니 하는 것들은 인간이 스스로 걱정한 것일 뿐이지. 자연계에 이중적 논리는 없습니다. 선이냐 불선이냐의 관계를 효孝와 불효不孝에 견주는 것이 생각처럼 과연 쉬운 일일까요? 두말할 것도 없이 효와 불효가 행실行實의 바탕이 되고 있습니다.

효孝는 '효도 효'로 새깁니다. 효는 아들딸이 부모님께 존경과 봉양을 다함입니다. 하지만 효도란 부모가 자녀에게 자녀가 부모님께 전하는 마음입니다. 그러므로 효孝는 어르신耂과 젊은이子의 아름다운 조화孝입니다. 젊은이가 어르신을 공경하듯이 어르신의 젊은이 사랑입니다. 효에 있어서 일방통행은 없습니다.

'거두절미去頭截尾'라고 했던가요? 머리 제거하고 꼬리도 자른 채 요점만 가지고 얘기한다면 젊은이만 어르신들에게 잘하라는 법이 어디 있습니까? 어르신도 젊은이들을 위해 참된 사랑을 몸소 실천함입니다. 그러나 이는 오직 나의 해석입니다. 효도 효孝 자를 파자破字하면서 그 속에서 캐낸 진실의 세계입니다

일반적으로 우리가 효를 얘기할 경우 아들딸이 부모님을 잘 모심이지요. 사람의 됨됨이를 얘기한다면 효도 하나로 알 수 있습니다. 부모님께 효도하는 사람 중 됨됨이가 잘못된 이가 있던가요? 부모님께 불효하는 이들 가운데 사람 구실 제대로 하는 이가 있던가요?

[열둘]

왕과신하 남편아내 어른과아이
친구간에 하나하나 미루어보면
옳음이며 다름이며 반듯한예절
서로서로 신뢰하지 않을것이랴


則推之 於君臣也와 夫婦也와 長幼也와 朋友也에
何往而不可哉리오
즉추지어 군신야와 부부야와 장유야와 붕우야에
하왕이불가재리오


봄 여름 가을 겨울
사계절 피륙이
시공간이듯
큰 얼개든
또는 작은 얼개든
거기에는 바탕이 있습니다


대표君와 보좌臣의 정의義
남편夫과 아내婦의 특성別
어른長과 아이幼의 질서序

제3. 애련설愛蓮說

동지朋와 도반友의 신뢰信

이들 네 개의 책상다리가
그 자리에 그와 같이
설 수 있었던 것도
눈여겨보면
거기에는
부모父와 자녀子의
친함親이 바탕이었습니다.

[열셋]
그러므로 사람에게 효의세계는
너무나도 소중하여 큰일이지만
그렇다고 높고또한 멀기만하고
행하기가 어렵다고 할수도없다


然則孝之於人에 大矣로되 而亦非高遠難行之事也
라
연즉 효지어인에 대의로되 이역비고원난행지사야
라

효를 실행하기가 쉽지는 않습니다. 말은 쉽지만 실상은 어렵지요. '내리사랑'이라 하여 엄마 아빠의 자식 사랑은 깊은 골짜기를 흐르는 물과 같아 애쓰지 않아도 저절로이지만 자녀에게 있어서 효는 그렇지 못합니다. 한 젊은이가 찾아와 느닷없이 질문을 던졌습니다.

"큰스님께서 요즘 효를 쓰시던데 거시기 뭐라더라 동봉선습?....."

내가 웃으며 그의 발음을 고쳐 주었지요.

"동봉선습이 아니라 동몽선습일걸"

젊은이가 머리를 긁적였습니다.

"맞다 동몽선습! 근데 효가 그리 어렵나요?"

"어렵지, 암 어렵구 말구, 효가 얼마나 어려우나 하면 말야 자네 클라이밍Rock climbing 해봤어"

젊은이의 눈이 반짝였습니다.

"어! 큰스님, 그게 제 전문이예요 다른 말로 암벽등반巖壁 登攀입니다"

내가 미소를 띠며 차를 권한 채 물었습니다.

"그게 그렇게 어렵다면서?"

젊은이가 그냥 신이 났습니다.

"당연히 어렵지요, 큰스님 그런데 말입니다. 큰스님 어려운 만큼 건강에 좋습니다. 혹시 클레이밍 효과라고 들어보셨나 요?"

"그런 말도 있었어? 잘 모르는데 어떤 거지?"

젊은이 강의가 시작되었습니다.

"큰스님, 말씀 좀 드려도 될까요?"

"그래? 어 그래, 얘기해 봐"

"암벽등반에는 여러 가지가 있습니다.

인공등반/aid climbing이 있고

자유등반/free climbing이 있으며

볼더링/bouldering이 있습니다.

탑 로프 클라이밍/top-rope climbing과

멀티 피치 클라이밍/multi-pitch climbing과

리드 클라이밍/lead climbing도 있습니다."

마술사 입에서 나오는 색종이처럼 이어지는 젊은이 얘기를 듣다 슬그머니 끼어들었습니다.

"자네가 내게 효에 관해 물었지?"

"아! 네, 큰스님 맞습니다. 제가 그만 클라이밍 효과에 빠져서."

내가 웃으면서 말했습니다.

"맞아, 클라이밍 효과처럼 힘들 뿐 아예 할 수 없는 것이 효는 아니라네. 옛사람도 클라이밍 효과를 알았을 걸세 '역비고원난행지사亦非高遠難行之事'가 전혀 없는 말도 아니란 얘기지"

효행孝行이 얼마나 어려웠으면 하늘의 별 따기보다도 더 어렵다고 했을까요? 그런데 그거 알고 계시지요? 우리가 살아가는 이 지구 자체가 우주에서 가장 아름다운 별이란 것을 지구와 별을 서로 떼어 놓고 보면 실로 어려운 것이 별 따기지만, 다시 보면 우리가 푸른 별에 앉아서 별 따기를 얘기하는 것입니다.

하여 옛 고승대덕들이 성불하기가 쉽기로 말하면 세수하다가 코를 만지는 것처럼 아주 쉬운 일이라고 했습니다. 코가 어디에 있습니까? 동물과 달리 사람은 바로 얼굴 한가운데 있습니다. 그래서 코 비鼻 자에서 위의 스스로 자自 자를 따서 자기, 또는 자신으로 표현했지요.

세수하는 사람이 코를 건드리지 않을 수 있나요? 코를 비껴 가며 세수하기가 더 어렵겠지요. 그처럼 효는 그다지 어렵지가 않습니다. 마음 한자락 펼치면 됩니다. 그래도 어렵다고요? 당연히 어렵지요. 중력重力의 법칙 따라 낮은 곳으로 흐르는 물처럼 저절로 되지는 않습니다.

나는 지금까지 산은 여러 번 올랐으나 Rock climbing을 한 번도 해보지 못했습니다.

[열넷]
누구든지 이세상에 나면서부터
배우잖고 아는이가 아니라하면
모름지기 하나하나 배워아느니
학문하는 길이란게 달리없어라


然이나 自非生知者면 必資學問而知之니 學問之道
는 無他라
연이나 자비생지자면 필자학문이지지니 학문지도
는 무타라


생이지지生而知之란 성어가 있습니다. 세 가지 앎三知의
하나로서 스스로 도를 깨침입니다. 그렇다면 세 가지 앎이 어
떤 것들이 있을까요?

첫째는 생이지지生而知之니 태어나면서 모든 것을 아는 자
요

둘째는 학이지지學而知之니 배운 만큼만 아는 자며

셋째는 곤이지지困而知之니 고생 끝에 아는 자입니다.

그때가 1975년 겨울이었지요. 10월 보름날 동안거 결제와
함께 석 달 정진에 들어갔습니다. 선원에서는 참선 수행을 시
작했고 강원에서는 학과 공부에 들어갔지요. 나는 강원講院

생활을 시작했는데 용탑선원龍塔禪院 문중이라 사미계를 받은 지 석 달간 용탑선원에 적을 두고 강의를 들었습니다. 사미과沙彌科 강의講義는 강사가 아닌 중강仲講이 맡았는데 처음에는 현근 스님이 맡았고 나중에는 진각眞覺스님이 강의를 맡았더랬습니다.

매주 1시간 강사의 특강이 있었는데 중강 스님도 강사 스님 못지않게 강의가 매우 부드러웠습니다. 중강 스님이 말씀하셨지요. 오직 공부에 전념하라고. 스승의 날에 뵙고픈 분들입니다.

이들 세 가지 앎 중에서 가장 중요한 것이 무엇일까요? 으레 생지生知를 꼽지 않겠습니까? 태어날 때 이미 다 알았다면 그만큼 뇌세포가 뛰어난 것이고 지능 지수/IQ가 높다는 얘기입니다.

이를 불교적 의미로 얘기한다면 전생부터 갈고 닦은 공덕이 남보다 뛰어나다는 것입니다. 그런데 정말 태어날 때부터 아는生而知之 게 좋긴 좋을까요? 애써 배우지 않더라도 그처럼 아는 게 많은 편이니 이보다 부러운 게 다시 없겠지요?

둘째가 배워 아는 학지學知니 다른 말로 학이지지學而知之입니다. 배운 것만큼만 아는 것이므로 보통 사람들의 지능입니다. 답답하기도 하겠지만 어디 셋째 곤지困知, 곧 곤이지지困而知之만 하겠습니까? 소처럼 우직한 두뇌가 곤지입니다.

고대 중국의 문인으로 알려진 한유韓愈의 사설師說에 이 '

세 가지 앎三知'을 놓고 강사들 강의는 천편일률적입니다. 내가 그때 들은 고사성어故事成語를 지금도 토씨 하나 바꾸지 않은 채 반세기 가까이 지난 오늘날에도 고스란히 전한다는 것입니다.

병에서 병으로 물을 옮기듯 그대로 옮김도 좋겠지요. 예수가 광야에서 고생하지 않고 하느님 계시를 받았을까요? 공자가 알고 태어났을까요? 석가가 태어날 때 다 알았을까요?

참된 공부는 셋째 곤지困知입니다. 고생고생해서 터득한 공부입니다. 머리가 좋은 데다 배워서 알고 고생고생해서 얻었다면 어려서 익힌 자전거 솜씨를 늙어서도 잊지 않음과 같겠지요.

인간과 달리 동물animal이나 곤충들 세계는 천륜天倫입니다. 이들이 집 짓는 법을 배우거나 설계도를 놓고 가르치지 않습니다. 동종의 개미는 동일한 건축물을 짓고 같은 나비는 날갯짓이 같습니다. 올챙이는 올챙이 헤엄이 있고 허물을 벗자마자 매미는 동종의 울음으로 노래합니다. 참매미와 쓰르라미 노래가 다릅니다.

학문學問에 담긴 뜻은 배우學고 또한 물음問입니다. 이를 달리 해석한다면 어떻습니까? 묻는問 법을 배움學이 학문學問입니다. 이러한 제도는 종에 따라서 다른데 굳이 인간의 언어로 얘기한다면 오직 인간만이 다양함을 누리며 당연한 즐거움을 누립니다. 고생고생해서 이룹니다. 실로 멋지지 않습니까?

동몽선습의 '선습'이 무엇입니까? 삶에 있어서 '먼저 익힘'입니다. 사람에게는 생이지지가 없습니다. 배우지 않고 가르치지 않더라도 절로 아는 이를 '생지'라 하나 이는 본능에 관할 것일 뿐 학문에는 생이지지가 없습니다. 그럼 효는 생이지지일까요? 사랑慈은 생이지지가 맞으나 효는 학이지지고 곤이지지입니다.

오륜에는 설계도가 있습니다. 부모父와 자녀子, 임금君과 신하臣, 남편夫과 아내婦, 어른長과 아이幼, 동지朋와 도반友 이들 설계도가 친親이고 정의로움義이고 특성別이고 질서序고 신뢰信라 하고 있습니다. 인간이 얼마나 고집이 세면 인륜의 설계도가 필요하고 이를 강요하겠습니까?

강강強剛 중생이 누굽니까? 바로 사람을 가리키는 말입니다. 이런 게 계기가 되어 생겨난 책이 중국의 고전인 《예기禮記》입니다. 실로 방대한 양의 책書物인데 이 책에는 효孝뿐만 아니라 사랑 방정식도 함께 들어 있습니다.

## [열다섯]

시간으로 예와이제 두루통하고
차별상과 평등성을 깨달으려면
마음속에 하나하나 지닐것이요
몸으로는 완벽하게 체달할지니

학문하는 사람이면 그가누구든
닦지않고 성장할수 있을것인가
그러므로 역사속의 요긴한것을
책상머리 왼쪽위에 써서붙인다

將欲通古今하며 達事理하여 存之於心하며 體之於
身이니 可不勉其學問之力아 玆用에 其歷代要義하
야 書之于左하노라

장욕통고금하며 달사리하야 존지어심하며 체지어
신이니 가불면기학문지력아 자용에 기역대요의하
야 서지우좌하노라

논어 위정편爲政篇에 나오는 글로 '온고지신溫古知新'을 아
시나요? 담긴 뜻은 옛것을 익히고 미루어서 새것을 내다봄입

니다. 옛 학문을 되풀이하여 연구하고 연구한 뒤 현실을 처리할 수 있는 새로운 학문을 이해해야 바야흐로 후학들의 스승이 될 자격이 주어진다는 그런 의미지요.

'장욕통고금將欲通古今'은 너무나도 소중한 논리입니다. 이는 역사이기 때문입니다. 역사를 바르게 안다면 이러한 사고를 바탕으로 미래를 설계할 수 있습니다. 따라서 자국自國의 역사와 함께 세계 역사를 연구할 필요가 있습니다.

동몽선습이 다른 책과 다른 것은 역사를 다룬다는 것입니다. 물론 여기서 말하는 역사는 인류의 역사에 한합니다. 정치와 전쟁과 문화가 있고 문명에 눈을 돌리는 역사입니다. 하나 자연의 역사에는 등한시했지요. 그다지 눈길을 주지 않았습니다. 자연 스스로에게 맡김으로써 지구 역사를 천천히 이끌었습니다. 동몽선습에서 언급하는 역사는 생각의 여지를 남겼습니다.

좌우명座右銘이란 항상 자리 옆에 적어 놓고 자기 자신을 경계하는 말이며 가르침으로 삼는 문구 따위입니다. 좋은 말과 문구만 중요할까요? 가정과 사회의 모범이 되고 나라를 위해 몸을 던지며 의를 실천한 사건들 하나하나가 모두 좌우명이 될 만합니다.

동몽선습에서 얘기하고자 하는 바는 지나간 시간 장구한 역사 속에서 첫째 효와 관련된 얘기입니다. 다섯五 가지 인륜倫 중에서 부자유친이 첫째 덕목이니까요. 역사 이전으로부터 역사 이후에 이르기까지 얼마나 부모를 잘 모셨는가? 찾아내어 귀감으로 삼는 것입니다.

둘째는 나라를 위해 몸 바친 얘기니 군신유의가 둘째 덕목이 됩니다. 장영실과 같은 과학자가 있고 이순신과 같은 영웅이 있습니다. 한글을 창제한 세종대왕과 노예를 해방시킨 링컨이 있습니다.

셋째는 가정에 관한 아름다움이지요. 오륜에서는 주로 열녀를 들고 있으나 가정을 잘 이끌어 간 가장도 좌우명의 소재가 됩니다.

넷째가 질서입니다. 어르신과 젊은이의 만남에서 어떻게 어르신을 대하며 어떻게 젊은이를 이끌었는가? 하나의 아름다운 사건이 됩니다. 어르신들을 모실 줄 알고 젊은이들을 잘 이끈 훌륭한 사례가 많습니다. 어르신과 임산부를 위하여 자리를 양보함도 미덕입니다. 어디 이들 네 가지뿐인가요?

다섯째로 친구 이야기가 있습니다. 인간이 삶을 살아가는 가운데서 중요한 점을 찾으라고 한다면 분명 친구에 관한 얘기도 나옵니다. 한사람이 위대한 인물이 되는 데 멋진 역할을 한 이를 꼽으라면 아마 부모 못잖게 친구일 것입니다. 좋은 스승을 만나는 게 20%라면 좋은 벗은 80%를 차지한다니 파레토 법칙이 적용되나 봅니다.

주인을 위해 자기 자신을 바친 '하치 이야기'도 역사고 조선의 자주독립을 위하여 앞장서고 따랐던 열사들 모두가 결국 역사 속에서 그 빛을 발합니다. 원효 스님의 '십문화쟁론'과 율곡 선생의 '십만양병설' 마틴 루터 킹 목사의 인권운동이 이 또한 좌우명이 될 만합니다. 현실과 미래를 읽어낸 흔적이니 까요.

복음福音은 '복된 소리'이고 관음觀音은 '살피는 소리'입니다. 복음이 예수 그리스도 말씀이라면 관음은 중생을 보살피는 얘기입니다. 불교에서는 이런 분을 가리켜 '관음보살'이라고 하며 관세음보살이라고도 하지요. 역사를 거슬러 올라가면 요순堯舜 이야기를 비롯하여 청렴하게 살아온 얘기가 많지요. 이들 이야기가 곧 좌우명이 됩니다.

역사는 꼭 아름답지만 않습니다. 죽고 죽이고, 속고 속이며, 나라와 국민에게 해를 끼치고, 부모에게 불효한 얘기가 있습니다. 요즘처럼 좋은 얘기보다는 나라를 어지럽히는 위정자들도 역사의 한 페이지를 채우고 있습니다. 이들 또한 순順의 역사가 아닌 이른바 역逆의 역사입니다. 자리 한쪽에 써서 붙일 만합니다.

동몽선습의 총론을 펼치면 오륜五倫과 관련된 주제를 담은 채 순과 역으로 역사가 펼쳐집니다. 정토淨土가 아름다운 것은 곧 예토穢土가 있기 때문입니다.

숨쉬기 어려운 혼탁함 속에서 맑은 공기의 소중함을 깨우치고 생로병사의 고苦를 겪으면서 자유로운 해탈解脫 세계를 점점 더 동경憧憬하게 됩니다. 그러나 바로 이런 논리로 인하여 정치가 오르락내리락했으면 사회가 좀 더 어지러웠으면 하는 생각을 할 필요는 없습니다. 좌우명으로 삼을 만한 얘기는 지천으로 널려 있습니다.

굳이 좋은 말씀을 얘기한다면 성서, 코란, 불경이 있고 용학논맹庸學論孟을 비롯한 제자백가가 있으며 칼 세이건의 코스모스도 있습니다.

# 제4. 중화사 中華史

[하나]

혼돈으로 덮여있던 태극의세계
음과양이 처음으로 나누어지고
거기에서 생성된게 목화토금수
이에앞서 이와기가 자리하였네

蓋自太極肇判하야 陰陽始分하고 五行이 相生에 先
有理氣라
개 자태극조판하야 음양시분하고 오행이 상생에 선
유이기라

혼돈에서 태극으로 태극에서 음과 양으로 음과 양에서 이와 기로 번지고 동시에 오행으로 번져나가는 과정은 중국사에 국한되지 않습니다. 이는 곧 모든 인류의 역사입니다. 알고 보면 그것도 아닙니다. 사실 인류사를 뛰어넘어 뭇 생명의 역사입니다.

왜냐면 여기까지는 분명 생명의 역사가 아닙니다. 생명이 시작되려면 꽤 멀었습니다. 지구 역사가 태양계로 거슬러 오르고 태양계는 우주의 시작으로 오르며 우주 시작인 빅뱅으로 얘기하듯 태극에서 무극의 혼돈으로 그 혼돈의 세계는 끝내 생각 이전의 또 다른 세계로 오르겠지요.

오늘날 우주의 역사를 얘기할 때 빅뱅을 빼놓을 수 없는 것처럼 중국의 역사에서는 반드시 혼돈의 세계에서 태극으로 나오고 태극에서 음과 양으로 나오며 점차 오행으로 번집니다. 철학적이기는 하나 전혀 종교적이지는 않습니다.

서양의 역사가 종교적인 데 비하여 동양은 깊은 사고에서 시작합니다. 잘 알다시피 사고에서 시작하는 동양의 역사를 지구의 역사 우주의 시작에 견주면 종교를 바탕에 깐 서구와 완전히 다른 데서 비롯합니다.

구약 창세기에서 표현하듯 혼돈의 어둠에서 빛이 생기고 그렇게 해서 엿새만에 뭇 생명까지 모두 만들고 만들어지는 그런 세계를 생각하지 않습니다.

우주 역사를 138억 년으로 내다보고 있습니다. 어떤 분들은 이런 얘기를 하면 137억 년이라 하기도 하고 또 어떤 분들은 더 거슬러 올라 이미 140억 년이 넘었다고 합니다. 굳이 140억 년이면 어떻고 또 137억 년이면 어떻습니까? 지구가 생겨나고 태양계가 시작된 그 역사를 우주 역사의 1/3로 잡으니까요.

불교에서 얘기하는 1겁의 길이는 56억 7천만 년이라 합니다. 이 1겁에서 꼭 10억 년을 뺀 것이 과학에서 얘기하는 지구 역사입니다. 따라서 태양계와 지구 역사는 곧 46억 7천만 년입니다. 1겁은 지구령地球齡입니다. 지구가 생긴 지 약 8억 년쯤 지나 비로소 지구에 생명체가 생깁니다. 그러니까 지구 생명의 시작은 곧 38억 년 전이 되겠네요.

그렇게 놓고 보았을 때 혼돈에서 처음 태극이 열리고 태극에서 어둠陰과 빛陽이 생기고 어둠과 빛이 생긴 뒤에 거기서 이理와 기氣가 생겨나고 다섯 五가지 구성 요소行가 지구와 더불어 지구를 둘러싼 이른바 우주를 형성하게 됩니다. 따라서 여기까지는 중국사가 아니라 그냥 우리 지구의 역사입니다.

과학에서도 생명의 역사를 대략 38억 년으로 계산합니다만 이는 인류의 출현과는 거리가 멉니다. 꼭 현생 인류가 아니라 하더라도 700만 년 정도로 꼽는다면 사람이 이 지구에 나타난 것은 한참이나 지난 뒤입니다. 게다가 호모 사피엔스까지 내려오면 역사는 참으로 짧습니다. 한 마디로 얼마 안 된 것이지요.

다른 나라 국기는 잘 모르겠으나 우리 국기는 태극기입니다. 이 태극기에 우주 역사가 담기고 지구의 역사가 실려 있습니다. 가운데 태극의 붉은색과 푸른색 그리고 네 귀퉁이에 그려진 네 개의 괘를 보고 있으면 실로 그렇게 멋질 수가 없습니다. 이는 멋진 데서 끝나지 않고 아름다움과 과학이 깃들어 있지요.

비록 기준이 되는 여덟八 괘掛에서 네 개 괘만을 그리기는 하였으나 생각의 깊이를 그려 봅니다. 일본기가 태양 하나 그려 넣은 매우 단순한 모양이긴 하나 일본日本이 태양日의 뿌리本라는 일본의 국호를 담고 있다면 태극기는 태양을 포함한 우주와 태양 지구 역사까지 한 장의 국기에 다 담은 것입니다.

이처럼 우리나라를 상징하면서도 마치 구약성서 창세기 전문을 한눈에 볼 수 있게 그려 넣은 그런 태극기가 멋지지 않습니까?

비록 어둡지만 광활한 우주와 밝지만 친근한 태양계와 우주에서 가장 아름다운 별 골디락스 존의 지구와 더불어 뭇 생명의 소중한 역사까지 한눈에 다 그려볼 수 있으니까요.

[둘]

사람다운 인물들이 세상에나니
사람으로 숲이되고 넝쿨이되네
성인들이 바야흐로 앞장을서서
하늘의뜻 고스란히 계승했도다


이를일러 오황이라 이름했으니
천황씨가 열두형제 일만팔천세
지황씨도 열두형제 일만팔천세
인황씨는 아홉형제 구주의군주


人物之生이 林林總總하더니 於是에 聖人이 首出하사
繼天立極하시니 天皇氏와 地皇氏와 人皇氏가 있고
인물지생이 임림총총하더니 어기에 성인이 수출하사
계천입극하시니 천황씨와 지황씨와 인황씨가 있고

우리는 가끔 이런 말을 씁니다.
"내가 물건으로 보여?"
"뭐야, 날 물건 취급하는 거야?"
이는 기분이 나쁠 때 쓰는 말이고 누군가 제3자를 놓고 좋게 평가할 때는 이렇게 말하기도 합니다.

"햐! 그 사람 진짜 물건일세!"

"그만하면 물건이 됐지"

"역시 그 사람 물건이야 물건"


'인물지생人物之生이 임림총총林林總總이라'

비로소 '인물'이란 단어가 등장합니다. 사람人을 물건物으로 본 것이죠. 물건 물物 자에는 물건의 뜻과 만물의 뜻 사물의 뜻이 들어 있습니다. 물건이란 반드시 형태를 지닙니다. 크기가 있고 모양이 있습니다. 게다가 빛깔을 지니며 때로 소리가 있고 냄새와 맛이 느껴지며 살갗에 닿는 느낌이 있습니다. 여기까지를 오감이라 하지요. 곧 '다섯 가지 느낌'입니다.

그러나 이는 어디까지나 다섯 가지 느낌 체계가 신경계에 전달된 이후의 일입니다. 그러니까 아무리 오감이 있고 오감의 대상이 있다고 해도 최종적으로 판단하고 인식하는 신경세포에 문제가 있다면 사물의 정체를 알 수가 없습니다.

두루 알다시피 이는 사람만이 아니라 살아있는 생물은 다 느낄 줄 압니다. 코끼리처럼 덩치가 매우 크거나 뱀이나 지렁이처럼 다리가 없거나, 엄청난 발을 지닌 지네나, 모기, 파리, 개미거나, 날개를 지녔거나, 바다를 헤엄치거나, 신경세포에 문제가 없다면 반드시 느낌의 인식이 있습니다.

눈으로 사물을 보고 판단하는 데는 빛깔이 있기에 가능합니다. 아무것도 느껴지지 않는 공空의 반대 개념이 빛色입니다. 그래서 불교는 색공론色空論입니다. 지극히 물리학적이기도 하고 과학적으로도 보이나 때로는 너무 사소한 데까지 파고 드는 느낌을 주기도 합니다. 그렇다고 꼭 쩨쩨한 것도 아닙니다.

 사람이 물건으로 취급되는 일은 중국의 고어古語나 문어체 물건 물物 자도 있으나 구어체 '똥시東西'도 있습니다. 사람을 지칭할 때도 똥시라 쓰지만 음식물을 똥시라 하기도 합니다.

 옛 선사들의 선문답禪問答에 온 사람을 향해 다짜고짜 '무슨 물건甚麼物이 이리 왔노這麼來?'가 있지요? 선문답에는 격식이 없습니다. 그러므로 문어체가 아닌 구어체를 쓰곤 합니다. 구어체에는 사투리가 많습니다. 가령 '이뭣꼬是甚麼'를 두고 구어체 그대로 읽으면 좋은데 이를 문어체로 읽으려고 하니까 뜻이 한꺼번에 잘 들어오지 않습니다. '이녀석'을 '이녀석'으로 읽으면 구어체나 '이사람'으로 읽으면 문어체겠지요.

 '人物之生이 林林總總하더니 於是聖人이 首出繼天立極하시니'를 나름대로 풀이하기는 했습니다만 이때 출현한 이들은 현생인류입니다. 호모 사피엔스Homo sapiens는 라틴어 '슬기로운 사람'에서 왔으며 유일하게 현존하는 인류입니다. 자그마치 약 190만 년 전에서 40만 년 전 사이에 살았던 호모

에렉투스Homo erectus는 어떤 경우도 결코 아니라는 것입니다.

어떤 사람이 내게 물어왔습니다. 그가 누구인지는 잘 모르나 전화로 물어왔습니다.

"스님, 뭐 좀 물어봐도 될까요?"

"네, 거사님. 산승이 답할 수 있으면요."

"네 감사합니다. 다름이 아니라 성서에 따르면 하느님이 천지와 만물을 다 창조하시고 마지막 날에 사람을 만드셨다는데....."

잠시 침묵이 흘렀습니다. 질문을 하다가 막힌 게 틀림없습니다. 하는 수 없이 내가 되물었지요.

"그래서요. 거사님. 그다음은요?"

가까스로 생각이 난 듯 말을 이었습니다.

"아, 네 스님. 그는 어떤 사람이지요?"

호흡을 가다듬고 다시 물었습니다.

"네 큰스님 죄송합니다. 용어가 생각이 나질 않아서요."

"용어라면 무슨.....?"

"혹시 호모 사피엔스나 또는 호모 에렉투스를 얘기하시나요?"

그가 그제서야 말을 이었습니다.

"네 스님, 이는 현생인류고요 제 얘기는 쉽게 말씀드려 현생인류냐 구인류냐입니다."

내가 진지하게 답했습니다.

"글쎄요 거사님, 그런 질문이라면 나 같은 불교 수행자가 아닌 목사님이나 신부님에게 물어봄이 훨씬 더 확실한 답이 나올 듯싶은데요."

그가 말을 이어갔습니다.

"네 큰스님, 스님께서는 불교 외에도 섭렵하신 분야가 퍽 넓으십니다. 그래서 다시 여쭙니다. 오스트랄로피테쿠스 Australopithecus가 설마 구인류? 그렇지는 않겠지요? 아무튼 그래도 많이 궁금합니다."

그러고 보니 나도 궁금합니다. 신들 모습을 따 사람을 만들었다면 그 창조주 신은 구인류일까요? 아니면 현생인류일까요?

삼황오제는 현생인류일 것입니다. 한반도 조선의 시조인 단군과 동시대를 살았다고 하는 요순堯舜도 현생인류이겠지요. 같은 자동차라 하더라도 승용차와 트럭이 다른 것처럼 인류를 창조한 신께서 구인류라면 현생인류인 우리 인간과는 무관할 테고 만에 하나 현생인류를 만들었다면 창조 역사가 꽤나 짧겠는데요.

[셋]

이를일러 오황이라 이름했으니
천황씨가 열두형제 일만팔천세
지황씨도 열두형제 일만팔천세
인황씨는 아홉형제 구주의군주

유소씨와 수인씨가 위를이으니
태곳적의 성인이요 문자앞의일
기록할수 없으므로 알수없지만
사십칠만 칠천년에 다시육백년


天皇氏, 地皇氏, 人皇氏, 有巢氏, 燧人氏가 是爲
太古니 在書契以前이라 不可考로다
천황씨, 지황씨, 인황씨, 유소씨, 수인씨가 시위
태고니 재서계이전이라 불가고로다

　태곳적 이야기를 두고 옳으냐 그르냐를 고집합니다. 호랑이
담배 먹을 적 이야기라며 애써 단서를 달면서 말입니다. 호
랑이 담배 먹던 시절이라니 어린아이들은 이렇게 생각하겠지
요. '호랑이도 담배를 피울 때가 있었구나!'

그때부터 얘기는 꼬리를 뭅니다. 그럼 어떤 담배를 피웠을까? 파이프pipe 담배였을까? 파이프 담배를 본 적이 없는 이는 궐련卷煙을 입에 물고 있는 그런 호랑일 연상할 것입니다.

종이에 담배를 만 지궐련이거나 담뱃잎에 담배를 만 엽궐련이거나, 특히 불을 무서워하는 호랑이에게는 궐련이 어울리지 않을 거라 여겨 장죽을 입에 문 호랑이를 그립니다. 아무튼 호랑이 담배 먹던 때를 우리는 태곳적이라 합니다. 이 얘기는 미신迷信superstition입니다. 과학적으로 믿을 수 없다는 얘기지요.

그럼에도 불구하고 태곳적 얘기를 끝내 사실로 고집하려 합니다. 이를테면 삼황三皇 얘기입니다. 삼황은 세 분의 황제를 일컫습니다.

첫째가 하늘의 황제天皇이고

둘째가 땅의 황제地皇이며

셋째가 사람의 황제人皇입니다

삼재 신앙三才信仰이 그 바탕이지요.

천황과 지황과 인황이라는 삼황에 유소有巢와 수인燧人을 보태어 '다섯 분 황제五皇'라고도 합니다. 한데 동몽선습이 어떤 책일까요? 짐작하겠지만 교과서입니다.

수상록이나 소설이라면 모르되 교과서는 공인이 필요합니다. 출처가 분명하지 않다면 분명하지 않음을 인정하면서 왜 출처가 불분명한지 밝혀야지요. 동몽선습은 삼황을 얘기하면

311

서 끝에 단서端緒를 붙입니다.

'문자 이전在書契以前 일이라 기록할 수 없다不可考'고 말입니다.

바로 이 한 마디 단서로 인해 동몽선습이 교재가 된 것이지요. 예서 짚고 넘어갈 게 있습니다. 신화神話는 단지 신화일 뿐 가치를 논할 수 없다고. 정말 신화는 가치가 없을까요?

지금은 거의 다 사라졌다지만 몇십 년 전만 하더라도 시골에 가면 마을을 지키는 나무가 있었지요. 아주 오래된 느티나무입니다. 마을의 상징이며 보호수인 까닭에 누구도 함부로 벨 수 없습니다.

자칫 보호수를 잘못 건드리거나 해를 가하면 재앙이 온다고 합니다. '동티動土가 난다'고 말입니다. 어찌 보면 심각한 얘기지요. 그런데 이 한 마디가 중요합니다. 이를 방편이라 해도 좋습니다. 마을을 상징하는 보호수를 오래도록 보전할 수 있으니까요.

신앙이란 마음의 집중에 있습니다. 가령 엉뚱한 듯싶은 것에도 오롯하게 마음을 집중시키면 새로운 에너지가 생성生成됩니다. 마을 사람들의 오랜 믿음이 보호수에 깃들 때 종교가 됩니다.

우리나라 단군신화가 그러하듯 중국의 삼황오제 이야기도 심지어 구약 창세기 등도 같은 맥락에서 볼 수 있습니다. 곰과 호랑이가 사람이 되기 위해 깊은 동굴에서 정진에 들어갑니다. 인내심이 깊은 곰은 기간을 채우지만 호랑이는 중간에 그만두지요. 마침내 곰은 사람이 되지만 호랑이는 사람이 되지 못합니다.

만약에 신화는 신뢰할 게 못 된다는 전제前提를 바닥에 깔아버리면 신화는 신화로서의 믿음마저 상실하고야 말 것입니다. 신화에 에너지를 불어 넣고 그 에너지를 적절하게 활용할 때 바야흐로 거기서 종교가 태어납니다. 스마트폰 단말기를 이용하여 정보를 주고받는 과학은 없으나 상상 밖의 힘을 얻을 수 있습니다.

우바이가 큰스님 법문을 듣습니다. 선승의 상당上堂 법어입니다. '즉심시불卽心是佛'입니다. 다른 얘기는 그냥 지나쳤는데 오직 '즉심시불'이 귀에 꽂힙니다. '즉심시불'이 '짚세기불'로 들렸습니다. 그녀는 '짚세기불'에 몰두합니다. 집에 돌아와 밥 짓고 국 끓이고 음식 만들고 설거지하고 소제 중에도 오직 짚세기 불입니다.

큰스님이 없는 것을 말씀하셨을까? 짚세기가 부처라 하셨는데 사람이며 불자이겠는가? 빨래하고 푸새하고 다듬이질, 다림질에 바느질을 하는 도중에도 오로지 생각은 짚세기 불입니다.

그러던 어느 날 마음이 열렸습니다. 짚세기가 부처임을 깨달았지요. 깨닫고 보니 짚세기만 부처가 아니라 말라비틀어진 똥막대기에서도 부처의 향기가 진동합니다. 하여 문수보살에서 국수 보살을 생각해 내고 나아가서는 관세음보살에서 관심이 곧 보살임을 생각합니다.

'나무아미타불' 법문을 듣고는 내 것이든 남의 것이든 그 누구의 것이든 모든 게 다 부처로 이해합니다. 말라비틀어진 똥막대기가 부처라니 심지어 화장실에서도 부처를 찾는 일을 건너뛴 적이 없습니다.

[넷]
복희씨가 처음으로 팔괘를굿고
모양부호 발음으로 글자만들며
노끈으로 매듭지어 거래하면서
백성들을 바른길로 인도하였네


伏羲氏 始劃八卦하며 造書契하야 以代結繩之政하
시고
복희씨 시획팔괘하며 조서계하야 이대결승지정하
시고


문화! 문화! 하는데 문화가 무엇일까요? 어려서부터 문화를
얘기했습니다. 여기에는 세 가지 뜻이 있지요.

첫째, 자연 상태에서 벗어나 어떤 일정한 목적이라든가 또
는 이상적 생활을 실현하고자 사회 구성원에 의해 습득하고
공유하고 전달되는 행동 양식입니다. 또는 그 과정에서 이룬
물질적 또는 정신적 소득을 이야기합니다. 이 속에는 입고 먹
고 쉬고 오가는 이른바 의식주행衣食住行과 언어, 예술, 제
도, 종교와 풍습, 학문 등을 두루 포함합니다.

둘째, 권력의 힘이나 형벌보다 문덕文德으로 나라를 다스림
입니다.

셋째, 학문을 통하여 인지人智가 깨어 더욱 밝아지는 것이지요. 이들 중 가장 대표적인 것이 첫째에 해당한다고 보면 좋습니다.

문화의 문文이 곧 '글월 문'자고 화化를 '될 화'자로 새기듯이 사람이 글로서 의사를 소통하고 글을 통해 생각을 전함이 문화입니다. 물론 글자보다 우선하는 게 그림입니다. '그림 화畫' 자와 함께 '글 서書' 자가 거의 같은 모양으로 그려진 것도 알고 보면 우연이 아닙니다.

처음 그림으로 생각을 표현하다가 뒤에 글자를 만들며 표현이 쉬워집니다. 문화는 인류에게서 시작합니다. 사람 외 어떤 뛰어난 생명체도 자기 생각을 그림으로 표현하고 도구나 글로 표현하지는 못합니다. 이게 곧 문화의 척도尺度인 셈입니다. '글월 문文' 자를 들여다보노라면 돼지해머리 두亠 부를 쓰듯이 머리丶는 반듯一하게 몸은 멋乂지게 장식합니다. 그림, 글자에서 멋으로 변화합니다.

나는 4년 남짓 동아프리카 탄자니아에 머문 적이 있습니다. 그 당시 가장 부러웠던 것은 탄자니아의 끝 모를 드넓은 영토였으며 자동차를 몰고 나라 밖 이웃 나라로 나갈 수 있다는 것이었습니다.

영토가 우리보다 9.5배나 넓지요. 대한민국이 세계 107위라 한다면 탄자니아는 세계 31위였으니 으레 부러울 수밖에요. 한데 탄자니아는 영자英字를 빌려 표현하는 스와힐리어를 씁니다. 말은 나라마다 다르고 부족마다 다를 수 있습니다.

그러나 이를 자국의 글로 만들어 표현하는 나라가 그리 많지 않습니다. 한데 우리는 우리말을 우리글로 자유롭게 전달하고 있습니다. 말과 글이 하나인 나라가 바로 대한민국이지요.

동몽선습에서 지은이 박세무 선생은 '복희씨伏羲氏 시획팔괘始劃八卦하며 서계書契하여 이대결승지정以代結繩之政하시고' 라며 자랑하고 있습니다마는 한자와 우리말은 일치하지 않습니다. 이를 사사오송으로 옮깁니다.

복희씨가 처음으로 팔괘를긋고
모양부호 발음으로 글자만들며
노끈으로 매듭지어 거래하면서
백성들을 바른길로 인도하였네

요즘 구어체 중국어는 옛날 문어체로 쓴 한문보다는 그래도 이해하기가 훨씬 빠릅니다. 하지만 10개의 모음과 함께 14개 자음으로 모두를 표현하고 말과 글이 일치하는 한글에 견줄 때 중국어, 한자는 너무 많고 복잡합니다. 옛 복희씨가 고안해 낸 글과 셈 표시는 대단합니다. 당시로서는 그렇습니다.

동몽선습의 저자 박세무 선생은 1487(성종18)년에 태어나 1564(명종19)년까지 살았습니다. 1443년에 한글이 만들어지

고 1446년에 한글이 반포되었는데 그렇다면 박세무 선생께
서는 한글이 반포된 이후 사람입니다. 그럼에도 불구하고 선
생은 어린이가 읽을 이 동몽선습을 그 어려운 한자를 빌려 쓴
것입니다.

세종이 한글을 만들어 반포했지만 단 반포에서 끝났을 뿐
입니다. 소위 지식인층에서부터 한글을 거들떠보지 않았습니
다. 아예 우리 문화를 무시했거나 중국이 무서웠거나였을 것
입니다.

복희씨는 위대합니다. 세종의 한글 창제에는 미치지 못하나
비록 하도낙서河圖洛書일 망정 그림으로 그려진 상형문자나
모양과 소리의 형성 문자 인상印象의 지사문자 또는 쐐기 문
자 등이 당시 의사소통 도구로 발명되었다고 생각했을 때 비
록 '작은 시작'이라도 참 장합니다.

[다섯]

달력절기 만들어서 농사를짓고
음정박자 곡을써서 흥을돋우니
너나없이 하는일이 즐거웁구나
세황제가 일구어낸 창작의문화

사람마다 본성품이 착한까닭에
인위적인 정치제도 베풀지않고
온누리가 태평성대 노래부르니
무위로써 다스림의 뿌리가된다

造曆算하고 制音律하니 是爲三皇이라 至德之世요
無爲而治하니라

조역산하고 제음률하니 시위삼황이라 지덕지세요
무위이치하니라

고대 중국의 교과 과정curriculum은 크게 여섯 가지로 들
수 있습니다. 다른 말로 육예六藝라 하는데 예禮 악樂 사射
어御 서書 수數지요.
 1). 예禮는 예학으로 예법이고

2). 악樂은 악학으로 음악이며

3). 사射는 궁시弓矢로 활쏘기고

4). 어御는 말타기 마차 몰기며

5). 서書는 작문이고 서예며

6). 수數는 수학이고 물리입니다.


이들 '육예'의 '예藝'를 놓고 '재주 예' '심을 예' 자로 풉니다만 여기서는 '법도 예禮'로 푸는 게 좋습니다. 법도는 예절에만 있지 않습니다. 음악에도 법도가 있습니다. 함부로 다루지 않는 게 악기이듯 활을 쏘고 창과 검과 무기를 쓰고 말을 모는 데도 법도가 있으며 글書을 쓰고 그림畵을 그리고 세算고 재는 데도 법도가 있습니다.

여기 조역산造曆算과 더불어 제음률制音律에 담겨 있는 뜻을 제대로 하나하나 이해할 수 있다면 이들 두 단어에 간직된 문화가 얼마나 귀한지 알게 될 것입니다.

인간이 다른 동물과 다른 게 있다면 문화를 즐기고 만들어 냄이지요. 문화 중 무관심에 속하던 역산曆算과 음률音律입니다. 음률은 음악이라서 관심이 있다고요? 그렇다면 역산曆算의 법칙은 어떤가요? 책력曆과 셈算에 관한 학문입니다. 책력曆과 역사歷는 다릅니다.

책력이 태양계가 중심에 놓인다면 역사는 지구 인류를 중심으로 합니다. 같은 '책력 역麻' 자를 바탕으로 해 일日이 아래

놓이면 책력曆이고 그칠 지止가 아래 놓이면 역사歷입니다. 사람이 디딜止 수 있는 역사와 태양日계의 운동인 책력은 다릅니다.

볕日을 중심으로 만들어진 달력을 태양력太陽曆이라 한다면 그늘陰을 중심으로 한 달력을 태음력太陰曆이라 이름합니다. 여기에도 순태음력이 있고 태음태양력과 태양력이 있습니다. 순태음력에 회회력回回曆과 칠정산외편七政算外篇이 있고 태양력에도 율리우스력과 현행하는 그레고리력이 있습니다.

역법에는 일시日時 분할이 있는데 이른바 7일을 한 주로 하고 24시간을 하루로 합니다. 간지기년법干支紀年法에서는 천간은 10년마다 들고 지지는 12년마다 돌아와 60년을 1갑자干支로 칩니다. 여기에 삼원갑자三元甲子가 있는데 상원上元, 중원中元, 하원下元으로 180년을 한 주기로 합니다.

역법 속에는 시법時法이란 게 있는데 한낮, 곧 정오를 시작으로 하느냐 한밤중, 곧 자정을 시작으로 하느냐 하는 문제가 대두되곤 하였으나 한반도는 자정을 기준으로 그 이전을 전날로 치고 그 이후를 새날로 표했으며 이는 지금도 그대로 이어집니다.

시법 외에 연호와 기원이 있는데 근대 연호로는 공화정이니 참여정부 문재인정부 등으로 쓰고 있습니다.

우리나라 역은 백제, 고구려 역이 있고 신라는 신라의 역이 따로 있으며 고려의 역이 따로 있었습니다. 고려 말 조선 초의 역이 있었고 조선 역에서는 시헌력을 도입했지요. 그러다가 조선 말 이후 역법에서는 태양력을 채택하여 써 왔습니다. 우리 대한민국은 아니지만 북한에서는 GMT+9 방식으로 우리나라보다 꼭 2시간 늦습니다.

조선시대 역법을 자세히 살펴보면 이처럼 시대에 따라 바뀝니다.

대통력大統曆시대(1370~1652)

시헌력時憲曆시대(1653~1895)

명시력明時曆시대(1898~1908)

역시대曆時代(1895~1910)

조선민력民曆시대(1911~1936)

약력略曆시대(1937~1945)

역서曆書시대(1946년 이후)

백중력, 천세력, 만세력이 있으며

요즘은 스마트폰 캘린더를 사용합니다.

역산의 '역'이 이처럼 책력이라면 이 책력에 절기가 들어있고 설, 한식, 단오, 삼복, 추석 따위와 온갖 세시풍속이 차곡차곡 들어있습니다.

이들 달력과 절기를 황제씨가 만들어 때에 따라 씨를 뿌리고 김을 매고 가을걷이를 하도록 하였습니다.

셈법을 개발한 이가 누굽니까? 복희씨, 신농씨, 황제씨 중

맨 끝의 황제씨입니다. 인류가 살아가는 한에 있어서 영원히
계승하고 발전시켜야 할 아름다운 문화가 있습니다. 예절이
고 음악이고 건강이며 경제고 스포츠며 서로 도움입니다. 이
것이 앞에서 언급한 육예입니다.

이들 삼황三皇의 창작 문화를 바탕으로 행복하게 사람 사는
사회를 만드는 게 나라를 다스리는 자가 할 일입니다. 말하자
면 무위이치無爲而治입니다. 낱낱이 간섭함 없이 자연스레
다스립니다.

큰 정치가는 이름도 얼굴도 없습니다. 왜냐하면 다들 행복
한 까닭입니다. 왕이 누구며 대신이 누구인지 이름이 무엇이
고 어떻게 생겼는지 백성들은 정치에는 관심이 없습니다. 나
는 옛글을 읽으며 과장도 있지만 태평성대를 노래한 옛사람
들이 부러워 어쩔 줄 모르겠습니다. 깊은 산사에서 정진 중이
나 세상 소식에 온통 신경이 쓰입니다.

323

[여섯]

소호전욱 제곡제요 제순을일러
다섯분의 황제라고 얘기하지만
고기직글 네사람이 요순을도와
요와순의 다스림이 으뜸이된다

인류사의 크신스승 공자님께서
서경책을 뽑아들어 다듬으시니
도당씨와 우유씨등 삼대에걸쳐
끊고또한 맺는일이 빈틈없었네

昊頊帝와 帝堯 帝舜이 是爲五帝라 皐夔稷契이 佐
堯舜하야 而堯舜之治니 卓冠百王이라 孔子定書에
斷自唐虞하시니
호욱제와 제요 제순이 시위오제라 고기직글이 좌
요순하야 이요순지치니 탁관백왕이라 공자정서에
단자당우하시니

온고溫古에 빠져 있습니다. 지신知新은 잘 모르고 현재는
더 모릅니다. 너무 빠르거나 너무 더딘 까닭에 스치고 지나갑

니다. 나만 그런 것이 아니라 종교인은 거의 그렇다네요. 알고 보면 과거는 지나간 일이고 미래는 오지 않은 시간인데 순간순간 스치는 시간이 너무 빠른 까닭일까 그냥 잊습니다. 대충 생각해 봐도

불경은 2,600여 년 전

논어는 2,500여 년 전

성경은 2,000여 년 전

코란도 1,500여 년 전 말씀입니다.


삼황오제三皇五帝가 한결같이 상고시대 인물인데 한문 문화권에서는 더도 덜도 말고 요순시대 같았으면 하고 얘기합니다. 황제 자리도 자식에게 넘기잖고 똑똑한 사람에게 전했다는 정치 얘기가 전부인데 매일 서너 시간 경을 읽지만 경은 나를 잘 모릅니다.

상관하지 않습니다. 그처럼 나는 요순의 이야기만 하면 온고溫故 속으로 빠져듭니다. 문득 시인 나태주 선생의 '내가 너를'이란 시에 겹치면서 '풀꽃'이 떠오릅니다.

## [일곱]

하나라의 우왕이며 상나라탕왕
주나라의 문무왕을 삼왕이라네
하나라는 사백년이 왕조의수명
상나라는 육백년을 이어왔도다

팔백년을 내리이은 주나라수명
삼대시절 융성했던 문물이어라
후세에는 그의영향 닿지않았고
상나라의 이윤마저 전설이되네

夏禹, 商湯, 周文王武王이 是爲三王이니 歷年이 或
四百하며 或六百하며 或八百하니 三代之隆을 後世
莫及이요 而商之伊尹傅說이라
하우, 상탕, 주문왕무왕이 시위삼왕이니 연력이 혹
사백하며 혹육백하며 혹팔백하니 삼대지융을 후세
막급이요 이상지이윤전설이라

중국의 역사를 크게 나누면 역사 이전과 역사 이후가 됩니
다. 역사 이전이 황제皇帝가 중심이라면 역사 이후는 나라가

중심입니다. 살펴보면 황제가 중심이기 때문에 나라 이름이 등장하기에 앞서 황제 이름으로 대신하는데 이들이 삼황오제 三皇五帝입니다.

삼황으로는 천황, 지황, 인황이 있고 오제는 복희씨, 신농씨, 황제씨와 요임금, 순임금을 얘기합니다.

또 다른 설은 오제五帝로 소호, 전욱, 제곡, 제요, 제순이며 기록에 따라 여러 가지 설이 있습니다. 첫째 황왕대기설皇王大紀說이고, 둘째 세본설世本說을 비롯하여 대대례大戴禮, 사기史記와 오제본기설五帝本記說이 있으며, 셋째 예기禮記, 월령月令이 있습니다. 넷째 도장설道藏說과 양무제의설, 다섯째 상서서尙書序, 제왕세기, 십팔사략설十八史略說이 있습니다.

삼황오제는 사람이 중심이며 사람 중에서도 '삼황오제'입니다. 그런데 지금 예서부터는 황제가 중심이 아니라 나라입니다. 여름 하夏 자를 쓰는 하夏나라는 중국 한족漢族의 원류로 알려진 이른바 화하족華夏族에서 왔습니다. 따라서 오는 날 중국을 대표할 때 하夏, 화華, 한漢 등으로 표현합니다. 이 3자가 모두 중국의 상징이지요.

기원전 2,070~1,600년 경에 성군聖君 우왕禹王이 세운 중국의 고대 왕조가 곧 하夏나라입니다. 하夏나라는 이미 상商나라 이전 수백 년간 존재했던 나라입니다. 방금 위에서 언급한 것과 마찬가지로 하를 중국의 시초로 보는 까닭에 지금도 하夏를 두고 나라 이름 중국으로도 표현하지만 중국인이라는 뜻으로도 씁니다.

그렇다면 왜 나라 이름이나 또는 인종에게 하夏 자를 썼을까요? 까닭은 아주 단순한 데 있습니다. 지금은 중국대륙 남쪽으로 태국과 라오스, 미얀마, 말레이시아, 캄보디아 베트남 등 독립된 나라가 있으나 역사 이전에는 부족 국가들이 그들 특유의 문화를 형성했습니다. 한족漢族은 중국 대륙에서도 주로 중심에 살았습니다.

그처럼 한족이 중심이라면 변두리는 그들 삶의 풍습에 따라 이름을 달리 붙이곤 하였습니다. 중국 한족들이 변방을 가리켜 동이東夷를 비롯하여 서융西戎과 남만南蠻과 북적北狄이라 불렀습니다. 방향 지시사인 동서남북과 함께 이夷, 융戎, 만蠻, 적狄을 붙여 '오랑캐'라 표현하기도 했지요. 한족 이외는 다 오랑캐인 셈입니다.

동이족은 동쪽東 오랑캐夷로 큰大 활弓을 잘 다루어 '이족夷族'이란 이름이 붙은 것처럼 서융족은 서쪽 오랑캐戎로 특히 병장기戎를 잘 다루었습니다. 남만족은 만족蠻族이 주로 살았는데 파충류虫를 현란하絲게 다루었고 북적족은 북쪽北 오랑캐狄로 들개犭를 불火처럼 다루었습니다.

북반구에서 살아가는 이들에게는 남쪽으로 갈수록 따스했으며 따스한 곳이 살기에 편했습니다. 유목민이든 또는 정착민이든 누구나 따스한 곳을 선택했으며 가운데中 나라國 사람들이 모여 살던 '여름 나라'가 곧 하夏나라였지요. 이처럼 화하족의 문화 속에서 격식보다는 자유롭게 살아왔기에 중국의 옛 이름이 '하夏나라'입니다.

하夏나라 다음 왕조가 상商나라지요. 나중에 은殷나라로 바뀌었으나 주周나라 때 붙인 이름이고 은나라 수도首都가 상商이어서 수도 이름을 따 상나라가 된 것입니다. 수도를 상商이라 이름한 것도 당시 사람들이 상업에 뛰어났기에 자연스레 상나라란 이름이 붙었습니다.

상商은 허난성河南省이 중심으로 황허黃河 하류 지역에 있습니다. 은殷나라 문화는 제祭의 문화지요. 망자를 위한 제사가 발달하면서 무엇보다 제례祭禮를 중시했습니다. 술을 빚고 술을 즐겨 마시다 보니 제사와 관련된 문화가 꽃을 피웁니다.

중국사에서 은나라 문화를 제하면 아무것도 내세울 게 없을 정도로 은나라 문화는 대단했습니다.

고도의 청동기 문화를 비롯하여 은나라는 종교 문화의 발상지입니다. 주周나라는 중국의 옛날 왕조로 산시성陝西省에서 일어나 문왕 때에 전성기를 이루었습니다. 그러다가 기원전 770년에 남쪽 만족蠻族의 침입을 피하여 오늘날 낙양인 낙읍으로 천도했지요. 이 천도 이전을 서주西周라 하고 천도 이후를 동주東周라고 합니다. 마침내 기원전紀元前 256년에 진秦나라에게 멸망滅亡하게 됩니다.

상商나라의 이윤伊尹이 있었는데 문화 중국을 대표하는 은나라의 전설적 인물입니다. 이윤은 은나라 재상으로서 은의 성군聖君 탕왕湯王을 도와 하夏나라 주태백으로 알려진 걸주桀主를 멸망시키고 선정을 베푼 사람이 이윤입니다. 그러나 은나라마저 멸망하자 그의 명성도 한 줌 재가 되고 말았습니다..

[여덟]

주나라의 주공소공 뛰어난신하
주공께서 예와음악 창시하시니
전장법도 제법이여 찬연하여라
빠짐없이 온전하게 갖추었도다

주나라가 쇠미함에 이르렀을때
다섯패자 제후들이 서로도와서
나름대로 반듯하게 이끌었으니
다섯분의 패자라면 누구누군가

제환공과 진문공과 송나라양공
진목공과 초장왕이 차례차례로
돌아가며 하나라와 맹약했으니
주나라의 왕실위엄 부끄러워라

周之周公과 召公이 皆賢臣也라 周公이 制禮하시고
作樂하시니 典章과 法度가 粲然極備하더니라 及其衰
也하야 五覇樓諸侯하야 以匡王室하니 若齊桓公과
晉文公과 宋襄公과 秦穆公과 楚莊王이 迭主夏盟하
니 王靈이 不振하니라

주지주공과 소공이 개현신야라 주공이 제례하시고 작악하시니 전장과 법도가 찬연극비하더니라 급기애야하야 오패루제후하야 이광왕실하니 약제환공과 진문공과 송양공과 진목공과 초장왕이 질주하맹이니 왕령이 부진하니라

주周나라를 근간으로 한 공자의 칭송은 끝을 모릅니다. 그만큼 주나라를 찬양했지요. 그 이유는 간단합니다. 이미 위에서 살펴본 바와 같이 주나라는 문화를 태동시켰습니다. 일반적으로 이 주나라를 놓고 다섯으로 나누고 있습니다.

시안西安에 도읍을 둔 서주와 뤄양洛陽에 도읍을 둔 동주입니다. 주나라 초대 무왕武王으로부터 12대 유왕까지 다스린 국호가 시안의 '서'를 따 서주입니다. 동천東遷한 뒤 도읍이었던 낙읍 서쪽에 있었기에 서주입니다. 낙읍은 다른 말로 뤄양이지요. 이처럼 이들 서주와 동주는 시안과 뤄양에 있었던 기원전 나라이고 북주北周와 후주後周가 있어 정신 바짝 차리고 기억해야 합니다.

서주와 동주는 기원전에 북주는 남북조 시대에 있었고, 후주는 후한이 멸한 뒤 세운 나라며 당나라 때 측천무후가 세운 게 역시 주周나라였습니다.

주나라 주周를 두루 주周로 새기고 있습니다. 이 또한 나라

이름 주周에서 왔지요. 그만큼 주나라는 모두 갖추었고 명성이 천하에 두루했습니다. 멀 경冂 자에 길할 길吉 자가 아니라 쓸 용用 자에 입 구口 자를 놓습니다. 언어口를 써用서 두루 펼친다는 순수하면서도 중함입니다.

좋은 얘기든 안 좋은 얘기든 널리 퍼짐은 입을 통해서입니다. 따라서 언어의 퍼짐이 곧 주周입니다. 공자가 사랑했던 나라며 언어口를 만들어 널리 쓰이게用 했습니다. 나라 이름 주周가 좋습니다.

3주 전에 후배가 찾아왔습니다. 부처님오신날 지나고 난 뒤 인사차 한번 들른 수좌였는데 석 달 넘게 매일 페이스북에 올린 나의 동몽선습 강의를 읽는 재미가 쏠쏠하다며 너스레를 떨었습니다. 왜 이런 너스레가 싫지 않을까요? 그러면서 공자께서 말씀한 시와 음악과 함께 예를 익히고 여전히 공부를 하고 싶어 했습니다.

그가 스스로 해인승가대학 후배라고 하니 그저 그러려니 할 뿐 초면입니다. 그가 해인승가대에서 정통으로 불교를 배웠다니 여간 반갑지 않을 수 없었지요. 예를 갖춘 뒤 말을 꺼냈습니다.

"스님 앞에서는 좀 그렇지만 저도 나름대로 공부했습니다. 한데 큰스님 말씀대로 주나라가 아름다운 문화를 창조해냈을까요?"

내가 웃으며 답했습니다.

"유교儒敎 13경經 대부분이 공자님 손길을 거쳐 나왔으니까 뭔가 다양하고 철학적이지 않을까? 게다가 무위이화無爲而化이니까?"

후배가 고쳐 앉더니 다시 되물었습니다.

"무위이화라 하시면 무슨 뜻이 담겨 있습니까?"

"자연 그대로 두는 게 무위고 제대로 느낌이 이화라네 어때, 이해가 좀 가셔?"

그가 고개를 끄덕였습니다.

"네 큰스님, 매일같이 글을 접하며 열심히 공부는 하는데…. 제가 워낙 머리가 아둔한 데다 게을러 공부가 잘되지 않습니다."

그때 내가 웃으며 답했습니다.

"허, 이 사람 내 자호自號가 뭔지 아시나?"

"아니요, 큰스님 호는 모릅니다. 호가 어떻게 되시는지요?"

"으음, 내가 내게 붙인 건데 태옹怠翁일세."

"왜 하필이면 태옹이십니까? 여말선초에 나옹 스님이 계셨는데 게으를 나懶 늙은이 옹翁으로 그렇게 알고 있습니다만."

내가 차를 한 잔 건네며 말했습니다.

"내가 나옹 스님 따라쟁이 아니겠는가?"

우리는 둘이 손뼉을 쳐가며 한바탕 크게 웃었습니다.

삼매에 들어앉았는데 자동차 시동이 걸립니다.

어느새 후배가 다시 길을 떠나나 봅니다.

[아홉]

공자님은 하늘이낸 성인으로서
수레타고 온천하를 주유했으나
그의도가 행해지지 않은까닭에
전해오는 경전만을 다듬었어라

시경에서 서경까지 교정을보고
예기악기 경전들을 다시살피며
주나라의 변화경전 주역설하고
춘추까지 하나하나 편수했도다

孔子以天縱之聖으로 轍環天下하사 道不得 行于世
하야 刪詩書하며 定禮樂하며 贊周易하며 修春秋하사
공자이천종지성으로 철환천하하사 도부득 행우세
하야 산시서하며 정예악하며 찬주역하며 수춘추하사

'내다縱'와 '창조하다造'의 의미는 분명 커다란 차이를 이룹
니다. '창조하다'는 처음 만듦이고 '내다'는 '낳다'의 뜻도 있지
만 인연의 끄나풀을 준비할 뿐입니다.
천종天縱은 하늘이 냄일 뿐이지 설계하고 창조하는 것과는
다릅니다. 종교 입장에서 수식어가 붙습니다. 하늘이라는 무

형의 손잡이에게 생명 존칭인 '님'을 붙입니다. 가령 명사 뒤에 '님'을 붙인다면 그가 신이든 또는 사람이든 생김새가 필히 사람이어야 합니다.

조류, 파충류, 동물과 미생물에게 '님'자를 붙이지는 않습니다. 하느님, 용왕님, 조왕님, 부처님처럼 '님'을 붙인다면 사람을 닮은 꼴입니다. 하여 우리는 친근함을 느낍니다.

경외하면서 동시에 존경하고 존경하면서 의지합니다. '하늘이 낸 사람'이라고 이야기할 때 그 하늘은 아버지를 가리킬까요? 맞습니다. 아버지입니다. 하여 하느님 아버지는 있는데 하느님 어머니는 없습니다. 이는 동서고금이 닮은 꼴입니다. 콩즈 선생은 이렇게 설합니다.

아버지여父兮 나를 낳으生我시고
어머니여母兮 나를 기르鞠我시니
아버지가 아기를 낳았다고 읊고 있습니다.

우리말에서 상대를 부를 때 직계에는 '님'을 붙이지 않습니다. 나를 낳으신 아버지 어머니는 단순히 '아버지' '어머니'로 부를 뿐 아버님 어머님으로 부르지 않습니다. 직접 부를 때도 그러하거니와 남에게 자기 부모를 소개할 때도 여기 이분은 '제 아버지시고 이분은 제 어머니입니다'라든가 '제 아빠 엄마입니다'로 충분합니다.

이처럼 순수 우리말의 호칭 문화는 생각보다 복잡하며 단순합니다. 며느리가 시부모님을 부를 때 '아버님 어머님'이라고 하듯 사위가 아내 부모님을 부를 때는 '장모님' '장인 어르신'입니다. 시아버지 시어머니가 그렇듯 장인과 장모가 누구입니까? 나를 낳은 분이 아니라는 자연스러운 호칭 문화입니다.

이런 호칭을 종교에 적용한다면 부처님이 몸소 나를 낳은 분이 아니듯 하느님, 하나님도 '님'을 붙일 경우에는 분명 나를 낳은 분이 아닙니다. 곧 정신은 낳을 수는 있을지 모르나 몸소 몸을 낳은 분은 아니지요. 알쏭달쏭한 호칭이지만 그렇습니다. 공자님은 하늘이 낸 성인이라는 데 이는 공자의 정신을 내었을 뿐 몸까지 낸 분은 아닙니다.

'천종지성天縱之聖'이라 하여 하늘이 내신 성인聖이라면 좋은 일만 있어야 하지 않을까요? 그런데 공자께서 천하를 돌아다녔지만 아무도 반기지 않습니다.

공자님 생존 시에는 제대로 예우를 받지 못했습니다. 수레를 타고 천하를 두루 다녔으나 쉽게 환영받지 못한 성자입니다. 공자의 인仁을 돌아보지 않습니다. 공자는 할 일이 없었습니다.

공인으로 받아주는 곳이 없었으니까 그는 경전을 펼치고 점검합니다. 시경과 서경을 교정합니다. 오식誤植을 집어내고 옛 문헌과 낱낱이 대조하면서 쓸데없는 말은 다듬습니다.

그는 예기禮記와 악기樂記에 관해 살핍니다. 주나라 문화를 바탕으로 써 내려간 춘추春秋 역사를 살핍니다.

[열]

지난세상 성자들을 계승하면서
뒷세상의 학자들을 이끌었으나
그의도를 전수받은 제자로서는
안자증자 두사람을 꼽을수밖에

이와같은 사실들을 기록한것이
논어속에 자세하게 실려있으며
예기속에 담겨있는 대학이란책
증자문인 해설한게 분명하여라

繼往聖, 開來學하시니 而傳其道者는 顔子요 曾子니
라 事在論語하니라 曾子之門人이 述大學하니라
계왕성, 개래학하시니 이전기도자는 안자요 증자니
라 사재논어하니라 증자지문인이 술대학하니라

　　불교에서 가끔 쓰는 용어에 속불혜명續佛慧命이 있습니다.
부처의 지혜 생명을 이어감입니다. 고기와 오신채를 먹지 않
고 주색酒色과 도박을 멀리하고 삭발에 가사 장삼을 수하더
라도 부처의 가르침을 전하지 않는다면 혜명을 잇는다 할 수
없습니다.

이런 얘기를 접할 때 어떤 수행자는 나무랄 것입니다. 그런 수행자는 분명 율사입니다. 수행자가 금계를 잘 지닌다면 이미 부처님 제자로 손색이 없는데 부처님 혜명을 잇지 못한다고 쉬 단정할 수 있겠느냐고 말입니다.

단지 겉으로 드러난 모습만으로 부처의 금계를 언급한다면 풀과 나무가 수행자며 흐르는 강물이 수행자며 큰 바위가 수행자일 것입니다.

요즘 지구촌 젊은이들 세계에서는 스님네 못잖게 삭발을 즐깁니다. 친환경의 채식을 고집하고 술과 담배와 도박을 멀리하며 결혼하지 않은 채 혼자 살아갑니다. 불교 신자가 아니면서도 불교에서 내세우는 금계를 철저히 지키는 이들이 있습니다. 그럼 이들이 다 수행자며 부처의 혜명을 이어간다고 할까요?

비구 250계를 지킬 수 있으며 비구니 348계를 다 지킬 수 있나요? 비구니가 닦을 348가지 계와 비구의 250계는 차치하고라도 다섯 가지 계율五戒은 온전하게 다 지킵니까?

부처의 혜명을 이어가는 데는 으레 불계佛戒는 말할 것도 없고 우주와 자연의 질서가 중요합니다. 절대 살생하지 않는다지만 밟혀 죽는 미생물은 어찌할까요? 계왕성繼往聖 개래학開來學입니다.

앞서가신 성자들의 삶을 잇고 올 후학을 열어줌입니다. 앞서가신 성자가 누굴까요? 공부자서껀 제자백가諸子百家를 가리키며 특히 공맹孔孟의 도道입니다.

'계왕성 개래학'은 강과 같습니다. 강물은 으레 흘러야 합니다. 당연히 마실 물도 필요하지만 갖가지 용수도 넉넉해야 합니다.

'공문십철孔門十哲'이라 합니다. 공자의 제자가 10명이지요. 아주 뛰어난 제자입니다. 혹은 일흔두 명이라 합니다. 도의 물줄기를 이은 자에 관하여 동몽선습에서는 이렇게 표현합니다.

지난세상 성자들을 계승하면서
뒷세상의 학자들을 이끌었으나
그의도를 전수받은 제자로서는
안자증자 두사람을 꼽을수밖에

안자顔子는 이름이 안회顔回입니다. 비록 젊은 나이에 스승 공자보다 먼저 세상을 하직했습니다만 공자는 안회를 아꼈지요. 증자曾子는 효성孝聖입니다. 공자의 효를 실천한 제자 중에서 증삼曾參을 넘는 사람은 없습니다.

공자孔子, 안자顔子, 증자曾子서껀 학자들 성 뒤에 '자子'를 붙이는데 이는 '스승, 성자, 선생님'의 뜻입니다. 공자 이름은 공구孔丘입니다. 안자 이름은 안회顔回며 증자 이름은 증삼曾參이고 맹자 이름은 맹가孟軻입니다. 안자와 증자 얘기가 나옵니다. 역시 동몽선습에서는 표현합니다.

　이와같은 사실들을 기록한것이
　논어속에 자세하게 실려있으며
　예기속에 담겨있는 대학이란책
　증자문인 해설한게 분명하여라


　대학大學은 학교를 뜻하기도 하지만 고전古典의 이름이기도 합니다. 어떤 책이며 누가 썼을까요? 어쩌면 이 동몽선습의 저자인 박세무 선생이 활약할 때도 갑론을박했을 것입니다. 박세무 선생은 얘기합니다.

　예기禮記 속에 담겨 있는 대학大學은 증자曾子 문인이 해설하였다

## [열하나]

열국이란 여러나라 일컬음이니
춘추시대 전국시대 기멸한나라
노나라와 위나라와 진나라서껀
정나라와 조나라와 채와연나라

오나라와 제나라와 송과진나라
초나라와 진나라도 전쟁중으로
어떤것도 물리치던 창칼의시대
어떤것도 막아내던 방패의시대

그가운데 진나라와 초와연나라
제나라와 한나라와 위와조나라
이와같이 서슬퍼런 일곱나라를
전국시대 칠웅이라 이름하였네

列國則 曰魯와 曰衛와 曰晉과 曰鄭과 曰趙와 曰蔡와 曰燕과 曰吳와 曰齊와 曰宋과 曰陳과 曰楚와 曰秦이니 干戈日尋하야 戰爭不息하야 遂爲戰國이로되 秦楚燕齊韓魏趙가 是爲七雄이라

열국즉 왈노와 왈위와 왈진과 왈정과 왈조와 왈채와
왈연과 왈오와 왈제와 왈송과 왈진과 왈초와 왈진이
니 간과일심하야 전쟁불식하야 수위전국이로되 진초
연제한위조가 시위칠웅이라


## 01. 춘추전국시대

열국이란 여러 나라의 뜻입니다. 보통 기원전 770년에서부
터 기원전 403년까지를 묶어 '춘추시대春秋時代'라 하는데
공자가 처음으로 명명하였습니다. 그 뒤 기원 221년 진시황
이 세운 진나라 전까지를 전국시대라고 합니다. 나중에 이 두
시대를 한 데 묶어 '춘추전국시대春秋戰國時代'라 부르지요.
연대에 관해서는 설이 다양합니다.

## 02. 노魯나라

중국 주周나라 때 열국의 하나로 주공 단旦을 시조로 합니
다. 기원전 1055년에 세워졌지요. 단은 무왕을 도운 공으로
공자의 고향인 곡부曲阜에 봉封을 받아 나라를 세우게 됩니
다. 나중에 아들 백금伯禽이 노나라를 맡아 이어갔으나 기원
전 249년에 이르러 칠웅七雄 가운데 초楚에게 망합니다.

## 03. 위衛나라

중국 주나라 때 주공의 아우였던 강숙康叔이 세운 나라입니다. 은殷나라 유민을 다스리기 위해 은나라의 옛 도읍이었던 조가朝歌에 봉해진 왕조입니다. 제11대 무공 때가 전성기였으며 결국 기원전 209년에 이르러 진시황이 중국 최초로 세운 통일 왕조 진秦나라에게 망합니다.

## 04. 정鄭나라

중국 춘추시대 중 한 나라입니다. 기원전 806년 주나라 선왕의 아우인 우환공友恒公을 시조로 합니다. 오늘날의 산시성陝西省 화현華縣 땅에서 시작했으나 나중에 오늘날의 허난성河南省 신정현新鄭縣으로 도읍을 옮깁니다. 기원전 375년에 이르러 한韓나라 애후哀侯에게 망합니다. 대한민국 한韓나라가 아닙니다.

## 05. 조趙나라

중국 전국시대 나라 이름입니다. 전국칠웅戰國七雄 중 하나로 기원전 403년 한韓나라가 저 유명한 위魏나라와 더불어 진晉나라를 삼분하여 세웠습니다. 산시성山西省을 시작으로 하여 허베이성河北省에 걸쳤으며 한단邯鄲에 도읍都邑하였습니다. 176년 동안을 잘 이어가다가 진秦나라에게 멸망합니다.

## 06. 연燕나라

주나라 때 제후국諸侯國이지요. 주나라 무왕 때 무왕의 아우 소공석이 오늘날 허베이河北를 영토로 하여 베이징北京에 세운 나라입니다. 점차 북동北東으로 발전하여 전국시대戰國時代에 이르러 칠웅七雄의 하나로 불립니다만 기원전 222년, 진秦나라에 흡수되면서 멸망합니다.

## 07. 오吳나라

이는 단지 오나라뿐 아니라 중국의 나라 이름은 반복됩니다. 이를테면 백제가 멸한 뒤에 이어 후백제가 들어서듯 오나라도 여러 번 세워집니다. 여기서는 중국 춘추시대 나라입니다. 양쯔강 하류 지역에 있었으며 이웃 월越나라와 심하게 다툽니다. 부차夫差가 정권을 잡았을 때 강력한 패자로 이름을 드날렸으나 기원전 473년 월나라에게 망합니다.

## 08. 송宋나라

중국 주대 때 나라 이름입니다. 12세기 성리학자 주희朱熹가 살았던 남송과는 전혀 다른 나라입니다. 은殷나라가 멸망했을 때 주왕紂王이 그의 서형庶兄인 미자계微子啓와 서로 힘을 합하여 은나라 유민을 고루 보살피고자 봉封한 나라가 송나라입니다. 기원전 286년에 이르러 제, 위, 초나라에게 망합니다.

## 09. 초楚나라

중국, 춘추전국시대에 장성했던 나라입니다. 양쯔강 중류 유역에 세웠으며 주나라 성왕으로 알려진 무왕武王이 이웃을 정복한 뒤 발전했습니다. 결국 장왕莊王 때에 이르러 제환공 齊桓公과 진문공陣文公에 이어 강력한 패자霸者가 되고 전국 칠웅戰國七雄에 오르나 끝내 진秦나라에 멸망하고 맙니다.

## 10. 한韓나라

한수 한漢 자 한나라가 아니라 나라 한韓 자를 쓰게 되면 우리는 대한민국을 떠올립니다. 하지만 여기서 얘기하는 한 韓은 중국에 있었던 한韓나라로 칠웅七雄에 이름을 올렸습 니다. 기원전 403년 전국시대 때 위사魏斯,조적趙籍, 한건韓 虔이 진晉나라를 나누어 세운 나라로 기원전 230년에 이르러 진秦에게 멸망, 흡수 통일됩니다.

## 11. 진秦나라

중국 춘추전국시대 있었던 나라지요. 시조는 한비자韓非子 였는데 기원전 221년 진시황에 이르러 초楚, 한韓, 조曺, 위魏, 연燕, 제齊 여섯 나라를 한꺼번에 멸하면서 최초의 통일국가를 세웁니다. 그러나 기원전 207년에 이르러 건국한 지 16년 뒤 한 漢 고조에게 멸망하면서 대단한 역사도 끝을 맺습니다.

## 12. 진秦나라

진秦이 왜 그리 빨리 멸망했을까요? 건국한 지 겨우 16년 만입니다. 샐러드 볼salad bowl의 조화 법칙이 아니라 용광로의 무개념 용해 때문일까요? 복잡한 춘추전국시대가 진秦에 흡수 통일이 되었지요. 요즘 중국을 보고 있노라면 가끔은 진시황이 생각납니다. 마구 녹이는 용광로 무개념보다 샐러드 볼의 조화가 아름답다지만 얼마나 오래 갈까요?

## 13. 열국시대列國時代

이 열국시대는 지금도 여전히 진행중에 있습니다. 이는 인간에게만 있는 게 아니라 생명을 가진 자의 본능입니다. 생명은 삶의 공간을 더욱 넓히고 삶의 시간을 늘리려 애씁니다. 그러나 떠날 때는 올 때처럼 빈손으로 가는 걸 잘 알면서도 남보다 더 많이 모으려고 합니다.

개미와 벌처럼 작은 곤충들도 자기 영역을 지키려 아우성입니다. 그래도 사람은 사람입니다. 이승을 뜰 때는 빈 손空手이라 마음을 조금은 비울 듯도 싶지만 본능을 버린다는 게 어디 쉽습니까? 하여 우리는 부처를 존경합니다. 부富도 명예도 다 던져버리고 세간을 벗어난 분이시니까요.

공부자의 손자되는 자사선생이
이시기에 태어나서 중용을짓고
자사선생 문인중의 맹자선생이
제나라와 양나라서 도를설했다

맹자선생 설한도는 왕도정치로
제후들이 펼쳐야할 도리임에도
세상에는 전해지지 아니하기에
맹자어록 일곱편을 저술하였다

이단들이 종횡으로 날개펼치고
쓸데없는 학설들이 성행하면서
사맹학의 중용맹자 우리의도는
세상에는 전해지지 아니하였다

孔子之孫 子思가 生斯時하사 作中庸하고 其門人之
弟 孟軻가 陳王道於齊梁하사 道又不行하매 作孟子
七篇하였으되 而異端縱橫功利之說이 盛行이라 吾
道不傳하니라

공자지손 자사가 생사시하사 작중용하고 기문인지
제 맹가가 진왕도어제양하사 도우불행하매 작맹자
칠편하였으되 이이단종횡공리지설이 성행이라 오도
부전하니라


제자가 묻습니다.

"중도中道가 무엇입니까?"

제자의 물음만큼 스승의 답이 짧습니다.

"중도니라."

자세를 고치며 다시 묻습니다.

"제 마음은 아주 진지합니다. 큰스님께 다시 여쭈니 바르게
일러 주십시오. 중도에 담긴 뜻이 무엇입니까?"

물음이 끝나지도 않았는데 스승의 답이 빠릅니다.

"중도니라."

하지를 한 파수쯤 앞둔 절간 아침나절이 상큼합니다.

쐐애~ 쏴아~ 쐐애~

풀벌레 울음의 짐작으로 매우 후텁지근할 듯싶습니다. 답답
한 제자가 옷깃을 여밉니다. 제자가 또 묻습니다.

"큰스님, 이렇게 여쭙습니다.

그럼 중용中庸은 무엇입니까?"

"……"

종심에 가까운 스승의 답이 없자 불혹의 제자가 입을 엽니다. 바로 그때였습니다. 스승이 제자를 부릅니다.

"이놈, 제자야!"

제자가 깜짝 놀랍니다. 평소 이름을 부르면 불렀지 '제자야'로 부른 적이 없습니다. 그러니까 출가하기 전 아버지, 어머니가 부르실 때 '아들아!'가 참으로 정겨웠는데 큰스님께서 '제자야'로 부르시다니

"네 큰스님, 무엇입니까?"

"제자야, 잘 들어라. 중용이니라."

제자의 표정을 살피던 스승이 제자 귀를 끌어당기며 귓속말로 전합니다.

"중요한 것을 전할 테니 잘 들어라. 자세한 것은 말인데 제자야! 사맹思孟에게 물어라."

"네?.....!"

[열셋]

서슬퍼런 진시황조 이르러서는
동주서주 한꺼번에 집어삼키고
여섯개의 제후국을 멸망시키며
봉건제도 한꺼번에 폐지하였다

군현제를 시행하여 장악했으며
시경서경 백가서를 불에태우고
유생들을 구덩이에 묻어죽이니
집권한지 이세뒤에 멸망하였다

제4. 중화사中華史

及秦始皇하야 吞二周 滅六國하며 廢封建 爲郡縣하
며 焚詩書 坑儒生하니 二世而亡하니라
급진시황하야 탄이주 멸육국하며 폐봉건 위군현하
며 분시서 갱유생하니 이세이망하니라

동주東周는 서주西周의 후주입니다. 주나라가 동천東遷한
뒤의 국호입니다. 제13대 평왕平王 때의 일로서 장안長安,
곧 시안西安에서 뤄양洛陽으로 수도를 옮긴 뒤 붙여진 이름
이 동주東周입니다.

제37대 난왕赧王이 진秦에 멸하기까지 거의 500년간 유지된 나라입니다. 춘추전국시대에 해당하지요.

서주西周는 동주 전 주나라입니다. 제1대 무왕武王에서 시작하여 제12대 유왕幽王 말까지 나라 이름이 서주西周였습니다. 동주가 세워지기 전에는 그냥 주周나라였을 뿐입니다. 뒤에 도읍都邑 호경鎬京이 동쪽에 있는 낙읍에 세워지자 자연히 서쪽의 주가 되었으며 서주란 이름이 붙게 된 것입니다.

육국은 여섯 육六 자에 나라 국國 자이니 글자 그대로 여섯 나라입니다. 초楚, 연燕, 제齊, 조趙, 위魏, 한韓으로 기존의 전국칠웅戰國七雄 중에서 진秦나라를 제외한 여섯 나라입니다.

이들 일곱 나라는 오늘날 중국 동부에 위치한 나라입니다. 이들 일곱 나라 중에서 진秦나라가 나머지 여섯 나라를 단숨에 빨아들여 통일을 이룹니다.

그는 몸소 황제皇帝 위에 오릅니다. 진시황 가계나 활약에 관해서는 여러 가지 설이 분분합니다. 동몽선습의 이 대목은 이렇게 전해지고 있습니다. 동주와 서주를 한입에 삼키고 '초, 연, 제, 조, 위, 한' 여섯 나라를 용광로에 넣어 하나로 만듭니다. 초나라, 연나라, 제나라, 조나라와 위나라 한나라 문화가 아예 사라집니다.

진시황은 제후국을 멸망시키고 봉건제도마저 폐지했습니다. 새 술은 새 부대에 담아야 한다는 이른바 속담의 시작입니다. 부대에 묵은 술이 남아있다면 발효된 미생물 중 일부 잘못된 게 그대로 새 술로 전이될 수 있으니까요.

새 술은 새 부대에 담는 게 좋습니다. 이처럼 진시황은 통일을 이루며 문화 말살을 우선에 둡니다.

봉건제도를 없애고 난 뒤 군현제郡縣制를 시행하면서 철저한 벼리 정치로 펼쳐나갑니다. 따라서 필요한 시스템이 공산共産입니다. 공산 논리는 이미 이때 시작되었고 오늘날까지도 이어오고 있지요. 통일에는 장점이 있는가 하면 최고 위정자의 철학에 따라 단점이 될 수 있습니다. 그래서 필요한 게 획일입니다.

그는 유생들을 구덩이에 묻습니다. 유생을 묻는 것으로 성에 안 차 당시 지도자들을 이끌어 온 시경, 서경을 불태웁니다. 정부를 비난했던 눈 푸른 이들 그처럼 싱싱하고 파릇파릇한 생각을 그 근원 뿌리부터 없애기 위해 시범으로 땅을 깊숙이 파고 산채로 그냥 묻어버립니다. 이를 한마디로 갱유坑儒라 합니다.

어디 시경詩經과 서경書經뿐일까요? 당시 많은 서적들이 불태워집니다. 그러나 지금까지 알려진 폭정 진시황제의 폭정을 두고 일부 학자들은 과장이라 봅니다. 당시에도 가짜 뉴스가 판을 쳤습니다. 하지만 진시황이 집권 후 2세대 뒤 통일국가 진나라는 망합니다. 나중에 알게 된 것이지만 가짜 뉴스의 힘입니다.

역사의 실체를 알고 보면 진시황이 허물이 전혀 없는 것은 아니나 많은 부분 피해를 입은 자들이 일으킨 쿠데타 현상입니다. 진시황의 업적으로는 도량형의 통일, 미신의 축출, 봉건제 파기, 영토의 통일, 하나된 문자와 하나된 화폐 등입니다.

　이는 통일統一에 저절로 따라붙는 자연스런 현상의 하나입니다. 근대 중국이 티베트를 비롯하여 위구르와 몽골에 이르기까지 힘으로 통일을 강요하고 있습니다.

　소수 민족의 문화는 말살되고 역사와 사상까지 위협받습니다. 인류 역사는 전쟁의 점철이라지만 진시황의 통일 정치 사조가 일대일로一帶一路로 이어집니다.

　하늘과 땅과 바다와 낮과 밤이 하나의 빛깔로 빛나기보다 다양한 컬러로 빛나는 무지개가 훨씬 아름답고 덜 지루하듯이 획일성 사회를 고집하는 중국보다 고유固有의 문화를 되살리는 아시안이나 유러피안의 삶이 더욱더 사람 사는 세상 같지 않나요? 진시황이 이루어낸 통일국가가 오래 가지 못한 것은 실로 행운 중 행운입니다.

355

[열넷]

한고조가 흰옷입은 백성으로서
바야흐로 황제자리 선뜻오른뒤
사백년을 지나도록 이어왔으나
명제때에 이르러서 흔들렸도다


명제때에 설산넘어 서역불교가
처음으로 중국땅에 들어오면서
유교옷을 입고있던 중국인들을
한꺼번에 혹세무민 흔들어댔다


漢高祖가 起布衣로 成帝業하야 歷年四百하되 在明
帝時하야 西域佛法이 始通中國하야 惑世誣民하니라
한고조가 기포의로 성제업하야 역년사백하되 제명
제시하야 서역불법이 시통중국하야 혹세무민하니라

제4. 중화사中華史


"규나, 이리 와 봐라!"

"네 아부지, 옛날 얘기시쥬?"

아버지의 다정한 부름이 있으시면 나는 아버지 앞에 앉았습
니다.

"항우와 유방 얘기 들어봤니?"

"아니유, 아부지. 아직유"

"힘이 세기로는 산을 뽑을 만하고 기운은 세상을 덮을 만했지"

"역발산기개세 얘기시쥬 아부지?"

"규니, 너 그걸 어떻게 알았어?"

"아부지가 얘기하셨어유..... 전에"

항우 얘기는 앞서 들었지만 이번에는 주제가 바뀌었습니다. 한고조 유방은 겉으로 바보스러웠으나 속으로는 지혜로운 사람이었고 유방의 벗 항우는 힘이 장사였으나 매우 우직하다는 얘기였습니다.

"하루는 말이다 규나! 항우와 유방이 힘자랑을 했단다."

나는 아버지 얘기에 귀를 기울이며 침을 꼴깍 삼켰습니다.

"그래서유. 아부지?"

357

"유방이 옷깃을 뒤적이더니 겨드랑이에서 이 한 마리를 꺼냈지 그러면서 이 이를 죽여 보라 했어 항우가 얘기를 듣자마자 이를 바위 위에 놓고 주먹으로 내리쳤지. 그런데 웬걸, 바위는 두 쪽이 났는데 이는 죽지 않고 살아있는 거야"

"그래서유, 아부지?"

"그러기는 뭘 그래서겠어."

막내아들이 관심을 보이자 아버지는 더욱 신이 나셨습니다. 해서 유방이 항우에게 이렇게 말했지. '이를 잡는 데는 그런

힘이 아니라 지혜의 힘이 필요하다네 날 보게' 하면서 이를 두 엄지손톱 사이에 놓고 살짝 누르자 이가 끼어 죽은 거지..... 그러면서 아버지는 날 바라보셨습니다.

"규나, 어때 재미있지 않니?"

"네, 아부지 지혜가 중요하긴 중요허네유."

나는 우직한 항우와 함께 항우가 사랑한 우미인에 이르면 내가 항우라도 된 듯 빠져들었습니다. 그런 막내아들을 이끌고 아버지는 이야기 숲으로 들어가셨습니다. 어떤 때는 두 부자가 손잡고 이야기 숲속에서 펑펑 울었으며 서로 상대의 눈물을 닦아주었습니다. 불교 이야기를 처음 접한 것도 아버지 이야기 숲이었지요. 아버지 철학은 철저히 유교셨지만 불교도 나름 많이 아셨습니다.

나는 아버지께 여쭈었습니다.

"아부지, 저 궁금한 게 있는듀!"

아버지는 아들의 질문을 즐기셨습니다.

"그래, 우리 규니 궁금한 게 뭔데?"

내 질문을 한 번도 그냥 넘기신 적 없기에 나는 여쭈었습니다.

"아부지, 혹세무민이 뭔가유?"

"혹세무민이라, 어디서 그런 말을?"

"네 아부지 동몽선습에서유."

아버지가 말씀하셨습니다.

"나는 그 책을 읽어보진 못했다만 얘기는 많이 들었단다. 규나! 그런데 그는 작자의 주관적 얘기지, 누구나 끄덕일만한 건 아니란다. 무슨 말이냐 하면 규나"

주의가 필요할 때 아버지는 중간에 내 이름 '균'을 끼워 넣으셨지요.

"혹세무민은 세상을 어지럽게 하고 평범한 사람을 속이는 거란다. 한데 불교는 그렇지가 않아."

나는 어려서 불교에는 관심이 없었으나 동몽선습의 '혹세무민'이란 말은 많은 생각을 하기에 충분했습니다. 이는 시각 장애를 가지신 분들이 코끼리를 설명함과 같습니다. 또는 자기가 소속된 정당이 아니면 무조건 상대 당의 흠집부터 내고 보려는 일부 정치인과 다를 것이 없습니다.

동몽선습이 그냥 저작물이 아니고 어린이를 위한 교재라고 한다면 교재로서 가치를 깎아 먹는 것입니다.

전한前漢(B.C.202~A.D8년)이 아니고 후한後漢(25~220년) 제2대 황제 명제明帝 때라면 서기 50년 전후로 볼 수 있습니다. 서역의 불교가 중국에 전해진 게 그 무렵이 맞기는 맞습니다.

당시 불교를 접한 중국 유생들은 불교가 지닌 말과 글과 문화와 경전의 내용으로 보았을 때 어리둥절하기는 했을 것입니다. 당시 이들의 그와 같은 첫 느낌을 고스란히 가져와 '혹세무민'이라 함은 교과서를 집필한 자의 자세는 아닙니다.

명제는 광무제光武帝의 아들입니다. 그는 특히 유교儒教를 숭상하면서 내치외정內治外征에 힘썼지요. 몽골의 기마 민족 흉노를 토벌하고 서역의 지배를 확립해 나갈 때 서역의 새로운 정신문화 불교에 깊은 경계심을 가졌을 게 뻔합니다.

아버지는 학자가 아니셨습니다. 시골의 농부셨습니다. 아버지는 늘 말씀하셨지요. '혹세무민은 위정자들 몫'이라고. '불교가, 그래 부처의 가르침이 할 일이 없어 혹세무민을 하겠느냐'고요. 지금도 어렸을 때 동몽선습 '혹세무민'에 관해 하나하나 차근차근 말씀하시던 아버지 모습을 잊을 수가 없습니다.

가이샤氣蓋世 항우項羽의 노래


힘은 산을 뽑을 만하고

기운은 세상을 덮을 만한데

때가 불리하여

오추마는 닫지 않는구나

오추마가 달리지 않으니

이를 어찌할 것인가

우희야, 우희야

이를 어찌한단 말이냐


역발산혜기개세力拔山兮氣蓋世

시불이혜추불서時不利兮騅不逝

추불서혜가내하騅不逝兮可奈何

우혜우혜내약하虞兮虞兮奈若何

[열다섯]

오나라와 위나라와 촉한세나라
솥발처럼 대치하고 꾸려갔으며
제갈량이 한나라를 보필했으나
병이들어 전장에서 숨을거뒀네

다음으로 진나라가 패권을잡고
온천하를 다스림에 왕조수명이
자그마치 백여년에 이르렀는데
오랑캐가 중화세계 어지럽혔네

송과제와 양과진등 이들나라가
남북으로 사분오열 분열되었고
수나라가 천하통일 이루었으나
기껏해야 삼십년을 넘지못했다

蜀漢吳魏 三國이 鼎峙而諸葛亮이 仗義扶漢하다가
病卒軍中하니라 晉有天下에 歷年百餘하되 五胡亂
華하니 宋齊梁陳에 南北分裂이러니 隋能混一하되 歷
年三十하니라

제4. 중화사中華史

촉한오위 삼국이 정치이제갈량이 장의부한하다가
병졸군중하니라 진유천하에 역년백여하되 오호난
화하니 송제양진에 남북분열이러니 수능혼일하되 역
년삼십하니라


[열여섯]

당고조와 당태종은 현명한군주
수나라가 어지러운 틈을이용해
한집안을 변화시켜 나라만드니
왕조수명 삼백년을 훌쩍넘겼네

후량후당 후진후한 후주까지를
오계라고 이름하니 이유가있지
아침이면 생겼다가 저녁에멸해
그야말로 혼란함이 극에달했다

唐高祖와 太宗이 乘隋室亂하야 化家爲國하여 歷年
三百하니라 後梁 後唐 後晋 後漢 後周 是爲五季니
朝得暮失하야 大亂이 極矣라

당고조와 태종이 승수실란하야 화가위국하야 역년 삼백하니라 후량 후당 후진 후한 후주 시위오게니 조득모실하야 대란이 극의라

조득모실朝得暮失이란 말이 참 재밌습니다. 직역하면 아침이면 생겼다가 저녁이면 없어짐이지요. 해日와 달月이 빛十十을 발함이 이른바 아침朝의 표현입니다. 해가 솟아 위아래로 빛을 발하면 달은 한 발 뒤로 물러섬이 아침입니다. 비록 달은 뒤로 사라지더라도 힘차게 솟는 햇살만큼이나 희망을 품은 아침입니다.

날이 저물暮면 어떻게 될까요? 해日가 풀섶++ 아래大로 숨는데 이를 없을 막莫 자로 표현합니다. 이 '없을 막莫' 자가 형용사로 쓰이며 해가 진 모습을 다시 표현한 게 사라진莫 해日의 '저물 녘暮'입니다.

아침나절이 밝음으로 득得이라면 저물녘은 어둠으로 실失입니다. 하루살이도 나팔꽃도 아닌데 득실이 심한 오계五季네요.

당나라 초대 황제는 이연이며 자字가 숙덕叔德이지요. 어렸을 때 쑥떡을 보면 당고조 이연을 떠올리곤 했습니다. 그때 아버지는 얘기하셨지요.

"쑥떡 2개를 먹으면 어떻게 되지?"

그럴 때면 곧바로 뛰어나온 답이 있었습니다.

"네, 아부지, 쑥덕쑥덕이유."

숙덕은 서기 565년에 태어나 635년에 숨을 거두었으니 그래도 일흔 살을 채운 셈입니다. 당나라 태종, 줄여서 당태종은 당고조 숙덕 이연의 둘째 아들입니다. 그의 호가 '세민世民'이었기에 그가 왕위에 오르면서 중국에서는 '관세음보살'이 '관음보살'로 바뀝니다.

태종의 '세世'를 휘諱한 것이지요. 같은 자를 넣을 수 없었습니다. 중국 역사에서 당태종 이세민만큼 독실한 불심을 찾아보기 힘든데 관세음보살로 인하여 당태종의 이름을 바꾼 게 아니라 오히려 그의 이름으로 인하여 관세음보살의 호가 바뀌었습니다.

당태종의 불심이 얼마나 대단했으면 그의 이름을 딴 소설이 나왔을까요? 아직 구경조차 못했습니다만 '당태종전'이란 소설인데 조선어로 쓰여진 소설이랍니다. 한데 작자가 어느 누구인지 창작 연대가 언제인지 잘 모릅니다. 소설 내용은 당나라 태종이 죽어서 지옥과 극락을 두루 구경하고는 소생하여 불교에 귀의했다는 작품이라 하지요.

수隋는 당나라 바로 이전 나라입니다. 하남 사람 양 견이 북주 정제 때 수나라의 봉후封侯로 있다가 나중에 남북조를 통일하여 세운 나라로 알려져 있습니다. 도읍은 오늘날 장안인 대흥大興에 해당합니다. 진陳나라를 병합倂합하고 뒤에 남북을 통일하여 광활한 집권적 제국을 수립했다고 합니다.

흡사조운모낙화恰似朝雲暮落花라는 싯구절이 있습니다. 인생은 아침에 이는 구름이요, 저녁에 지는 꽃과 같다고 합니다. 명심보감에 나오는 '한시'입니다. 중국 오계五季를 생각하면 이 시 한 줄을 떠올립니다. 중국사에서 후오대後五代 왕조가 너무 자주 번갈아들었기에 말세의 뜻으로 붙인 이름입니다.

첫째는 후량後梁입니다. 후량은 서기 907년에 세워지고 서기 923년에 망했으니 겨우 16년을 버틴 셈입니다.

둘째는 후당後唐입니다. 후당은 건국한 지 4대 14년 만에 후진後晉의 고조高祖인 석경당石敬塘에게 망합니다. 모두 20년을 채우지 못했습니다.

셋째는 후진後晉입니다. 후당을 멸하고 세운 나라입니다. 936~946년에 해당하니 겨우 10년을 버틴 셈입니다.

제4. 중화사中華史

넷째는 후한後漢입니다. 서기 947년 터키turkey 계통의 유지원劉知遠이 후진에서 자립하여 태원에 도읍을 정한 나라입니다. 겨우 3년 뒤 950년에 이르러 후주에게 나라를 빼앗기고 맙니다.

그럼 후주後周는 오래 갔을까요? 중국 5대 마지막 왕조입니다. 서기 951년 곽위가 후한을 없애고 대량大量에 도읍都邑하여 세운 나라가 10년 뒤 송宋나라에게 멸망했지요?

노래 가사 중'립스틱 짙게 바르고'를 빌리면 모두 나팔꽃과

같은 나라입니다. 이에 비해 신라, 백제, 고구려, 고려, 조선
은 수명이 긴 나라입니다.

명命이 긴 나라가 좋을까요? 아니면 명이 짧은 나라가 좋을
까요? 북한은 해방 이후부터 시작하여 76년이나 대를 이었으
니 긴 왕조에 속할까요? 대한민국은 자유당으로부터 공화국,
참여정부 등을 거치면서 마침내 문재인정부, 윤석열정부까지
각기 다른 성바지로 바뀌었으니 이를 일러 '계국系國'이라 이
름할까요?

[열일곱]

송태조가 건국한지 얼마안되어
염락관민 다섯별이 규성에모여
어진사람 배출하니 주정장주라
염계선생 주돈이는 앞에서끄네

낙양땅의 정호정이 형과아우요
관중에는 사마온공 장재와소옹
주자선생 서로이어 일어나면서
성리학을 소임으로 천명하였네

제14. 중화사中華史

宋太祖立國之初에 五星이 聚奎하야 濂洛關閩에 諸
賢이 輩出하니 若周敦頤와 程顥와 程頤와 司馬光과
張載와 邵雍과 朱熹가 相繼而起하야 以闡明斯道로
爲己任하니라
송태조입국지초에 오성이 취규하야 염락관민에 제
현이 배출하니 약주돈이와 정호와 정이와 사마광과
장재와 소옹과 주희가 상계이기하야 이천명사도로
위기임하니라

당나라가 불교를 꽃피웠다면 송나라는 성리학을 일으켰습니다. 송나라 초기에 다섯 현인이 있었으니 염계 무숙 주돈이를 비롯하여 명도 낙양의 백순 정호와 이천 낙양 땅의 정숙 정이와 횡거 관중의 자후 장재와 주자 선생 문공 주희입니다. 이들이 다름 아닌 다섯별이며 성리학 창시자로 추앙을 받습니다.

게다가 시마광司馬光은 송宋나라의 이름난 신하입니다. 사마온공司馬溫公이라 하여 이름에 공公을 얹어 높여 부릅니다. 이들의 생각과 철학을 한데 묶어 성리학적 유교로 표현했습니다.

기존 논어가 보수학이라면 성리학은 진보학에 해당합니다. 유학과 성리학은 같은 듯 다르고 다른 듯 같은 길을 가리키고 있지요.

그럼 성리학의 다섯별이라 불리는 오성五星은 누구를 가리킬까요? 바로 앞에서 언급한 분으로 주염계, 정명도, 정이천 선생과 장재, 사마광/사마온공 그리고 주희/주자 선생입니다.

사마광은 높혀 부르기에 사마온공으로 호칭합니다. 이들 다섯 분을 염주관민지학 또는 주정장주지학으로 부릅니다.

염계 주돈이는 북송의 유학자입니다. 염계 선생의 자는 무숙茂叔이고, 염계濂溪는 출생 지역입니다. 송학의 시조始祖라 불리며 태극도설太極圖說과 더불어 통서通書를 저술한

학자입니다. 그의 인생관을 바탕으로 우주관을 통합하고 동시에 일관된 원리를 수립했습니다. 이것이 성리학으로 발달했지요.

정호 역시 중국 북송 유학자로 자가 '백순'이고 호가 명도明道로서 보통 명도 선생이라 부릅니다. 아우 정이와 늘 함께합니다. 낙양 사람이면서 염계에게 배우고 정성서定性書를 저술著述하여 우주의 본체를 건원의 기氣라 하고 이理를 기초로 도덕을 내세워 우주 본성과 사람 본성이 본래 동일한 것이라고 보았지요.

정이程頤 선생은 중국 북송의 대유학자大儒學者로 알려졌습니다. 자는 정숙正淑이고 정호 아우며 이천백伊川伯에 봉해졌기에 보통은 이천 선생이라 부릅니다. 처음 이기理氣 철학을 내세웠으며 유교 도덕에 철학적 기초를 더했습니다. 역전易傳을 비롯하여 어록 등 저서가 전해지고 있습니다. 시호諡號는 정공正公이지요.

장재張載는 중국 송나라 때 학자로 자는 자후子厚며 호가 횡거라서 횡거 선생이라 부릅니다. 산시성陝西省 사람으로 정호, 정이에게 유儒를 배웠습니다. 그의 설은 예禮를 숭상하고 역易으로 종宗을 삼으며 중용中庸으로 체體를 삼고 특히 이기일원론理氣一元論을 끝까지 주장했던 성리학자입니다.

주희는 주자로 많이 알려졌습니다. 북송北宋 모든 유생들 중에서 주돈이, 정호 정이 형제와 장재 등 철학자의 학문 세

계를 꼼꼼히 정리하고 종합한 뒤 이기철학理氣哲學을 펼쳤습
니다.

　주자(1130~1200) 선생은 중국 남송 때 위대한 유학자로 그
의 시호諡號는 문공文公입니다. 조선조 유학은 주자의 성리
학입니다.

## [열여덟]

현자들이 한데모여 도를밝히니
밝힌도가 다름아닌 성리학이다
온갖힘을 도닦는데 기울였으나
제몸하나 간수하지 못하였도다

주자선생 제자백가 학설을모아
사서오경 하나하나 주해를다니
주정장주 학자중에 으뜸가는이
학자에게 더큰공이 있을것인가

身且不得見容하고 而朱子集諸家說하사 註四書五
經하시니 其有功於學者의 大矣로다
신차부득견용하고 이주자집제가설하사 주사서오
경하시니 기유공어학자의 대의로다

유명한 사람을 별Star이라 합니다. 특히 예능에 뛰어난 이
를 가리키지요. 스타가 항성이기도 하지만 뛰어난 연예인을
지칭합니다. 그런데 알고 보면 이 '별'은 이미 박세무 선생이
쓴 말입니다. 뛰어난 학자들을 별이라 불렀습니다. 이들 다섯

별이 학문의 별인 이른바 규성奎星에 모여

학문의 세계를 넓혀갔습니다. 알고 보면 별이 별에 모인 것입니다.

동양에서 옛사람들은 별을 놓고 오성五星과 이십팔수二十八宿로 크게 나누어 얘기했습니다. 5성은 끊임없이 움직이는 별이고 28수는 항상 붙박여 있는 별입니다. 움직이는 별이라 하여 행성行星이며 붙박여 있기에 항성恒星입니다. 이를 달리 오행五行이라 하고 그늘陰과 볕陽으로 표현했습니다. 알고 보면 이는 빛과 그늘 세계지요.

음양陰陽이 해日와 달月이라면 이들 해와 달을 중심으로 하여 다섯 개의 별이 움직이는데 수성 금성 화성 목성 토성입니다. 이들 일곱 별자리를 날로 연결한 게 일월화수목금토日月火水木金土지요. 중국에서는 별의 낱낱 이름 대신에 별1, 별2, 별3 하는 식입니다.

일요일은 곧 '별날/星期天'이고

월요일은 '별1/星期1'이며

토요일은 '별6/星期6'입니다.

화, 수, 목, 금에 관한 중국어를 이해하셨지요?


얼마 전 어느 노老 정치인이 한 인물을 가리켜 말했습니다. '별의 순간'이 올 것이라고요. 당시 이 말을 들으며 어쩌면 저 정치인께서 〈동몽선습〉을 읽었나 싶었습니다. 한데 서구 유학에서 얻은 정보였지요. 앞서 동몽선습 저자 박세무 선생은 '주정장주지학周程張朱之學'을 '염락관민濂洛關閩'이라 하여 다섯별에 비유하였습니다.

주돈이서껀 이들 다섯 학자들이 서쪽 하늘에 뜬 규성에 모여 학문을 닦고 도를 연마했습니다. 그 도가 바로 성리학性理學입니다. 중국 송명대宋明代 유학 계통으로서 성명性命과 이기理氣의 관계를 철저히 논한 유교 철학입니다. 남송의 주자 선생이 집대성했지요. 우리나라는 고려 말기에 들어와 조선조 내내 누빈 학문입니다.

지은이 박세무 선생은 얘기합니다. 주돈이 염계 선생을 비롯하여 명도, 이천, 횡거 선생과 나아가 주자 선생에 이르기까지 다섯 별들이 다들 애를 쓰긴 했으나 끝으로 주자 한 사람을 빼고는 다 별 볼 일 없는 학자들이었다고, 이른바 제 몸도 추스르지 못한 찌질이들만 있었다는 얘기입니다. 매우 날카로운 지적이었습니다.

오직 남송의 대철학자 주자만이 제대로 밥값을 한 분으로 얘기합니다. 어릴 때부터 나는 이런 글을 접하며 참으로 많은 생각에 잠겼습니다. 하나의 거대한 거목이 자라기까지 얼마나 오랜 시간 햇살을 받고 이슬과 안개, 추위 더위를 견디고 숱한 어둠의 터널을 지나왔을까요? 때로는 소쩍새 울음도 필요하고 천둥과 번개도 필요했을 것입니다.

경기에서 금메달을 목에 걸려면 은메달 동메달을 딴 선수도 필요하고 그보다 더 뒤처진 선수가 있었기에 귀한 금메달을 건 것입니다. 따라서 비록 제 몸 하나 제대로 추스르지는 못하였으나 함께 토론하고 함께 갈고 함께 쪼은 그러한 벗들이 늘 옆에 있었기에 성명性命과 이기理氣를 닦아 마침내 성리학을 펼 수 있었습니다.

그가 정치인이거나 경제인이거나 뛰어난 학자거나 장군이거나 나아가 큰 도인이 탄생하기까지 거기에는 언제나 밑거름이 되어 준 이름 없는 이들이 반드시 있었습니다. 그럼에도 우리는 어떻습니까?

좀 높은 자리에 올라가면 조강糟糠의 덕을 잊어버립니다. 바꾸어 말하면 곧 앞의 네 별이 애쓴 공으로 주자가 빛을 본 것입니다.

어떤 이들은 얘기합니다. 대도인大道人도 병원에 갑니까? 도가 모자라는 거 아닌가요? 몸은 물질로 이루어져 있습니다. 물질로 된 것은 다 무상無常합니다. 이를 '제행무상'이라고 하지요.

부처도 끝내 열반/죽음을 맞이했고 그리스도도 십자가에 못 박히며 아픔의 고통을 느꼈습니다. 몸이란 고를 대동합니다.

다시 한번 언급합니다. 제 몸 하나 추스르지 못했다는 박세무 선생의 혹평은 옳지 못합니다. 그렇기는 하면서도 주자 선생은 으레 칭찬받아 마땅합니다. 옆사람 아랫사람이 밑거름이 되어 주어 금메달을 획득했다 하더라도 역시 장하긴 장하니까요.

## [열아홉]

그렇지만 나라힘이 강하지못해
기껏해서 삼백년을 지냈을따름
거란몽골 요나라와 금나라까지
눈만뜨면 돌아가며 침략하였다

망국의길 그림자가 드리우면서
만고충신 문천상이 충성을다해
송나라를 구하고자 애를썼으나
연경옥에 갇힌채로 순국하였네

然而 國勢不競하야 歷年三百하니 契丹, 蒙古, 遼,
金이 迭爲侵軼하고 而及其垂亡하야 文天祥이 竭忠
報宋하다가 竟死燕獄하니라
연이 국세불경하야 역년삼백하니 거란, 몽고, 요,
금이 질위침질하고 이급기수망하야 문천상이 갈충
보송하다가 경사연옥하니라

[스물]

원나라가 송나라를 멸망시키고
온누리를 통일하여 나라키운뒤
면면하게 백년간을 이어갔으니
오랑캐의 강력함이 다시없었다

오염된덕 싫어하는 하늘이시여
대명천지 밝은해가 가득함이여
성인들과 신인들이 계승하시니
천만년을 이와같이 이으리로다


胡元滅宋에 混一區宇라 綿歷百年하니 夷狄之盛이
未有若此者也로다 天厭穢德이라 大明中天하시어 聖
繼神承하시니 於千萬年이로다
호원멸송에 혼일구우라 면력백년하니 이적지성이
미유약차자야로다 천염예덕이라 대명중천하시어 성
계신승하시니 어천만년이로다

원제는 〈승리의 노래〉이지만 노래 가사 '무찌르자 오랑캐'에서 '무찌르자 오랑캐'를 따서 노래 제목으로 쓰기도 합니다.

이선근 작사에 권태호 작곡으로 모두 3절까지 있는데 1절과 2절은 좀 알겠는데 3절은 불러보지 않아서일까? 뭔가 낯선 내용이 들어있습니다.

이 노랫말 사이사이에 '오랑캐'가 들어있습니다. '오랑캐 맞듯'이란 말이 있지요. 행패 부리다 두들겨 맞는 것을 일러 오랑캐처럼 맞는다고 합니다. 또 이런 속담도 있습니다. 혼취婚娶에 재물을 말하는 것은 '오랑캐나 하는 짓'이라고요. 혼인이란 예禮를 위주로 해야지 재물을 개입시키면 안 된다는 겁니다.

'오랑캐'에 담긴 뜻은 그리 좋지가 않습니다. '무찌르자 오랑캐'에서처럼 같이 살 수 없는 그런 자들입니다. 오랑캐에 담긴 뜻을 살펴보면 '먼 지방의 오랑캐'라고 하여 변두리에 사는 사람을 가리킵니다. 때와 장소도 가리지 않고 아무 때 아무 데서나 욕지거리에 흉기를 마구 휘두르는 그런 작자지요.

그런데 말의 출처를 더듬어보면 왕의 위엄에 잘 복종하지 않는 거친 사람을 가리킵니다. 그러니까 지체 높은 사람이 시키면 시키는 대로 해야 하는데 생각대로 쉽게 꺾이지도 않고 되레 바른말로 대드는 자를 옛사람들은 오랑캐라 했습니다. 나는 어려서 어원을 생각했습니다. 오랑우탄과 미친개를 묶어 오랑캐라 하는 것은 아닌가 하고요

호胡와 원元의 민족을 비롯하여 변방의 이만융적夷蠻戎狄이 모두 한漢의 변방입니다. 여기에는 소위 거란과 함께 몽골, 요나라, 금나라가 있으며 상상 밖의 숱한 소수 민족이 있습니다.

전체 중국인의 91.6% 이상을 차지하는 대표 종족은 으레 한족漢族입니다. 중국어를 '한위漢語'라 하는 것도 한족의 대표성 때문이지요. 전체 13억 인구 가운데 8.4%가 이른바 중국 소수민족입니다. 56개 민족이 나머지를 차지합니다. 그러니까 한족이 11억 9천만 명이고 소수민족이 1억 천만 명입니다.

1억 천만 명이면 우리나라 총인구의 2배를 훌쩍 넘는 인구입니다. 말이 좋아 변방족, 소수민족이지 그들의 용어는 오랑캐입니다. 조선족도 예외일 수는 없습니다.

우리 동이족東夷族을 비롯하여 서융西戎, 남만南蠻, 북적족北狄足의 이융만적夷戎蠻狄의 새김이 오랑캐 이, 오랑캐 융, 오랑캐 만과 오랑캐 적처럼 한결같이 '오랑캐'입니다. 우리는 중국어를 빌려 '동이족'이라며 활을 잘 다룬 민족이었다고 합니다.

오랑캐 이夷의 얼개가 그렇습니다. 큰 대大와 활 궁弓의 접합이니 큰 활을 잘 다루었다 봅니다. 서쪽의 민족을 융족戎族이라 했는데 융戎은 '오랑캐 융'이라 새기며 창戈을 세워十 들고 있는 모습입니다.

남쪽 부족을 만족蠻族이라 했는데 '오랑캐 만蠻'이라 풀이하고 있습니다. 특히 파충류虫를 잘 다루蠻고 잘 숭상蠻했다는 데서 만족이라 합니다. 비속어 야만野蠻도 여기서 나왔지요. 북쪽의 변방족을 적狄이라 하는데 들개犭 다룸과 불火 다룸에 뛰어났지요.

큰활을 잘 다루는 이夷와 함께 뱀을 잘 다루는 만蠻과 병기를 잘 다루는 융戎과 들개와 불을 잘 다루는 적狄이 다 '오랑캐'라는 데 기분이 나쁩니다. 사실을 떠나 '오랑캐'라는 어원을 두고 오랑우탄과 들개의 만남이라는 데 변함이 없습니다.

## [스물하나]

삼강이여 오상이여 팔조목이여
하늘땅과 처음끝을 함께하나니
하은주의 삼대이전 그옛날에는
성스러운 제왕이며 명철한군주

참신하고 어진재상 보좌관들이
서로함께 강론하여 진리밝혔지
그로인해 다스림은 언제나많고
어지러운 일상들은 항상적었다

이들삼대 이후로는 상황이달라
어리석은 임금이며 어두운군주
간신들과 불효자가 머리맞대고
나라기강 집안법도 무너뜨렸네

嗚呼라 三綱五常之道가 與天地로 相終始하니 三代
以前에는 聖帝明王과 賢相良佐가 相與講明之라 故
로 治日이 常多하고 亂日이 常少하더니 三代以後 庸
君暗主와 亂臣賊子가 相與敗壞之라

오호라 삼강오상지도가 여천지로 상종시하니 삼대
이전에는 성제명왕과 현상양좌가 상여강명지라 고
로 치일이 상다하고 난일이 상소하더니 삼대이후 용
군암주와 난신적자가 상여패괴지라


삼강三綱

一 임금은 신하의 모범이 되고

二 부모는 자녀의 모범이 되고

三 남편은 아내의 모범이 된다

군위신강君爲臣綱이고

부위자강父爲子綱이며

부위부강夫爲婦綱이다


오상五常

一 부모와 자녀는 친함이 있고

二 임금과 신하는 의리가 있고

三 남편과 아내는 다름이 있고

四 어른과 아이는 차례가 있고

五 친구와 친구는 신뢰가 있다

부자유친父子有親

군신유의君臣有義

부부유별夫婦有別
장유유서長幼有序
붕우유신朋友有信


이를 삼강과 오상이라 합니다. 삼강의 강綱은 벼리인데 벼리란 한마디로 모범이지요. 임금이 임금 노릇을 하지 못한 채 신하들만 다그칠 수 없습니다. 부모가 부모의 할 일을 하지 않은 채 자녀에게 효를 강요할 수 없습니다. 이와 마찬가지로 가정을 이루면 반드시 순서가 있는 것은 아니나 가장이 튼튼한 기둥이 되어야 합니다.

이들 삼강과 오상을 묶은 것이 이른바 팔조목八條目으로 하늘 땅과 더불어 함께합니다. 우리는 가끔 이렇게 얘기합니다.

"지금은 세상이 변했다고 임금이 어딨고 신하가 어딨어. 효도! 그거 케케묵은 거지. 어르신과 젊은이가 차례가 있다고? 아내와 남편의 차별이 없는데 거기에 무슨 상하가 있어."

이는 무책임한 얘기입니다. 삼강의 '벼리綱'가 무엇입니까? 이미 앞서 풀이에서 짐작했겠지만 이는 삶의 모범이며 사랑입니다. 길을 안내하는 로드맵입니다. 사람뿐만 아니라 동물 animal도 천적으로부터 제 새끼를 지키려 때로 소중한 목숨까지 겁니다. 이것이 바로 벼리입니다. 벼리는 시대와 영토를 초월합니다.

오륜五倫의 '륜倫'이 무엇입니까? 인륜 륜倫으로 새기는 것처럼 다섯 가지 인륜입니다. 부모와 자녀의 관계, 임금과 신하의 관계, 남편과 아내의 관계, 어른과 아이의 관계, 벗과 벗의 관계입니다. 이들 관계는 시대를 초월하며 나라와 민족을 모두 뛰어넘습니다.

30대 중반의 참신한 젊은이가 당黨의 대표가 되었을 때 어떤 정치인은 오륜 중에서 장유유서의 몰락이라 했습니다. 오륜을 이해하지 못하는 소치입니다. '네가 왜 거기서 나와?'라고 하듯이 '장유유서'가 거기서 왜 튀어나옵니까?

예를 무시했을 때는 예외입니다. 불치하문不恥下問이라 했습니다. 모르면 제대로 물어야 합니다.

나는 자주 젊은이에게 묻습니다. 컴퓨터와 관련된 프로그램에서부터 정치 경제를 어떻게 이해할지, 국방과 치안과 법률에 관해 심지어 스마트폰에 이르기까지 궁금한 것은 묻고 또 묻습니다.

토론 배틀 얘기를 접했을 때 얼마나 신선했는지 모릅니다. 진학하고 승진하고 취업하는 데도 분명 시험을 치르지 않던가요? 정치에는 토론 배틀이 필요 없다고요? 학문學問이 곧 토론 배틀입니다. 물음問을 배움學이 학문입니다.

먼 옛날 하夏나라를 비롯하여 은殷나라와 주周나라까지는 강상綱常의 도가 살아 있었습니다. 문제는 그 삼대三代 이후로 춘추전국시대를 거치면서지요. 땅따먹기에 혈안이 된 시대입니다. 영토 분쟁은 지금도 진행형입니다.

영양소에 '필수아미노산'이 있듯 삶에서 인륜과 윤리와 도덕은 시대를 뛰어넘어 '필수必需'입니다. 최첨단 과학이 이끄는 시대라도 먹지 않고 마시지 않고 호흡하지 않고 땀 흘리지 않고 배설하지 않은 채 살 수 있는 사람은 없습니다. 이는 동식물도 마찬가지입니다.

영양 섭취는 조절이 필요합니다. 아주 아무것도 안 먹으면 안 되듯이 한 가지만 들입다 먹어도 안 됩니다. 삼강, 오상, 팔조목은 종교 이전의 영양소입니다. 불교든 기독교든 어느 종교인이든 삼강, 오상, 팔조목은 필수입니다.

가령 종교가 다르다고 하여 물과 산소와 음식을 멀리하고 단백질 지방 탄수화물을 멀리하고 배설하는 것까지 멈출 수 없듯이 삼강, 오상, 팔조목도 그러합니다. 이들은 반드시 있어야 하니까요.

385

동몽선습은 얘기합니다. 삼강三綱과 오상五常의 도리는 천지와 더불어 시종始終을 함께 한다고요. 하루는 누가 내게 물어왔습니다.

"삼강오상은 유교 아닌가요?"

"유교儒教 맞습니다. 유교는 종교 너머 교육이며 교육은 모든 것의 바탕입니다."

백년대계가 아니라 만년대계입니다.

[스물둘]

하루하루 어지러운 날이많았고
날로날로 다스려진 날이적으니
그나라의 치안국방 어디갔으며
흥폐하고 존망함을 찾으려는가

모든것이 인륜에게 달려있나니
밝고밝지 아니함에 말미암는다
이를어찌 살펴보지 않을것이며
이를어찌 살펴보지 않을것이랴

故로 亂日이 常多하고 治日이 常少하니 其所以世之
治亂安危와 國之興廢存亡이 皆由於人倫之明不明
如何耳라 可不察哉아
고로 난일이 상다하고 치일이 상소하니 기소이세지
치란안위와 국지흥폐존망이 개유어인륜지 명불
명여하이라 가불찰재아

역사는 되풀이되는 게 맞습니다. 신화神話 시대는 접어 두
고 중국 고대사古代史에서 소요당이 동몽선습을 집필하던 조

선 중종 38년(1543)까지와 그때부터 다시 오늘날의 중국사를 되짚어 보면 역사는 반복되는 게 맞습니다.

이른바 치안의 안위와 더불어 나라의 흥폐와 존망이 인륜의 밝고 밝지 않음에 달려 있다는 말은 명언입니다. 우리에게 주어진 커다란 명제는 앞으로의 역사와 다스림이 어제오늘 昨今의 짓거리보다는 그래도 좀 낫지 않겠느냐고 하는 기대 expectation입니다.

지난 역사를 되돌아보며 버릴 것은 과감히 버린다면서도 부끄러운 역사의 부스러기를 겉치레와 이름만을 바꾼 채 재생하여 사용하는 게 고작입니다. 이것이 어찌 중국만의 역사이겠습니까? 우리 한반도 역사는 또 어떠할지 우선 두려움부터 앞섭니다.

얼마 전 일입니다. 어렸을 때 가재 잡고 송사리 건져 올리던 고향을 그리움 하나로 마냥 짓누르다가 더는 참지 못한 채 달려갔습니다. 어렸을 때는 민둥산이었는데 지금은 울울창창 푸른 숲입니다. 그린벨트 정책 덕분이지만 숲 하나는 참 좋습니다.

옛날에는 꼬불꼬불 흐르던 도랑이 지금은 곧은 미끄럼틀입니다. 도랑에는 이끼가 없습니다. 가재, 개구리, 송사리가 깃들만한 움집은 보이지 않습니다. 미꾸라지가 숨을 바위도 없고 올갱이의 붙살이 돌 하나 없습니다. 곧은 수로가 보기에는 좋겠으나 생명이 느껴지지 않습니다.

탄소를 뿜어대며 달리는 자동차는 아직 인공지능이 아닐지라도 홀로 신이 나겠지요. 그러나 꼬불꼬불한 오솔길이 없으니 더 오래 머물고 싶지 않습니다. 돌아오는 길에 깊은 생각에 잠깁니다.

'머잖아 이곳도 폐허가 되겠지. 도시로, 도시로, 대도시로 자꾸 빠져나가다 보면.' 그러면서 여전히 기대합니다. 앞으로 다가올 우리 미래는 그래도 어제오늘보다 낫지 않겠느냐고.

# 제5. 한국사

## [하나]

옛날옛날 동아시아 한반도에는
임금이란 군장제가 아예없었지
그러던중 신비로운 어떤사람이
태백산중 단목아래 나타나셨네

신비하고 영특하고 지혜가밝아
그나라의 사람들이 그의아들을
만장일치 임금으로 옹위했으니
박달나무 임금이라 단군이셨다

요임금과 같은시대 즉위했으며
나라이름 조선이라 명명했으니
아침해가 먼저돋는 신선한나라
밝은달이 아름다운 밝달의나라

東方에 初無君長하더니 有神人이 降于太白山 檀木
下하야 神靈明智어늘 國人이 立以爲君하니 與堯로
並立하야 國號를 朝鮮이라하니 是爲檀君이라

동방에 초무군장하더니 유신인이 강우태백산 단목
하하야 신령명지어늘 국인이 입이위군하니 여요로
병립하야 국호를 조선이라하니 시위단군이라

남에게 갚아야 할 돈이나 꾸어 쓴 돈, 외상값 따위를 '빚'이
라 하며 달리 '부채負債'라 합니다. 돈이나 재물 외에 갚아야
할 은혜를 '빚'으로 표현하기도 합니다. 소위 '마음의 빚'입니
다.

빚에는 개인 빚도 있고 나랏빚도 있습니다. 때로 빚구럭에
시달리다 극단적인 선택을 하기도 합니다.

우리말 빚은 빗이나 빛과 달리 받침 하나로 표현됩니다. 빗
이 머리를 빗는 얼레빗, 참빗 면빗 따위를 얘기한다면 빛은
이른바 시각 신경을 자극하여 어떠한 사물을 볼 수 있게 하는
일종의 전자기파입니다. 빛光의 근원原인 태양이나 고온의
물질에서 발생하지요.

이렇게 서로 다른 우리말을 두고 글자로 표기할 때는 분명
한데 평소 얘기할 때는 한 데 섞습니다. 빚을 빗이라 발음하
는가 하면 빛이라 표현하기도 합니다. 한자로 된 말을 빌려 '
부채'라고 하면 차라리 문제 될 것이 없습니다. '빚'이라면 부
담이 가는 까닭에 빗, 빛이라 하는 것은 아니겠지요.

우리나라는 영토領土만 놓고 보면 분명 작은 나라가 맞습니

다. 영공領空과 영해領海를 합쳐도 큰 나라라 할 수는 없습니다. 그러나 국력을 놓고 볼 때는 꼭 눈에 보이는 영토만이 아닙니다. 정치, 경제, 국방, 치안, 문화, 복지는 물론 나아가 역사, 미래, 예절, 의학, 과학 등으로 폭넓게 생각할 수 있습니다.

소요당 박세무 선생께서 지금으로부터 480여 년 전에 아동 교과서 동몽선습을 집필하면서 이른바 다섯 가지 인륜에 관한 귀한 덕목을 앞에 놓습니다. 이는 편집 면에서 잘한 일입니다. 한데 그는 역사를 기술하면서 조선사를 앞에 놓지 않고 중국사가 끝난 뒤 싣습니다. 조선인이면서 왜 그랬을까요?

역사의 양을 놓고 볼 때도 중국사의 길이에 비해 짧습니다. 게다가 조선의 예절과 문화와 역사가 모두 중국의 영향 아래 있었고, 중국의 영향 아래 있으며 중국 정치와 문화를 바탕으로 발전할 것이라 표현하고 있습니다.

분명 사대사조事大思潮입니다. 사대사조는 작은 나라에 주어진 '빚구럭'일까요?

하긴 소요당 선생이 살았던 조선조 중엽은 오늘날에 견주면 생각과 언어가 자유롭지 않았겠지요. 더욱이 공직에 있던 벼슬아치가 조정 허락없이 한 마디 한 마디를 함부로 평할 수는 없었을 것입니다. 예나 이제나 녹을 먹으면서 열어놓고 용비어천가를 부름은 지극히 당연한 얘기입니다.

지금은 왕정王政이 아닙니다. 대를 이어 정권을 이어가는 게 아니라 정한 헌법에 따라 국민의 투표로 국정의 책임자를 뽑습니다. 그렇게 뽑힌 그 나라 책임자는 마음의 빚이 누구에게 있겠는지요. 으레 뽑아준 국민에게 있습니다. 그래서 오직 국민만을 보고 국민에게 충성을 다해야 합니다.

알고 보면 충성忠誠이란 말은 치우치지 않는 가온中 마음心이고 말言이 되成는 정성스러움誠입니다.

왕정에서는 모든 힘 모든 덕이 한결같이 나라에 있었으나 자유민주주의에서는 모든 게 국민에게 있습니다. 위정자는 오직 국민에게 충성하고

뽑힌 사람은 용비어천가를 뽑아준 국민에게 바쳐야 합니다.

단군은 초기국가 시대인 고조선 초대, 곧 제1대 왕입니다. 재위는 BCE. 2333년에 오른 뒤 BCE. 1122년에 이르기까지 1,211년간 나라를 다스렸습니다. 여기에 즉위하기 전의 나이와 하야한 뒤 나이를 보태면 1,250년은 사시지 않았을까? 비록 망상이겠지만 생각해 봅니다.

단군을 달리 '당골네'라 합니다. 당골네는 곧 무당의 지방어입니다.

무당은 오늘날의 종교 사제로서 신부, 목사, 스님 등이지요. 단 오늘날의 종교인 사제는 정치에 잘 관여하지 않습니다만, 옛날 사제는 정치에 관여했습니다. 정교분리의 성직자가 아니라 종교인과 정치인이 하나로 함께 참여하였습니다.

한글학자들 견해에 따르면 당골네에서 '단골'이 되었습니다.

단골이란 '단골손님'에서 볼 수 있듯이 늘 정해 놓고 거래하는 곳이며 정해 놓고 거래하는 손님이며 굿을 할 때마다 정해 놓고 부르는 '단골무당'을 표현한 말입니다. 단군은 곧 단골이었습니다. 누구든 당신을 원하는 곳이면 그곳이 어디든 달려갔지요.

단군은 국조로 받드는 태초 임금으로 환웅桓雄의 아들을 가리킵니다.

일종의 개국신이라고 할까요?

기원전 24세기 무렵에 아사달에 도읍都邑하여 단군 조선을 건국하였습니다. 우리 한반도 한민韓民 조상으로 믿고 받들어지고 있습니다. 할아버지이신 환인桓因과 아버지이신 환웅桓雄과 함께 삼신三神의 한 분으로 추앙됩니다.

하지만 나는 단군과 관련된 풀이를 '당골네' 그대로 받아들이면서 또다른 해석을 고집합니다. 나의 동몽선습 풀이에서 사사오송四四五頌으로 언급했듯이 박달나무 임금이기에 단군이고, 밝은 달이 아름답기에 밝달의 나라라고 표현했지요. 학술적으로는 잘 들어맞지 않겠지만 이것이 나의 관점觀點입니다.

내가 표현한 '밝달'의 원어 박달나무는 자작나뭇과 낙엽 활엽 교목으로 높이는 30미터 정도로 아주 큽니다. 여러 가지의 박달나무가 있는데 잎은 어긋나고 끝이 뾰족하며 담뱃잎 모양을 하고 있으며 가장자리에는 작은 톱니가 있습니다. 5~6

월에 갈색의 단성화單性花가 이삭 모습穗狀의 화서로 핍니다. 건축재 가구재로 쓰이지요.

물박달나무가 있습니다. 자작나뭇과 낙엽 활엽 교목으로 높이는 20미터 정도로 역시 큰 편이며 잎은 어긋나고 담뱃잎 모양입니다. 뽀송뽀송한 털이 있는 게 특징입니다. 암수 한 연聯으로 꽃은 5월에 핍니다. 수컷 웅화수는 아래로 처지고 암컷 자화수는 곧게 섭니다. 열매는 견과로 날개가 있으며 도구재나 땔나무 재료로 쓰입니다.

쇠박달나무가 있습니다. 이 박달은 자작나뭇과가 아닙니다. 층층나뭇과의 낙엽 소교목이며 높이는 보통 6미터 정도이고 잎은 담뱃잎 모양을 하고 있습니다. 6월에 흰 꽃이 가지 끄트머리에서 머리 모양頭狀 꽃차례로 피고, 열매는 취과형聚果形입니다. 열매는 식용이고 나무는 가구재며 뜰에 정원수로 즐겨 심습니다.

박달나무도 박달입니다. 자작나뭇과 낙엽 활엽 교목이지만 나지막한 관목灌木도 더러 있습니다. 잎은 담뱃잎 모양으로 생겼으며 원형 톱니에 나무껍질은 회색입니다. 암수 한 연으로 5월에 단성화가 수상穗狀의 꽃차례로 피고 작은 견과가 10월에 익습니다. 워낙 단단한 나무이기 때문에 도구재나 장식재로 쓰입니다.

이처럼 박달나무가 지닌 특징에서 단군왕의 성격을 본떠 왔습니다. 하여 '밝달의 왕' 단군입니다. 단군왕은 밝기가 달과 같으므로 밝달로 표현할 수도 있겠지만, 자작나뭇과가 지닌 특징은 단단하다는 것입니다. 단군의 단檀이 박달나무 단이요, 단군의 군君이 임금 군입니다. 문화와 인문 소재가 여기에 있습니다.

알다시피 단군은 조선 초대 왕입니다. 따라서 조선은 고려 다음이 아니고 대한민국 이전이 아닙니다. 한반도에 최초로 세워진 나라, 바로 그 조선을 얘기합니다. 이 조선의 초대 왕입니다. 그는 왕위를 약탈하지 않았고 왕의 자리를 탐내지 않았습니다. 백성이 원하지 않는데 억지로 그 자리에 나가지 않았습니다.

단군이 조선 최초의 왕이 된 때가 단기로 보면 4355년 전입니다. 그는 뭇사람들의 뜻에 따라 마지못해 왕의 자리에 올랐지요. 당시 왕을 뽑는 제도였을 것입니다.

원문에서 이미 언급한 바와 같이 임금君이 없고 어른長이 없었습니다. 그러던 중 하느님 환인께서 자기 아들 환웅과 손자 단군을 태백산 인간 세계에 내려보냅니다.

왕국이 없고 어르신이 없던 곳 신단수 아래에 시나브로 모습을 드러낸 환웅과 함께 단군을 보자마자 그곳에서 살던 사람들이 젊은이 단군을 왕으로 모십니다. 그의 나이가 아주 젊을 때였지요. 오늘날 우리나라의 군장제는 반드시 40살을 넘어야 하는데 당시는 나이에 제약이 없었습니다. 왕정시대나 왕은 없었으니까요.

중국 제요帝堯 요당씨陶唐氏의 출생 연대가 BC. 2356년
이며 사망이 BC. 2255년이라면 겨우 101세를 살았는데 견주
어 단군은 1,211년을 왕으로 있었으니 같은 시대에 왕위에 올
랐으나 중국의 요임금보다 우리 단군임금이 자그마치 12배를
더 산 셈입니다.

그렇다면 단군이 혼자 1,211년을 혼자 통치했을까요? 그게
아니라 단군 왕조王朝, 옛 조선의 역사가 1,211년이었습니다.

[둘]

은나라의 태사였던 기자선생이
단군이후 조선왕의 위를받으니
왕으로서 무리들과 조선에와서
백성에게 예의염치 가르쳤도다

삼강오륜 여덟조목 인륜의도리
하나하나 가르치고 베풀었으니
어진사람 입을모아 이야기하되
기자왕의 어진교화 덕이라했다

殷太師 箕子가 封于朝鮮하야 率衆東來하사 教民禮
儀하야 設八條之教하시니 有仁賢之化하더라
은태사 기자가 봉우조선하야 솔중동래하사 교민예
의하야 설팔조지교하시니 유인현지화하니라

  기자 선생은 성이 기씨箕氏일까요? 중국은 성 뒤에 '자'를
붙여 공자, 맹자, 노자, 장자라 하듯 높여 부르는 형식을 취합
니다. 제자백가諸子百家에서 보듯 성씨 뒤에 자를 붙이면 학
자지요. 따라서 성 뒤에 '자'를 붙이면 선생님, 스승님의 뜻이

됩니다. 그러나 기자의 성은 '자子' 씨고 이름은 수유須臾, 서여胥餘입니다.

기자 선생이라 칭한 '기자'는 별명이며 직위 이름입니다. 이를테면 기자에서 '자'는 어조사일 뿐이고 직위의 뜻은 '기箕'에 있습니다. 그렇다면 '기'는 무슨 '기'자일까요? 답은 '키 기箕' 자입니다. 글자 모양이 키처럼 보이지 않나요? 이를 그림象形문자라 합니다. 게다가 발음이 '기'로 나기에 이른바 꼴소리形聲문자가 됩니다.

전해지는 얘기에 따르면 기자는 중국 은殷나라 사람입니다. 혹은 상商나라 사람이라 하는데 은의 다른 이름이 상입니다. 그런 게 어디 있느냐 하겠지만 이렇게 생각하면 이해가 될 것입니다. 대한민국을 더러 '조선'이라 하고 또는 코리아Korea라 하는데 조선은 유사 이전부터 썼고 코리아는 고려에서 온 이름이라고요.

기원전 2333년에 왕위에 올라 기원전 1122년에 이르도록 장장 1,211년 동안 나라를 다스린 단군 왕조의 뒤를 이어 새 나라에 새로 등극한 이가 바로 '기자 조선'의 왕 기자입니다. 기자가 실제로 은나라 사람이며 단군 왕조의 뒤를 이었는지는 명확한 자료가 없기 때문에 지금은 대체로 부정하고 있습니다.

이미 학자들이 부정한 역사를 며칠 전 어느 거사님이 물어 왔습니다.

"큰스님의 동몽선습 강의를 잘 봅니다. 그런데 기자 조선을 세웠다는 기자가 실제 있었을까요?"

그래서 내가 되물음 형식으로 답했습니다.

"글쎄요. 아니 땐 굴뚝에 연기가 날까요?"

"그래도 동봉 큰스님은 학자시잖아요"

"네 하지만 역사학자는 아닙니다."

"그래도 큰스님 글은 믿음이 갑니다."

치약을 예로 들었습니다. 요즘은 치약 뚜껑 쪽이 아래쪽이지만 50여 년 전만 하더라도 치약은 치약 나오는 뚜껑 쪽이 위가 되어 치약을 세워놓지 못하고 눕혀 놓았습니다. 그러다보니 치약 하나를 놓고 끝까지 쓰느냐 쓰지 않느냐 하면서 어떤 집에서는 싸움까지 일어났습니다.

만약 그 당시를 살지 않았거나 자료가 없으면 부정할 수 있겠지요. 하지만 분명 치약의 역사에는 오늘과 달리 거꾸로 쓴 적이 있었습니다.

그렇다고 기자가 단군의 뒤를 이어서 조선을 세운 적이 있었다는 것을 긍정하거나 부정할 수 없습니다. 이유는 간단한데 있는데 자료의 유무有無입니다. 자료가 있더라도 사실이냐 아니냐를 따지지요.

소요당 선생의 동몽선습에서는 기자가 조선을 세우고 다스리면서 팔조목을 가르쳤다며 그루박습니다. 고조선 역사 기록에서 기자箕子는 생몰연대가 정확하지 않습니다. 단지 상나라 문정文丁의 아들로서 왕족이자기자조선의 시조로 알려진 그저 전설상 인물일 뿐입니다.

상이 주나라에게 멸망하자 기자는 조선으로 망명하였고 스스로 군주가 되어 그의 후손이 천여 년간 고조선을 다스렸다 합니다. 하지만 논란이 꽤 많은 역사입니다.

기자 조선 이전에 있었던 단군 왕조는 신화라도 부정하지는 않습니다. 꼭 구약성서처럼 말입니다. 조선은 1392년 7월 이성계가 조선을 세운 뒤에 국왕에 오르고 이듬해 국호를 조선으로 바꿉니다.

그렇게 하여 1919년 3월에 기미독립을 선언한 후, 한 달 뒤 나라 이름을 대한민국으로 바꿉니다. 역사보다는 이념에 따라 때로 건국을 해방 이후로 치기도 합니다.

고려 왕조는 918~1392년까지 500년이 채 안 되는 474년이었고, 신라 왕조는 기원전 57년부터 서기 935년에 이르기까지 장장 992년을 지냈듯이 단군 왕조나 기자 조선도 왕의 수명이 긴 게 아닙니다. 즉 왕조 연대로 보는 게 좋습니다. 기자 조선에 관해서는 좀 더 연구해 볼 가치가 있습니다. 까닭은 아주 간단합니다. 다른 나라도 아니고 선조들이 살아온 우리나라 이 땅의 역사니까요.

[셋]
연나라를 보좌하던 제후위만이
노관왕의 난을피해 망명해와서
기준왕을 유인하여 축출해내고
왕검성을 고스란히 차지하였네


燕人 衛滿이 因盧綰亂하야 亡命來하야 誘逐箕準하
고 據王儉城하더니
연인 위만이 인노관란하야 망명래하야 유축기준하
고 거왕검성하더니

위만조선의 태조는 위만입니다. 그는 기원전 2세기 무렵 연
燕나라 사람이지요. 그는 연나라의 왕 노관을 모시고 있었는
데 노관왕이 일으킨 전쟁을 피해 유망민流亡民을 거느리고
살수薩水 청천강淸川江을 건너 조선으로 건너옵니다.

조선에 들어온 위만은 당시 조선 준왕準王의 신임을 받습니
다. 그러나 망명자 신분의 위만은 나중에 준왕을 몰아내고 스
스로 임금이 되어 위만 조선을 세웁니다. 왕위에서 밀려난 준
왕은 남쪽으로 내려와 나라를 세우고 한왕이 됩니다.

요즘 뜨는 말이 있지요?

'코로나 이전이냐, 코로나 이후냐'

절에 가면 기도도 좋고 설법도 좋긴 하지만 절밥 먹는 재미가 꽤나 쏠쏠하다 했습니다. 그러나 이는 코로나 이전이고, 코로나 이후는 전혀 달라 절에서 절밥 먹기가 쉽지 않습니다. 허, 그거, 참!

내게 문제가 생겼습니다. 환단고기 이전이냐, 이후냐를 놓고 한반도와 더불어 동아시아의 역사를 다시 살펴야 함입니다. 동몽선습이란 책은 오륜과 역사의 기록입니다. 오륜은 윤리니 어떻게 풀이하든 그다지 문제 될 게 없겠으나 역사는 그렇지 않습니다. 역사는 철학이 아니고 종교가 아닙니다. 그래서 고민 중입니다. 518조 분의 1초를 잴 수 있는 시간의 최첨단 분석 앞에서 역사를 함부로 해석하면 죄를 짓게 되니까요.

기자 조선 다음 위만 조선을 앞에 놓고 어쩌면 좋을는지 고민합니다. 꼬박 밤을 새우고 새벽을 맞으며 고민하고 있습니다.

[넷]

그의손자 우거왕에 이르렀을때
한무제가 토벌하여 멸망시키고
한반도를 분할하여 네곳만드니
낙랑임둔 현도진번 사군이로다

소황제가 평나군과 현도를합쳐
평주라는 이름으로 고을만들되
임둔낙랑 두지역은 그대로두어
동부쪽의 도독부를 설치하였다

기준왕이 위만피해 바다를타고
남쪽으로 남쪽으로 내려오다가
바야흐로 금마군에 머무르면서
그로부터 마한이라 이름하였네

진나라의 사람으로 망명한자가
진을피해 한나라로 들어오므로
한나라가 영토쪼개 이바지하니
그로부터 진한이라 이름하였다

변한이란 어떠한가 한나라영토
한나라에 고깔만을 씌웠을따름
그의시조 그의연대 알수없으나
이를묶어 삼한이라 이름하였네

일천년을 내려이은 신라국가는
시조로서 혁거세를 추존했으니
진한조의 영토안에 도읍정하여
박씨로서 성을삼아 다스려왔고

고구려의 시조로는 주몽이란분
졸본땅에 이르러서 자칭하기를
고신씨의 후예라고 널리펼친뒤
그에따라 고씨로써 성을삼았다

백제국의 시조가된 온조왕조는
하남벌의 위례성에 도읍정하고
부여로써 성씨삼아 세를펼치니
세나라가 서로서로 침벌하였다

至孫右渠하야 漢武帝討滅之하고 分其地하야 置樂
浪 臨屯 玄菟 眞蕃 四郡하다 昭帝以平那玄菟로 爲
平州하고 臨屯 樂浪으로 爲東府二都督府하다 箕準
이 避衛滿 浮海而南하야 居金馬郡하니 是爲馬韓이
라 秦亡人이 避人韓이어늘 韓이 割東界以與하니 是
爲辰韓이라 弁韓則立國於韓地하니 不知其始祖年
代라 是爲三韓이라 新羅始祖 赫居世는 都辰韓地하
야 以朴爲姓하고 高句麗始祖朱蒙은 至卒本하야 自
稱高辛之後로라하야 因姓高하고 百濟始祖溫祚는 都
河南禮城하야 以扶餘로 爲氏하야 三國이 各保一隅
하야 互相侵伐하였다

지손우거하야 한무제토멸지하고 분기지하야 치낙
랑 임둔 현토 진번 사군하다 소제이평나현토로위
평주하고 임둔 낙랑으로 위동부이도독부하다 기준
이 피위만 부해이남하야 거금마군하니 시위마한이
라 진망인이 피인한이어늘 한이 할동계이여하니 시
위진한이라 변한즉입국어한지하니 부지기시조연
대라 시위삼한이라 신라시조 혁거세는 도진한지하
야 이박위성하고 고구려시조주몽은 지졸본하야 자
칭고신지후로라하야 인성고하고 백제시조온조는 도
하남예성하야 이부여로 위씨하야 삼국이 각보일우
하야 호상침벌하였다

역사를 바라보는 관점은 이게 주관적일까? 객관적일까? 아니면 이도 저도 아닐까? 컨버터블칼라처럼 떼었다 붙이고 붙였다 떼고 지나간 역사는 으레 그럴 수가 없겠지요. 점철點綴하기를 계속하던 중 잠이 듭니다.

현재 역사는 장맛비인가? 하얀 햇살 반짝이다가 빗줄기로 죽죽! 구름 사이 다시금 햇살 한데 잊지 말 것은 우산은 꼭 챙겨야겠지요. 역사도 이와 같겠지요?

[다섯]
당고종은 이세민의 아홉째아들
여황제인 측천무후 남편이었지
고구려와 백제국을 멸망시킨뒤
영토안에 도독부를 설치하였다

유인원과 설인귀는 뛰어난장수
두사람을 도독으로 파견했으며
고구려를 토닥토닥 다독거리고
백제부여 백성들을 어루만졌네

백제국은 삼국중에 가장짧아서
육백일흔 여덟해를 겨우채우고
고구려는 강하기로 이름났으나
칠백년에 다섯해를 더했을따름

일천년을 지탱해온 신라말기에
궁예대사 북경에서 난을일으켜
나라이름 태봉이라 명명했으며
불국토를 이루고자 노력하였다

사벌주의 가은태생 견훤장군이
백제영토 완산에서 난을일으켜
완산주에 다시세운 후백제이나
마흔네해 버티다가 멸망하였고

신라국을 지탱해온 박석김왕조
박혁거세 석탈해의 이사금조와
마립간조 김씨들이 서로전하여
구백아흔 두해동안 잘도버텼네

其後에 唐高宗이 滅百濟高句麗하고 分其地하야 置
都督府하야 以劉仁願 薛仁貴로 留鎭撫之하니 百濟
는 歷年이 六百七十八年이요 高句麗는 七百五年이
라 新羅之末에 弓裔叛于北京하야 號를 泰封이라 하
고 甄萱이 叛據完山하야 自稱後百濟로라 하다 新羅가
亡하니 朴昔金三姓이 相傳하야 歷年이 九百九十二
年이라

기후에 당고종이 멸백제고구려하고 분기지하야 치
도독부하야 이유인원 설인귀로 유진무지하니 백제
는 역년이 육백칠십팔년이요 고구려는 칠백오년이
라 신라지말에 궁예반우북경하야 호를 태봉이라 하

고 견훤이 반거완산하야 자칭후백제로라 하다 신라가
망하니 박석김삼성이 상전하야 역년이 구백구십이
년이라


　개인의 삶을 어떻게 살 것인가? 여기 수신修身이 있고 한
가정을 어떻게 이끌어 갈까? 여기 제가齊家가 있습니다. 한
나라를 어떻게 다스릴까? 거기에 치국治國이 있고 어떻게 하
면 세상을 건강하게 할까? 거기 평천하平天下가 있습니다.
　바로 그와 같기에 개인의 역사 가정의 역사 민족의 역사 국
가의 역사 인류의 역사를 어떻게 볼 것인가처럼 중요한 것은
다시 없습니다.
　내로남불naelonambul 외국어 사전에까지 오른 이 단어가
가리키고 가르침이 무엇이라 생각하시나요? 이는 개인의 삶
의 왜곡이며 나아가 인류 역사의 왜곡입니다.

　동몽선습을 강의하면서 가장 조심스러운 게 중국사中國史
며 조선의 역사였지요. 이 책을 집필할 당시 조중朝中의 국제
정세가 소요당을 움직인 역사관이었습니다.
　통치자의 억압과 함께 죽음 앞에서도 소신을 굽히지 않았던
사마천과　관점을 비교할 수는 없으나 동몽선습의 역사 속에
는 소요당 박세무 선생의 깊고 깊은 고민이 갈피갈피 숨어 있
습니다.

역사를 어떻게 바라보고 어떻게 읽을 것인가? 이는 지금도 진행 중에 있습니다. 만약 소요당이 바로 옆에 계신다면 이마에 흐르는 땀방울을 꼭꼭 찍어 닦아 드리고 싶습니다.

[여섯]
태봉조의 하고많은 여러장수들
고려조의 시조로서 왕건을옹립
왕으로서 모신뒤에 나라를여니
그이름도 아름다운 고려이어라

나라이름 고려로서 명명한뒤에
여러흉한 인물들을 정리하면서
마한진한 변한등의 삼한을묶어
송악아래 개성으로 도읍옮겼네

고려말을 다스리던 공민왕에게
왕자공주 빈자리로 후사가없자
신우로서 왕의자리 옹위했으나
우매하고 포악하며 방자하였네

고려조의 왕의계보 서른네사람
마지막을 장식한이 공양왕이나
임금노릇 할수없어 망하게되니
왕조수명 사백일흔 다섯해였다

천명이란 인위적이 아닌까닭에
자연스레 일어나는 인연의법칙
진정하신 군주에게 돌아가나니
명과조선 태조황제 가리킴이다

명나라의 초대황제 주원장께서
나라이름 조선이라 고쳐내리자
개성에서 한양으로 천도를하고
싱그러운 아침나라 활짝열었네

성스럽고 신비로운 아들딸손자
끊임없이 계승하여 거듭빛내고
차례차례 스며들어 지금이르니
만세무강 아름다운 휴식처로다

놀랍고도 놀라우며 또놀라워라
우리나라 조선반도 궁벽하게도
바다한쪽 모퉁이에 자리를잡아
물려받은 나라땅이 작기는하지

그렇지만 예악법도 의관문물이
중화세계 제도따라 티가없나니
위로부터 밝게빛난 인륜의햇살
아래에서 시행되는 교화의물결

아름다운 조선조의 문화의틀이
앞서가는 중화계를 방불하여라
이로인해 명나라의 중화인들이
작은중화 탄생이라 칭송하였네

이게어찌 기자께서 끼쳐준문화
그의공이 아니라고 말하겠는가
내가이제 너희에게 당부하노니
보고듣고 느끼면서 일어설진저

413

泰封諸將이 立麗祖王建하야 爲王하니 國號를 高
麗라하야 剋殘群凶하고 統合三韓하야 移都松嶽이러
시니 至于季世하야 恭愍이 無嗣하고 僞主辛禑가 昏
暴自恣하며 而王瑤不君하야 遂至於亡하니 歷年이
四百七十五年이라 天命이 歸于眞主하니 大明太祖
高皇帝賜改國號曰朝鮮이어시늘 定鼎于漢陽하사 聖

子神孫이 繼繼繩繩하사 重熙累洽하사 式至于今하시니 實萬世無疆之休샷다 於戲라 我國이 雖僻在海隅하야 壤地編小하시니 禮樂法度와 衣冠文物을 悉遵華制하야 人倫이 明於上하고 敎化行於下하야 風俗之美가 模擬中華하니 華人이 稱之曰小中華라하니 玆豈非箕子之遺化耶리오 嗟爾小子는 宜其觀感而興起哉인저

태봉제장이 입여조왕건하야 위왕하니 국호를 고려라하야 극잔군흉하고 통합삼한하야 이도송악이러시니 지우계세하야 공민이 무사하고 위주신우가 혼폭자자하며 이왕요불군하야 수지어망하니 역년이 사백칠십오년이라 천명이 귀우진주하니 대명태조고황제사개국호왈조선이어시늘 정정우한양하사 성자선손이 계계승승하사 중위누흡하사 식지우금하시니 실만세무강지휴샷다 어희라 아국이 수벽재해우하사 양지편소하시니 예악법도와 의관문물을 실존화제하야 인륜이 명어상하고 교화행어하하야 풍속지미가 모의중화하니 화인이 칭지왈소중화라하니 자지비기자니유화야리요 차이소자는 의기관감이흥기재인저

이 동몽선습에서 중국사와 한국사를 집필한 소요당 박세무 선생을 생각하니 실로 장하다는 생각이 듭니다. 덧붙일 말이 없습니다.

밤새 비가 내립니다. 부시럭부시럭 비가 내립니다. 지난 며칠 동안 소요당 박세무 선생의 동몽선습 한국사를 펼치고 참으로 많은 고민을 했습니다.

글을 끼적거리기 시작한 지 햇수로 어느새 40년 세월이지만 어떤 분야보다 역사에 관심이 많아 동국대학교 불교대학원에서 불교미술사학을 선택했지요. 그러나 막상 한국사 앞에서는 마음 내려놓기가 쉽지 않습니다. 개인의 역사가 아니니까요.

동몽선습 한국사에 들어서서 처음 며칠을 제외하고 넉 자 넉 자 다섯 자 사사오송 말고는 가타부타 토를 달지 않았습니다. 소요당의 역사관에 관하여 할 말이 없는 것은 아니었으나 내가 만약 그의 처지가 되었다면 나는 어떻게 글을 썼을까 생각하니 소요당이 애처롭습니다.

예나 이제나 권력 앞에서는 누구든 고개를 숙일 수밖에 없지요. 그냥 평범한 장삼이사도 아니고 나라의 녹을 먹는 벼슬아치가 군주의 생각 범위를 벗어나 멋대로 붓을 휘두를 수 있을까요?

나는 소요당 박세무를 이해합니다. 안쓰럽기 그지없다는 말이 바로 이런 때 쓰이는군요. 마음이 착잡한 중에 느닷없이 찾아온 장맛비! 답답한 마음을 씻어내립니다. 문득 숫타니파따Suttanipata 제1품 말씀이 떠오릅니다. 다니야와 스승 두 분 중에서 나는 어느 쪽에도 속하지 못합니다. 다니야는 비설거지가 끝났고 스승은 마음을 비웠습니다.

　하나 나는 전혀 그렇지 못합니다. 가람 수호를 맡은 관리자로 여간 신경이 쓰이는 게 아닙니다. 숫타니파따에서의 스승처럼 마음을 비우지 못했습니다. 오지랖이 넓어서일까 장맛비로 인해 수해를 입을 이들이 여간 걱정되는 게 아닙니다.

　스승이시여! 마음을 비우신 이여! 숫타니파타를 읽으면서도 마음이 안정되지 못한 중생입니다. 말만이 아니라 어찌하면 좋겠나이까? 다니야처럼 비설거지가 덜 되어 장마가 지고 큰 비가 내리면 근심과 걱정으로 차 있을 중생들을 살피소서!

어느 날 한 사미가 물어왔습니다.

"큰스님께 여쭐 게 있습니다."

"그래, 묻고 싶은 게 뭔가?"

"금강경은 몇 자인가요?"

　내가 되물었습니다.

"한역 금강경인가? 우리말 번역 금강경인가?"

사미가 답했습니다.

"네 큰스님 한역 금강경입니다."

한역 금강경은 동일합니다. 그런데 정말 동일할까요? 꼭 그렇지도 않습니다. 몇 가지가 있습니다.

1) 5,149자
2) 5,341자
3) 4,975자
4) 5,791자

일반적으로 잘 알려진 길이는 5,149자라고 합니다. 동몽선습을 금강경에 견주면 어슷비슷하다고 봅니다. 5,000자 안팎 정도니까요. 보통 신심 있는 불자들이 금강경을 쉽게 생각하듯 조선시대 교육자들은 동몽선습을 읽으면서 길다거나 짧다기보다 적당하다고 생각했을 것입니다.

동몽선습 저자라면 소요당 박세무 선생을 떠올립니다. 박세무 집필이 맞습니다. 다만 다른 학자들이 얼마나 관여했느냐입니다. 기록에 따르면 박세무(1487~1564)를 비롯하여 민제인(1493~1549), 김안국(1478~1543) 세 사람이 거론되나 안타깝게도 김안국은 동몽선습이 발행되던 해에 세상을 떠났지요.

그 해가 조선 제11대 중종 38년이니 서력으로 1543년에 해당합니다. 책이 처음 발행되었을 때는 왕실에서 읽혔다기보다 서원이나 학당에서 읽혔습니다. 그렇게 120년간 가까이 내려오다가 제18대 현종이 즉위하면서 왕세자 교육용으로 자리매김하니 그때가 1659년이 됩니다.

우암 송시열(1607~1689)선생이 그의 나이 64세 되던 1670년 10월에 책 말미에 발문跋文을 붙이면서 비로소 그 가치가 인정됩니다.

우리나라 반만년 기나긴 역사 속에서 어린이를 위한 교재가 나온 게 겨우 480년 안팎입니다. 우암 선생이 발문을 붙이고 다시 70여 년이 흐른 뒤에 영조대왕이 어제서를 얹습니다. 그 해가 서기 1742년입니다.

우암 선생이 발문을 붙이므로 교재로서 가치를 지니게 되고 영조가 책 앞에 서문을 얹으면서 비로소 국가 차원에서 인정하게 됩니다. 이른바 국정교과서인 셈이지요. 정부에서 인정한 아동교과서 역사가 300년도 채 못 된 280년입니다. 문제는 아동교과서에 담긴 우리나라 역사입니다

우암 송시열 선생의 발문 끝에 고갑자는 그렇다 치고라도 숭정 연호를 붙였습니다. 우리나라 왕조 연호가 아니라 그 당시 세상에서 이미 사라진 명나라 연호를 붙인 것입니다. 청은 오랑캐 나라라면서 끝까지 명의 연호를 사용했습니다. 박세무 선생의 역사 인식도 으레 모화慕華일 수밖에 없었습니다.


연호는 전 세계가 쓰고 있습니다. 클린턴, 오바마 정부 등에서 마오쩌둥, 덩샤오핑과 국민의정부, 참여정부처럼 그에 맞는 자국의 연호를 씁니다.

조선 왕조 연호를 제쳐 두고 우암조차 숭정 연호를 썼습니다. 모화가 심한 편이었을까요? 내가 알기로도 일제강점기에는 다이쇼大正와 쇼와昭和를 썼습니다. 이 또한 우리의 슬픈 역사입니다.

# 제6. 동몽선습 발문童蒙先習跋文

이조판서 우암 송시열

[하나]

맹자께선 이와같이 말씀하셨지
그사람이 집필한글 읽는다거나
그사람이 읊은시를 읊조리면서
그사람을 모른다면 되겠느냐고


孟子曰 讀其書하고 誦其詩하되 不知其人이 可乎아
하시니라

맹자왈 독기서하고 송기시하되 부지기인이 가호아
하시니라

사람이 '사람'일 수 있는 데는 크게 네 가지가 있으니 이를 상다리에 견줍니다. 첫째는 '살암'이고, 둘째는 '살앙'이며, 셋째는 '살갗'이고, 넷째는 '산'입니다. 이들 어근은 '살'이고 담긴 뜻은 곧 '사랑'입니다.

동몽선습 백미는 사실 이 책도 책이지만 우암 송시열 선생의 발문 첫머리에 놓인 맹자에서 퍼 온 문장입니다. 공자를 빗자루에 견준다면 맹자는 면도날입니다.

맹자 어록 맹자에서 퍼 온 바로 이 첫 문장에서 나는 숨이 턱 턱 막힙니다. 그의 글書을 읽고 그의 시詩를 읊으면서 그의 모두를 알 수 있다면 한 줄 글을 쓰고 한 운 시를 쓰는 게 으레 장난이 아닙니다.

어렸을 때는 무심코 읽은 이 글 다시 보니 쉽지가 않습니다. 그냥 정신이 번쩍 들고 잠이 확 달아납니다. 우암! 왐!

[둘]

내가조금 어릴때의 일이었는데
다른집안 자제들을 가만히보니
한결같이 초학자가 이책을놓고
공부하지 않는자가 없었다니까

그럼에도 불구하고 나는이책이
뉘손에서 나왔는지 알지못했네
그러던중 생원이던 박정의씨가
며칠전에 내게와서 얘기하더군

동몽선습 이책으로 말씀드리면
저희에게 고조부가 계셨사온데
휘를일러 세무라고 하셨사오며
손수쓰신 것이라고 들었나이다

余幼時에 見人家子弟初學者가 無不以是書爲先하
되 而第不知出於何人之手矣러니 今朴上舍廷儀氏
가 來謂余曰 此는 吾高祖 諱世茂之所編也라하니

여유시에 견인가자제초학자가 무불이시서위선하
되 이제부지출어하인지수의러니 금박상사정의씨
가 내위여월 차는 오고조 휘세무지소편야라하니

　선입견이겠지만 우암 선생의 글은 시작부터 매우 부드럽습
니다. 맹자孟子 말씀을 가져와 산문散文의 글書이든 운율韻
律의 시詩든 무심코 읽을 것이 아니라, 누가 어떤 사람이 이
글을 쓰고 어떤 느낌으로 그런 시를 썼는지, 알아야 하지 않
겠느냐며 자책 조로 얘기하고 있습니다.

　글을 쓴다는 것은 그래서 조심스러울 수밖에 없습니다. 글
을 읽고 시를 읊조리는 독자가 무심코 읽고 느낄 수도 있겠지
만 혹 어떤 분들은 작가에 대해 글과 삶이 동일한 사람일까?
글과 전혀 딴판인 사람일까? 시처럼 마음도 서정적일까? 하
고 좀 더 깊이 생각해 보지 않겠는지요?

　어떤 이는 글과 생각과 그의 삶이 나름대로 일치하기도 하
지만 글은 분명 청산유수인데 삶은 엉뚱한 사람일 수 있습니
다. 그럴 때 독자가 느끼는 느낌 체계는 실로 다양할 수밖에
없습니다. 그러니 어떻게 붓 가는 대로 생각하는 대로 글을
쓰겠습니까?

　따라서 우암 선생이 가져온 맹자 말씀은 또 다른 깊이가 있
습니다. 비록 비슷한 말이라고는 하겠으나 붓끝의 움직임에

423

맡긴다 하여 수필隨筆Essay이라 하고, 생각나는 대로 끼적
인다 하여 수상隨想stray notes이라 합니다.

　시詩Poetry는 또 어떻고요. 시를 쓰고 수필을 끼적이는 배
경을 우암은 자연스레 표현합니다. 대관절 동몽선습은 누가
썼으며 어떤 내용이기에 야단들일까 하고요. 우암 선생은 맹
자의 글을 가져온 뒤 자연스럽게 말을 이어갑니다.


　　내가조금 어릴때의 일이었는데
　　다른집안 자제들을 가만히보니
　　한결같이 초학자가 이책을놓고
　　공부하지 않는자가 없었다니까


　　그럼에도 불구하고 나는이책이
　　뉘손에서 나왔는지 알지못했네
　　그러던중 생원이던 박정의씨가
　　며칠전에 내게와서 얘기하더군


　뭔가 궁금증이 풀려가지 않습니까? 그보다는 우암 선생 스
스로 그동안 궁금했던 실마리와 함께 동몽선습이 어떤 글인
지를 하나하나 파헤치고 있습니다.

　불교에 관한 그의 지나친 반감 때문에 우암 선생을 그닥 좋
아하지는 않으나 이는 개인의 느낌이고, 그가 정치인으로 관

료로서 살아온 삶은 괄목할 만합니다.

동몽선습의 저자 박세무 선생이 1487년(성종 18)에 태어나 1564년(명종 19)에 세상을 떠났다면 1607년에 태어나 1689년 삶을 마감한 송시열 선생보다는 앞 사람입니다. 그러니까 가까이에 살던 박정의 상사上舍(생원, 진사)가 우암 선생 얘기를 듣고 찾아왔겠지요.

"그 책은 《동몽선습》이라 하며 제 고조부께서 집필한 것이라고"요.

동몽선습은 몇 가지 문제가 있습니다. 박세무 선생이 이 글을 집필하던 그 당시가 조선조 중엽이었고 모화慕華가 정치의 전부였지요.

왕도 관료도 제 소리를 낼 수 없는 중국의 예속국隸屬國이었으니 소위 교과서School book라 한들 바른 역사를 잘 드러낼 수 있었을까요? 모화라고 한다면 우암 선생 역시 그다지 자유롭지는 않습니다. 시대가 그랬으니까요.

1983년 3월 30일 자 경향 기사입니다. 당시 '체코슬로바키아'에서 세계 교과서 전시회가 있었고, 그때 세계 최초 교과서로 뽑힌 게 1543년 간행된 〈동몽선습〉입니다. 초간본初刊本 동몽선습이지요. 이보다 일찍 세상에 나온 입학도설入學圖說이 있었지만 권근權近(1352-1409)이 쓴 글로 교과서로는 얼개가 좀 부족했습니다.

일제강점기 때 일본으로 나간 책으로 1587년 펴낸 동몽선습이 있었으나 초간본에 비해 44년이 뒤졌지요. 하여 초간본을 출품하였는데 세계 최초의 교과서로 뽑혔습니다. 세계까지는 아니라 하더라도 '서양 최초의 교과서'라는 타이틀을 달고 함께 전시가 된 요한 아모스 코메니우스가 집필한 세계도회世界圖繪보다 15년 앞섰지요.

그 당시 경향신문 기록에 따르면 출품된 책의 분실에 대비하여 3천만원 보험에 들었다고 합니다. 오늘날 화폐 가치와 비교한다면 결코 적은 돈이 아니었지요. 당시 세계 교과서 전시회에는 모두 2,722권이 출품되었습니다. 그중에 가장 오래된 교과서가 근래 들어 일부 학자에게 외면받는 바로 이 책〈동몽선습〉초간본입니다.

발문에 쓴 우암 선생의 말을 빌리면 진사 박정의 씨의 후손이 이렇게 얘기했다고 합니다.

동몽선습 이책으로 말씀드리면
저희에게 고조부가 계셨사온데
휘를일러 세무라고 하셨사오며
손수쓰신 것이라고 들었나이다

[셋]

그런일이 있고나자 나도모르게
한편으로 놀라웁고 신기한지라
오늘에야 그런분을 알게되다니
다시없는 기쁨이라 얘기했다네

예조판서 박세무는 소요당선생
명종대의 문신으로 이름난신하
그의학문 하나하나 연원이있고
문중또한 반듯하고 깊이가있다

그러므로 누구든지 이책을보면
담겨있는 내용들이 포괄적이되
요점만을 집약하여 표현했으니
내얘기가 진실임을 알게되리라

학문하는 사람이면 풀어가야할
일생일대 공안이요 화두라하리
차례대로 펼쳐놓은 역대의사실
이도또한 역사가의 총목이어라

余不覺驚喜曰 今日에 始知其人矣와라 公은 爲明
廟朝名臣이라 其學問有淵源하고 而門路亦甚正하니
觀於此編하면 則可知矣라 其該括約說이 無非學問
中體認一大公案이요 而所序歷代는 又史家之總目
也라

여불각경희왈 금일에 시지기인의와라 공은 위명
묘조명신이라 기학문유연원하고 이문로역심정하니
관어차편하면 즉가지의라 기해괄약설이 무비학문
중 체인일대공안이요 이소서역대는 우사가지총목
야라

속담에 이런 말이 있습니다. '막교삼공신오신莫交三公愼吾
身' '삼정승 사귀지 말고 내 한 몸조심하라' 이는 높은 사람에
게 아첨하지 말고 자신이 서 있는 자기 자리에서 일을 잘하라
는 뜻입니다. 요즘은 아첨 용어가 바뀌었는데 친박, 친이, 친
노, 친문 등이라지요. 슬픈 얘기기도 하겠지만 알고 보면 그
게 곧 현실입니다.

우암 송시열이 이조판서였다면 박세무는 예조판서였습니
다. 판서는 육조六曹의 대표지요. 한 때 상서尚書라고도 칭
하였으나 고려 말에 판서로 바뀌었으며 정삼품正三品 벼슬에
서 조선으로 왕조가 바뀌면서 정이품正二品으로 승격합니다.

제6. 동몽선습 발문童蒙先習跋文

품격이 높으니 낮으니 하는 말들이 바로 이들 육조에서 시작되었습니다.

육조판서를 육경六卿이라 했는데 이는 판서의 아칭雅稱입니다. 삼공三公은 삼정승으로 공작, 후작, 백작, 자작, 남작이란 다섯 가지 벼슬五爵 중 으뜸입니다. 육경은 육조판서의 딴 이름이지요. 삼정승은 물론이거니와 육조판서도 오늘날 장관보다는 훨씬 격이 높지 않았을까? 그냥 그렇게 생각해 봅니다.

예조禮曹는 어떤 일을 맡았을까요? 예도 예禮자에 무리 조曹자니 예와 음악禮樂을 한데 묶어 관리하는 부서였습니다. 조종祖宗의 제사를 비롯하여 국빈을 위해 베푸는 연회라든가, 조견朝譴과 나라끼리의 사신 교환 서원, 과거 등 교화를 맡았습니다.

교육부, 외교부, 문체부, 여가부, 보건복지부 등 기능 기관이었지요.

우암 송시열의 벼슬인 이조판서는 인사와 행정을 관리하는 일이며 관리의 채용과 임금, 봉급 등 이른바 문선文選과 함께 봉군, 봉작 등 훈봉을 관리하고, 고과考課를 통해 인재를 뽑고 양성하는 역할이었습니다, 오늘날의 행정안전 또는 인사혁신처와 비슷한 역할을 수행했습니다.

서프라이즈surprise란 말이 우암에게서 나온 게 아니었을까요? 시대적으로는 한참이나 옛날이라서 직접 만난 적이 없지만 전혀 생각하지 않았던 분이 이렇게 소중한 책을 쓰고, 이 책 속에 오륜은 물론 중국과 우리 조선의 역사까지 한 권에 다 담았다는 것이 너무 놀랍고 신기했을 것입니다.

잘 들여다보면 이 '서프라이즈'에는 우암 선생의 우쭐댐이 담겨있습니다. 더러 뜻하지 않은 곳에서 우리는 곧잘 놀랍니다.

"어! 네게 그렇게 멋진 데가!"

"와, 뜻밖이다!"

"대박이야, 대박!"

"와, 너, 보기와 영 다른데!

우암은 소요당의 글을 접하며 '동몽선습이 이렇게 좋은 글이었어!' 라며 예상 밖으로 감동한 것입니다.

430

제6. 동몽선습 발문童蒙先習跋文

[넷]

혹은어떤 사람들은 생각하기를
이책안에 실려있는 이론과기론
본성이며 천명같은 그런말들은
아이들이 이해할수 없는까닭에

어린이를 위한글이 아니라면서
이리저리 뒤적이며 의심하지만
지은이의 뜻한바가 어디있는지
분명하게 이해하지 못한것이다

或疑 編內所輯 理氣性命等說은 非童學所能知라하
나 此則不知作者本意所在也라

혹의 편내소집 이기성명등설은 비동학소능지라하
나 차즉부지작자본의소재야라

　어린이 교재가 따로 있고 어른들의 교재가 따로 있습니
다. 이는 사람이 지닌 지능 때문입니다. 아이가 태어나서 옹
알이를 하고 말을 배울 때 어울리는 말이 있겠지요. 마더텅
mother tongue입니다. 엄마의 혓소리를 흉내 내면서 아기들

은 말을 배웁니다.

엄마의 '엄'이 언어의 알파A며 엄마의 '마'가 말의 오메가 Ω입니다. 다시 말해 '엄'에서 시작한 말이 '마'로 끝을 마무리합니다. '엄'이 빅뱅 이전의 소리라면 '마'는 빅뱅 그 자체의 소리입니다. 138억 년 전 있었던 빅뱅의 상태가 복사輻射 radiation 형태로서 지금까지 이어지는 것처럼 아기들 배움 세계는 엄청납니다.

아기의 지능으로 어렵다고 보는 것은 그저 어른들 생각일 뿐입니다. 가령 어렵기로 단계를 얘기한다면 솔직히 '엄마'라는 단어는 쉽고 '이기理氣'와 성명性命은 아기에게 어려울까요? 그렇지 않습니다. 두 단어의 난이도는 같습니다.

어린 아기에게 '엄마'는 가르치면서 '이기理氣' 등은 가르치지 않을 뿐입니다. 아기의 두뇌는 빈 그릇과 같습니다. 어떤 것도 다 담을 수 있습니다.

보통은 이理와 기氣를 비롯하여 성性이나 명命 따위에 관한 아기의 이해도를 놓고 어른에 견주지는 않습니다. 하나 이는 어른의 경험 중시일 뿐 아기의 순수를 이해 못 한 것입니다.

동몽선습은 수준이 있습니다. 아기 교과서가 아니지요. 으레 유치원까지 모두 마친 초등학교 어린이들 교재입니다.

아기의 지식 흡입력은 놀랍습니다. 물론 우암 송시열 선생이 갓난아기의 엄청난 능력을 이해하고 한 말일지는 모릅니다. 또는 이 교재를 집필한 소요당 선생이 어린이의 놀라운 지식 흡입력을 이미 알고 있었기 때문에 이理와 기氣, 성性과 명命 등을 여기에서 다루었는지도 모릅니다.

이들 두 분은 둘 다 신동이었으니까요.

어렸을 때 귀를 스치고 혀를 움직이면서 무심코 익힌 상식을 외고 있습니다. 그 당시는 어떤 뜻을 지녔는지 제대로 이해하지 못한 게 많지만 익숙한 단어, 시, 시조, 관용구 등은 어른이 되고 노인이 된 뒤에도 좔좔 꿰고 있습니다.

이를테면 서양의 고전 음악가며 작곡가인 볼프강 아마데우스 모차르트가 서너 살 때 이미 곡을 쓰고 음악을 지휘했지요. 이해가 가지 않지만 사실입니다.

아동 교과서 동몽선습에서 이기 성명理氣性命을 다루었다고 하는 것은 남들보다 앞선 생각이었습니다. 유학을 비롯하여 이기론은 중국철학이 바탕이기는 하지만 우리나라 정신문화는 찬란합니다. 만약 아쉬운 점을 든다면 이기 성명 등 철학 이론 못잖게 수학이나 물리, 또는 과학 따위에도 좀 더 관심을 갖고 실었더라면 얼마나 좋았을까요?

이기理氣는 성리학의 바탕이지요. 성리학性理學은 글자 그대로 성명性命과 이기理氣의 학문입니다. 공자 맹자의 유학儒學도 어려운데 얼마나 머리가 지끈거리겠습니까? 그런데 이기는 생각보다 단순합니다. 중국 송나라 주자로부터 시작한 이기설을 놓고 조선에서는 사단 칠정으로 풀었습니다만 사단과 칠정에서 또 막히고 맙니다.

이理는 법칙이며 법인法印입니다. 중력重力의 법칙을 비롯하여 관성慣性의 법칙이 있고 에너지 보존의 법칙이 있는가 하면 열역학의 법칙 따위가 있습니다.

시대가 흐르고 지역이 다르더라도 영원히 변치 않는 법칙입니다. 제행무상의 법칙이 변하든가요? 시대와 장소에 국한하던가요? 이것이 곧 이理며 법인法印입니다.

육부중도六不中道를 아시나요? 불생不生, 불멸不滅, 불구不垢, 부정不淨, 부증不增, 불감不減입니다. 종교와 철학 정치와 경제, 인류 그 어떤 것에도 변치 않는 법칙입니다. 이런 법칙을 떠나 이理는 없습니다. 그러나 기氣는 이와 다릅니다. 이理가 불변不變의 법칙이라면 기氣는 곧 변화變化의 법칙이니까요.

이치가 생기지 않고 멸하지 않으며 더럽지 않고 깨끗하지 않으며 늘지도 않고 줄지도 않지만 태어나고 늙고 병들고 죽습니다. 꽃은 아름답고 두엄은 냄새가 나며 흙은 부드럽고 바위는 단단합니다. 먹으면 으레 배가 부르고 더우면 땀이 흐릅니다. 다 같은 사람인데도 불구하고 피부색이 다르고 언어가 다릅니다.

[다섯]

주문공이 일찌감치 인의내용을
논의하고 궁구하여 말씀하시되
이와같은 여러가지 이름과뜻을
옛사람이 고구정녕 가르쳤나니

아이들이 소학으로 공부할때에
어리지만 똑똑하고 현명한데다
훈장들의 가르침이 완벽하기에
온전하게 익혀갈수 있었더니라

누구든지 착실하게 닦지않고는
그자리에 나아갈수 없는법이니
그러므로 그런경지 나아가고자
주어진힘 쏟아가며 기울일밖에

朱子嘗論仁說曰 此等名義는 古人之敎라 自小學
之時로 已有白直分明訓說하야 得知此道理를 不可
不著實踐履니 所以實造其地位也라
주자상론인설왈 차등명의는 고인지교라 자소학
지시로 이유백직분명훈설하야 득지차도리를 불가
부저실천이니 소이실조기지위야라

인仁이 과연 무엇일까?
어떻게 생긴 것일까?
어떤 빛깔일까?
부드러울까?
딱딱할까?

마음이 무엇일까를
평생에 걸쳐 궁구했으나
전도된 몽상만큼이나 아련하기만 할 뿐!

짬이 날 때가 있을지 모르겠으나
사람 몸을 받았을 때 풀어내지 못하고
저세상 가서 푼다고?

이理 기氣 성性 명命을
오늘 보이려 했는데
주자의 인仁처럼 알 수가 없다.
핑계지만 접자!

미루기 좋아하는 건
좋은 버릇이 아니다.

갑자기 떨어진 시력
쓴 글이 잘 보이지 않아
전전긍긍하고 있느니
모양도 빛깔도 모두 떠난
인仁 찾고 마음이나 찾을 걸

삼복에 땀 좀 흘리고
지하수 차가운 물을 길어
정수리에 들이붓는 맛
이 맛은 양보하고 싶지 않다
저세상까지 가기 전 실컷 느껴야지
아무렴!

[여섯]

대충대충 이해하다 그만둔다면
그동안에 추구했던 모든것들이
마침내는 알지못할 개념이되어
평생토록 두고두고 후회하리라

다시한번 훌훌털고 마음을내어
갖고있는 모든힘을 쏟아부으라
오늘날의 어린이는 슬기로워서
가지가지 뜻과이름 구분하리라

결국에는 귀결점을 알게되리니
알고보면 그와같은 크나큰업적
동몽선습 바탕하여 얻은것일터
그공로가 크지않다 할수있으랴

若茫然理會不得이면 則其所以求之者의 乃其平生
所不識之物이니 復何所向望慕愛而知所以用其力
耶아하시니 今之童學이 略識諸般名義界限하여 終有
所歸宿者는 必於此書而得之리니 其功이 豈不大哉
아

438

제6. 동몽선습 발문童蒙先習跋文

약망연이회부득이면 즉기소이구지자의 내기평생
소불식지물이니 복하소향망모애이지소이용기력
야아하시니 금지동학이 약식제반 명의계한하야 종
유소귀숙자는 필어차서이득지리니 기공이 기부대
재아

옛날 어느 선사가 말했습니다.

"한 주週 120시간 동안 장좌불와長坐不臥 눈 까뒤집고 화
두만 들라. 공부한답시고 하루종일 어슬렁거리며 생각을 딴
데 둔다면 그런 걸 어디에 쓰겠는가! 대충대충 하려고도 하지
말고 깨지락거리지도 말라. 마음 훌훌 털고 새로워라! 무상살
귀無常殺鬼, 속절없는 죽음의 귀신이 저벅저벅 뒤쫓아오고
있는데 밍그적밍그적하다가 말 것이냐!"

439

우암 송시열 선생의 발문 중 오늘은 굳이 해설이 필요없는
참한 글입니다. 법상에 오르자마자 주장자 들었다 놓고 곧바
로 법상에서 내려오는 선사의 설법 모습이 보입니다.

들자오니 오늘날의 임금께서는
경연자리 나아가실 그럴때마다
동몽선습 책에관해 말씀하시며
자주자주 토론하길 즐기신다니

이는실로 임금님이 밝은지혜로
이런점을 분명하게 인지하시고
이책에서 얻어지는 숨은공력이
삶에있어 바탕임을 아심이로다

竊聞今上殿下每臨筵에 喜說此書라 睿學之明이 必
有以識此矣시리라
절문금상전하매임연에 희설차서라 예학지명이 필
유이식차의시리라

  절문竊聞은 일상어가 아닙니다. 훔칠 절竊, 들을 문聞으로
직접 듣는 것이 아니라 남을 통해 듣습니다. 임금의 소식을
전할 때 반드시 '들자오니'로 시작합니다. 요즘처럼 기자記者
가 전할 수도 있고 비서를 통해 전할 수도 있습니다. 하나 어

떤 경우라도 궁宮 소식은 절문입니다.

절도竊盜는 자주 듣는 말입니다. 남의 것을 슬쩍 훔침이지요. 물건을 훔치기 위해서는 첫째 노선穴이고 둘째 내용釆이며 셋째 실행禼입니다.

이들 셋이 준비竊되면 혼자 또는 그룹을 지은 뒤 덮개 그릇皿 속에 물건을 담아 버금次 장소로 슬며시 옮깁盜니다.

이 훔칠 절竊 자와 도둑 도盜 자를 하나로 묶어 '절도'라 하는데 아무튼 이 용어의 비롯은 곧 살짝, 남몰래, 슬그머니와 또는 '마음속으로'에서 온 것입니다.

임금 소식은 직접 들었다 해도 '듣자오니'처럼 표현합니다. 어쩌면 이러한 문화에서 혹 엉뚱한 생각이 끼어들어 '용비어천가'로 승화되는지 모릅니다.

금상今上이란 당시 임금입니다. 시간상으로 과거도 아니고 미래도 아닌 이제今에서 가장 높은上 분이 임금이지요. 그래서 금상이란 상왕上王이라든가, 미래의 왕인 세자, 태자가 아니라 당장當場의 왕을 가리킵니다. 당當은 시간상으로 현재요, 장場은 공간적으로 거기입니다. 지금 이 자리 왕이 금상입니다.

우암 선생이 이 글을 쓸 때 금상은 조선 제18대 국왕이었던 불우의 왕 곧 현종顯宗입니다. 왜 불우의 왕이었느냐면 동몽선습의 발문을 쓰고 있던 이조판서 우암 송시열 선생과 자주 부딪친 까닭입니다.

이유는 단순 복잡한 데서 왔지요. 현종顯宗, 숙종肅宗 대에 걸쳐 이어진 '예송禮訟'이 문제였습니다.

조선 제17대 왕이었던 효종孝宗과 그 비妃에 관한 복상 기간服喪期間이 실마리지요. 이로 인해 서인의 거두였던 우암 송시열이 남인들과 사사건건 부딪쳤습니다. 예가 중요하기도 하였으나 한편으로는 예가 삶을 얽어맵니다. 예는 일종의 국법이었으며 법 위에 군림했습니다.

현종은 경연에 잘 참석했지요. 임금이 학문을 닦기 위해 특히 신하들 중에서 학식과 덕망이 높은 이를 궁중에 불러 경전과 사서 등을 강론하게 하던 일을 경연이라 합니다. 현종은 동몽선습 강의를 좋아하여 빼놓지 않고 경청했다 하지요. '듣자오니'라는 표현에서 보듯이 우암은 강석에 오르지 않았습니다. 현종이 서인의 거두 우암에게 치여 갈피를 잘 잡지 못했을 모습이 오버랩되어 그려집니다.

[여덟]

공의호는 경번이고 본관은함양
처음으로 과제올라 한림이되고
내자시정 내섬시정 군자감정에
예조판서 화암서원 제향되었네

동몽선습 저술하여 어린이들을
자상하고 올바르게 가르쳤음에
소재상공 노수신이 덕을기리어
묘갈명에 공의일을 기록했도다

숭정기원 상횡무양 시월상달에
은진사람 송시열은 발문을쓰다

公의 字는 景藩이요 咸陽人이니 登第하야 始爲翰林하
고 官止監正하니라 蘇齋盧相公守愼이 以嘗著此書
訓其子弟로 載公墓碣云이라 崇禎紀元之商橫茂陽
月日에 恩津宋時烈은 謹跋하노라
공의 자는 경번이요 함양인이니 등제하야 시위한림하
고 관지감정하니라 소재노상공수신이 이상저차서
훈기자제로 재공묘갈운이라 숭정기원지상횡무양
월일에 은진송시열은 근발하노라

속담/관용구에 이런 말이 있습니다.

벼슬은 높이고 뜻은 낮추라
높은 나무에는 바람이 세다
높은 가지는 부러지기 쉽다
높은 데 송아지를 보니 간 발자국은 있는데 온 발자국은 없
다.

그의 자리가 높으면 높을수록 떨어지는 무게와 아픔이 클
수밖에 없습니다. 위치 에너지가 높을수록 운동 에너지도 큰
게 맞습니다. 높이 올라가고자 한다면 그만큼 도덕성도 중요
하지요.

관직官職과 서열序列이 그 사람을 평가합니다. 그리하여
조선조에서도 한림학사翰林學士를 시작으로 내자시정內資
寺正과 내섬시정內贍寺正을 거치고 군자감정軍資監正에까
지 오른 소요당 경번 박세무 선생을 그에 들어맞도록 평하려
합니다.

그러나 다시 보면 무엇보다도 박세무 선생을 평가하는 잣
대는 다름 아닌 교육관에 있습니다. 세계 최초 아동 교과서를
그가 편찬했다는 것입니다.

바로 여기에 잣대가 필요합니다. 그것이 아동 교과서이니만
큼 그와 관련된 평가의 잣대를 다시 들여다볼 수밖에요.

박세무, 그는 세상을 떠난 뒤 예조판서로서 추증 되었지요. 추증은 중요합니다. 관직이 높았다 하더라도 그 자리에 걸맞지 않게 아무렇게나 살아왔다면 추증과 추존追尊은 고사하고 오히려 박탈하고 하야시킵니다.

왕王이 군君으로 떨어졌습니다. 한 예로 조선조 제10대 왕은 나중에 연산군이 되었고 조선조 제15대 왕은 광해군으로 폐위되었습니다. 연산군과 달리 광해군은 정치인들의 희생물이었기에 새롭게 평가해야 한다고 합니다. 정말 광해군뿐일까요? 연산군은 재조명이 되면 안 되나요?

우리 근대사近代史를 놓고도 주체가 누구냐, 어느 쪽이냐에 따라 때로 '내로남불'의 잣대가 되고, 더러 '자화자찬'의 꺼리가 됩니다. 웃기는 얘기가 아니라 사람 사는 세상이 좀 그렇습니다. 어떤 방향에서 보느냐에 따라 혁명革命이 쿠데타가 되고 쿠데타가 혁명이 되지요.

445

소요당 선생의 개인 서물書物이자 세계 최초의 아동 교과서인 동몽선습童蒙先習이 어떤 일부 세력에 의하여 무조건 높게만 평가되는 것도 그리 바람직하지 않지만, 일부 학자들의 말 몇 마디로 여지없이 평가절하되는 것도 좋게만 보일 수는 없습니다.

[부록]

# 문천상의 정기가

동봉 옮김


하늘과땅 사이에는 정기가있어
여러가지 겉모습을 부여받았지
땅에서는 내가되고 산악이되고
하늘에선 해가되고 별이되었네

사람에게 있어서는 호연지기라
많아지면 푸른하늘 가득메우리
황제의길 맑고또한 안정이될때
조화롭게 밝은정치 드러나리라

때가만일 궁해지면 절개드러나
하나하나 역사속에 이름남기니
제나라에 있어서는 태사의죽간
진나라에 있어서는 동호의붓질

진나라에 있어서는 장량의철퇴
한나라에 있어서는 소무의부절

때에따라 엄장군의 머리가되고
어떤때는 시중혜시 피가되었지

수양땅의 장순이의 어금니되고
산상태수 안고경의 혀가되었네
어떤때는 요동땅의 모자가되어
맑은지조 얼음보다 매서웠어라

어떤때는 제갈량의 출사표되어
귀신조차 장렬함에 눈물흘리고
어떤때는 강건네는 삿대가되어
강개함이 오랑캐를 삼킬만했지

어떤때는 장군죽비 철퇴가되어
적의머리 세워놓고 부수었으니
그기운이 하늘땅에 충만함이여
늠렬하게 오래오래 이어지리라

그와같이 해와달을 꿰뚫었을때
나고죽음 따질것이 뭐가있으랴
땅을얽는 밧줄이여 이리질기고
하늘받칠 기둥이여 저리높아라

삼강이여 이것으로 목숨을잇고
도와정의 이것으로 뿌리삼았네
슬프도다 천하재난 만났거니와
묶여있어 가진힘을 쓸수없었네

초나라에 갇힌사람 갓끈을매고
수레실려 북쪽끝에 이르러보니
가마솥에 삶기는몸 엿처럼되나
구하고자 하건마는 불가하여라

감옥에는 도깨비불 번쩍거리고
봄철뜨락 어둠속에 갇혀있으니
소와말이 한구유를 함께씀이요
봉과황이 닭장에서 모이쫌이다

하루아침 안개이슬 뒤집어쓰면
도랑물에 내던져진 시체되리니
이와같이 추위더위 두번보낼때
나쁜기운 슬그머니 물러났어라

슬프도다 축축하고 낮은이곳이
나를위한 안락국에 다름없건만

어찌하면 뽀족한수 뭔가가있어
빛과그늘 도적질을 못하게하랴

돌아보매 이와같이 빛나는정기
우러르니 뜬구름이 더욱희어라
내마음의 슬픔이여 끝이없듯이
높고푸른 하늘인들 끝이있으랴

철인들은 이미멀리 떠나갔건만
이와같이 본보기로 남겨두었네
바람부는 처마아래 책을펼치니
옛사람의 곧은길이 나를비춘다

# 文天祥 正氣歌 [原文]

천지유정기天地有正氣
잡연부류형雜然賦流形
하즉위아악下則爲河嶽
상즉위일성上則爲日星

어인왈호연於人曰浩然
패호색창명沛乎塞蒼冥
황로당청이皇路當清夷
함화토명정含和吐明庭

시궁절내견時窮節乃見
일일수단청一一垂丹青
재제태사간在齊太史簡
재진동호필在晉董狐筆

재진장량추在秦張良椎
재한소무절在漢蘇武節
위엄장군두爲嚴將軍頭
위혜시중혈爲嵇侍中血

위장휴양치爲張睢陽齒
위안상산셜爲顏常山舌
혹위요동모或爲遼東帽
쳥조려빙셜淸操厲冰雪

혹위출사표或爲出師表
귀신읍쟝렬鬼神泣壯烈
혹위도강즙或爲渡江楫
강개탄호갈慷慨吞胡羯

혹위격적홀或爲擊賊笏
역수두파렬逆竪頭破裂
시기소방박是氣所磅礡
늠렬만고존凛烈萬古存

당기관일월當其貫日月
생사안족론生死安足論
지유뢰이립地維賴以立
천주뢰이존天柱賴以尊

삼강실계명三綱實係命
도의위지근道義爲之根

차여구양구嗟余遘陽九

예야실불력隷也實不力

초인영기관楚因纓其冠

전거송궁북傳車送窮北

정확감여이鼎鑊甘如飴

구지불가득求之不可得

음방격귀화陰房闐鬼火

춘원비천흑春院閟天黑

우기동일조牛驥同一皁

계서봉황식鷄棲鳳凰食

일조몽무로一朝蒙霧露

분작구중척分作溝中瘠

여차재한서如此再寒暑

백려자벽역百沴自辟易

애재저여장哀哉沮洳場

위아안락국爲我安樂國

기유타무교豈有他繆巧

음양불능적陰陽不能賊

고차경경재顧此耿耿在
앙시부운백仰視浮雲白
유유아심비悠悠我心悲
창천갈유극蒼天曷有極

철인일이원哲人日已遠
전형재숙석典型在夙昔
풍첨전서독風簷展書讀
고도조안색古道照顔色

# 동몽선습 강설

발행       2022년 10월 10일

지은이     동봉스님

펴낸곳     도서출판 도반
펴낸이     이상미
편집       김광호(월암), 이상미(다라), 최명숙, 김정숙(실린달)
대표전화   031-983-1285
이메일     dobanbooks@naver.com
홈페이지   http://dobanbooks.co.kr
주소       경기도 김포시 고촌읍 신곡리 1168번지